出原政雄
Masao Izuhara
長谷川一年
Kazutoshi Hasegawa
竹島博之
Hiroyuki Takeshima
編

Political Science to Think from the Principles

原理から考える政治学

法律文化社

はしがき

現在，日本が直面する政治的課題は枚挙にいとまがない。たとえば領土問題や歴史認識をめぐっては，近隣諸国とかつてないほど険悪な関係にある。あるいは自衛隊海外派遣の拡張や沖縄の米軍基地移設の帰趨が日々の紙面を賑わせており，改めて日米同盟の重要性と問題性が吟味されようとしている。また国内政治では，小泉政権から維新の会にいたるポピュリズム政治が，既成の対立軸に飽き足りない市民の一部から支持を獲得し，現実政治を左右する影響をおよぼしている。そして2011年３月11日に起きた東日本大震災とそれに伴う東京電力福島第一原子力発電所の事故によって，日本は長期にわたる震災復興と放射能汚染への対応を抱え込むこととなった。それは市民生活に暗い影を落とし，将来的なエネルギー政策の転換，経済発展と環境保護，中央と地方における受益と負担のバランスなど，多岐にわたる問題を提起している。これらはいずれも日本の政治的な英知とエネルギーを総動員してもなお解決困難な課題であることはいうまでもない。「戦後70年」の時点に立って重要なことは，日本の「戦後」を誠実に振り返るとともに，「災後」の日本をどうするのか，真剣に考えることであろう。

このように問題の山積する現状は，ジャーナリズム風にいえば，外交の危機，民主主義の危機，エネルギーの危機，地方の危機，等々として表現されるであろう。しかし，現在の日本政治が真に危機的なのは，個別具体的な問題に通底する政治の「原理」そのものに揺らぎが生じているからにほかならない。明るい未来を導く処方箋として期待され機能してきたリベラリズム，デモクラシー，ナショナリズムといった現代国家を構成する政治原理は，グローバル化の進展する現代において，それ自体が新たな問題をもたらす原因の１つとして認識されるに至っている。現代日本の閉塞感と複雑で解決困難な諸課題の背後では，われわれに自由や平等，経済的繁栄や安定した帰属意識をもたらしてきた近代の政治理念そのものが問い直されているのである。

たとえば最近の安保関連法制の成立をめぐる安倍政権よる強権政治は，これまで「人類普遍の原理」として信奉されてきた，平和主義や民主主義，そしてその根底を支える立憲主義や法の支配などの諸原理をかなり乱暴に破壊したとして大きな批判を受けている。他方で，資源・環境問題，貧富の格差の増大，民族紛争と難民の発生など一国だけでは対応できないグローバルな問題も山積し，新しい「グローバル・ガバナンス」の構築が求められている。現代の政治事象は，新聞やテレビ，インターネットから入手した情報だけで読み解くことは難しい。そうした知識は，めまぐるしく変化する情報化社会ではあっという間に陳腐化し，時代遅れとなる。現実の政治争点と根本原理とを行き来しながら，目の前で起きている政治現象を歴史的・思想的洞察を活かして深く掘り下げていく力こそ，現代の政治リテラシーとして求められているものではないだろうか。

以上のような問題意識のもとに本書は構想された。前著『歴史・思想からみた現代政治』（法律文化社，2008年）は，現実政治に向けて発信することの少ない思想研究・歴史研究の観点から現代政治を読み解こうとする試みであった。この基本方針を引き継ぎつつ，今回は歴史・思想研究以外の領域を専門とする執筆者も加えて，より今日的なトピックを分析の俎上に載せた。本書は２部構成をとっており，読者は「原理」と「争点」を往復しながら，抽象的な政治理念がどのような具体的論点として顕在化しているのかを考えることができる。また政治原理相互の結び付きや，政治争点間の関連についても，できるだけ明確に記述するよう努めた。日々更新される情報に踊らされて性急な判断を下したり，現実との接点を欠いた抽象論を振りかざしたりすることなく，現代の政治事象に対して批判的に接近する姿勢を身につけてもらえれば，本書の目的は達成されたことになる。また本書では，これから政治学を学ぼうとする初学者への配慮として，政治学の基本用語を本文の該当箇所で説明しておいた。さらに各章の最後には，その章に関連する内容のコラムを掲載するとともに，若干の基本文献を紹介している。

最後に，本書の企画から校正に至るまで編者と執筆者を粘り強く支援してくださった法律文化社編集部の舟木和久氏に深く感謝したい。

2015年12月

編者一同

目　次

第Ⅱ部　現代政治の争点

第Ⅰ部　政治の原理

第1章　デモクラシー

代議制デモクラシーは十分に民主的か

1　デモクラシーの多義性

「今日ではわれわれは皆民主主義者である。」このように述べたのは，著名な政治思想研究者のジョン・ダンである（『政治思想の未来』）。現在，理念としてのデモクラシー（民主主義）が正面から否定されることは稀である。なるほど世界には独裁国家といえるものも多く存在する。だが，それらの国もまた，建前だけでも選挙を実施するなど，民主主義国家として体面を取り繕おうとしている。現在，デモクラシーは定着したといってよい。

しかしながら，デモクラシーが広く認められているということは，その中身が明確だということは意味しない。たとえば，朝鮮民主主義人民共和国と日本国の間に体制上の共通点を見出すことは困難である。

デモクラシーの多義性は，歴史を辿ってもまた容易に観察できる。デモクラシーは古代ギリシアのポリス（都市国家）に発祥したとされる。だが，古代ギリシアにおけるデモクラシーは，市民が直接参加する民会を中心としており，選挙で選ばれた代表，とりわけ議会代表を中心とする現代の**代議制デモクラシー**とは大きく異なっている。また，古代ギリシアにおいて，政治に参加が許されたのは成年男子からなる市民のみであり，女性，奴隷は政治の場から排除されていた。たとえば代表的なポリス，アテネにおいて，前5世紀ころには市民が4万人程度であったのに対し，その家族（女性，子供）は12万人，外国人は3万人弱，奴隷とその家族は11万人ほどであったと伝えられている。つまり，人口の大多数が政治から排除されていたのであり，これは現在わたしたちが抱くデモクラシーのイメージとは大きく異なっている。

デモクラシーとは結局何なのであろうか。この問いに対して確定的な回答を与えるのは困難であろう。代わりに，本章では，代議制デモクラシーを現在のデモクラシーの典型的なあり方として描いた上で，かかる代議制デモクラシーの抱えた問題への応答として，デモクラシーをめぐる近年のさまざまな試み，運動が生まれて来る様子を概観したい。

2　デモクラシーの歴史

(1) 古代ギリシアから近代へ

デモクラシーの最大公約数的な定義を求めるとすれば，それは「民衆による自己支配」ということになろう。デモクラシーの語は，古代ギリシア語の demokratia に由来し，これは，「デモス（民衆，人民）による支配」を意味する。

だが，この定義はなお広すぎる。第1に，デモスに誰が含まれるのかは決して自明ではない。古代ギリシアにおいて，デモスとして参加できる市民の範囲が限られていたことは先にみた通りである。これは，18歳以上の国民すべてが（2016年6月以降）主権者として平等な選挙権をもつ現代日本のデモクラシーとは大きく異なっている。第2に，支配ということの意味もまた時代によって移り変わっている。再び古代ギリシアの例についていえば，デモスたる市民は民会での決定に直接参加することで，ポリスの支配に携わっていた。だが，現代では直接参加は一部自治体レベルでの住民参加を除けば稀であり，デモスたる国民は選挙によって議会に代表者を送り込み，また大統領制の国では大統領を投票によって選ぶことで支配する代表制に従っている。

では，デモスの範囲の拡大と，代表制の導入は，どのように生じたのだろうか。古代ギリシア世界の没落後，古代ローマの共和制や，ルネッサンス期の都市国家に受け継がれた共和主義の伝統などがありつつも，近代において平等な市民による支配という理念が再び注目されるのは18世紀，**ルソー**の思想においてである。『社会契約論』（1762年）は，人々がともに**主権者**として共同体をつくるというビジョンを提示することで，近代デモクラシー論の祖とみなされることになった。『社会契約論』でルソーが目指したのは，すべての人間が自由で平等な社会である。支配と服従という関係がつきものの政治において，人間はどのように自由と平等を保つことができるのか。ルソーの解答は，平等な市民からなる人民として「**一般意志**」の下に共同体をつくるとき，全員は平等なまま支配者として自由である，というものであった。この考え方により，ルソーは，デモスの内実を，資格に基づく少数の市民から，**平等**に基づく共同体の成員全員へと転換したといえる。

（2）代議制の導入と，リベラル・デモクラシーの成立

だが，現代デモクラシーのもうひとつの柱，代議制についてはルソーは概ね否定的であった。『社会契約論』では，すでに発達した議会制度を有していた英国について，英国人が自由なのは選挙中だけだと皮肉っている。しかし，古代ギリシアのポリスならいざ知らず，人口，面積の双方において大規模となった近代の国家において，市民の直接参加は困難である。ルソー自身，小規模かつ共通の起源や利益で結ばれた人民でない限り，『社会契約論』が提唱するような国家は不可能であるとしている。多様な人々からなる共同体では，各自はそれぞれの**利益**を追求するようになり，公共の利益は顧みられなくなるおそれがある。実際，人々の利益の対立が内部の分裂を招くというのが，古来，デモクラシーに対して繰り返し向けられた批判であった。

だが，ルソー以降のデモクラシー論者は，大きな共同体という現実を前に，代表の仕組み，とりわけ代議制度を処方箋として認めていくようになる。フランス革命に影響を及ぼした**シェイエス**（シィエス）の『第三身分とは何か』(1789年）は，大きな国家を統治する方策として代議制（国民議会）の導入を提唱している。

シェイエスにとり，代表制が，大規模な国家に対応するためのあくまで消極的な工夫であったのに対し，アメリカ独立革命期，新国家アメリカの国家体制をめぐって，連邦制と合衆国憲法（つまりは，現在のアメリカ合衆国のあり方）を擁護する論陣を張ったハミルトン，ジェイ，マディソンは，代表制をより積極的に評価した。『**ザ・フェデラリスト**』という書物にまとめられた彼らの論説をみてみよう。市民が各々の利益を追求する事態を，デモクラシーにとっての

危険と見なす点では『ザ・フェデラリスト』もルソーやシェイエスと軌を一にしている。しかしながら，彼らがユニークなのは，それゆえに，代表によって統治される大きな共同体が望ましいとした点である。能力と責任ある代表に委ねた方が，国家にとってなすべき公共の善をよりよく認識しうる。また，より多くの人口，広大な領域を含むことのできる代表制国家においては，政権を握った特定の派閥（faction）の利益が他の人々の利益を圧迫する危険性が低くなる。なぜなら，人口が増えるほど多様性も増し，特定の利益によって結び付いた人々が，かかる利益を共有しない人々を圧迫する可能性も低下するからである。

人々の多様性を擁護することで，『ザ・フェデラリスト』の構想は以前のデモクラシーからの大きな変革となった。古代ギリシアであれ，あるいは，近代のデモクラシー論の先駆となったルソーであれ，共同体の構成員が各々の利益や意見を追求するのは，統治にとって危険な要素であった。だからこそ，ルソーは小規模な共同体に拘ったのであり，また，一般意志への不服従を認めない，ある意味強権的ともみえる体制を構想したのであった。対して，『ザ・フェデラリスト』はむしろ政府の強権への制限を提唱する。その１つが上で触れた代議制であるが，彼らはさらに２つの制度を提案している。第２のものは，連邦政府と州政府で権限を分割する**連邦制**である。そして第３のものは，憲法によって立法府（議会），行政府の権限を制限し，人民の自由，権利への侵害を防ぐ**立憲主義**である（☞第５章・憲法改正）。具体的には，違憲な法律の効力を司法が退けることができる**違憲立法審査制**などがあげられる。これら３つの制度的工夫のうち，代議制と立憲主義については現在，多くの民主主義国家で導入，定着している。このように，市民の自由，権利の擁護と，デモクラシーとを接合したあり方は**リベラル・デモクラシー**と呼ばれ，19世紀以降，現代のデモクラシーの主流を形成していく（☞第２章・リベラリズム）。

（3）選挙権の拡大

「デモスによる支配」というデモクラシーの定義のうち，「支配」のあり方は，このように，市民の直接参加を基礎とした古代のデモクラシーから，代議制を主要な構成要素とするリベラル・デモクラシーへと転換した。では，「デモス」

のあり方についてはどうだろうか。上でも触れたように，ルソーの『社会契約論』はすでに，古代ギリシアとは異なった政治主体を提示していた。著しく限定されたかつての市民像にかえて，彼は共同体の成員全員が平等に統治するという理想を打ち立てたのであった。

とはいえ，実際に，平等な市民の範囲が拡大し，現代のように一定以上の年齢の市民に広く政治参加の権利が与えられるようになったのは，先進国においても近年のことである。男子の普通選挙はフランス革命期の1792年に一度導入されたものの，同様の普通選挙が再度行われたのは半世紀以後となる1848年であった。たとえば，フランス革命中「第三身分，それは全てである」というスローガンの下，平民層の政治参加を訴えたシェイエスもまた，能動的市民と受動的市民という区分をおき，後者には選挙権を認めなかった。女性も含めた参政権となるとさらに遅く，日本では第二次世界大戦後まで待たねばならなかった。

このように平坦な道のりではなかったとはいえ，現在，代議制をとる民主国家の多くにおいて，デモクラシーの主体は成人全体にいきわたっているといえる。このような拡大の背景には，国民としての一体観の醸成に寄与するナショナリズムの影響をみることもできるだろう（☞第4章・ナショナリズム）。逆に，デモスを国民の外にまで拡大するような提案――たとえば，地方自治体レベルでの外国人の参政権や，国家を越えたグローバルな次元でのデモクラシーの構想――については，いまなお賛否が入り乱れている。

（4）第二次世界大戦後のデモクラシーの定着

第二次世界大戦での連合国の勝利は，ファシズムに対するデモクラシーの勝利と見なされた。その後の冷戦下では，共産主義という対抗軸が依然大きな存在感を有していたものの，代議制に基づくリベラル・デモクラシーは，この時期，西側世界における正統な体制として定着したといえる。

リベラル・デモクラシーを支えたのは，理念だけでない。人々の経済状況の向上もまた寄与した。

平等な市民による支配という理念はもっともらしくても，デモクラシーはしょせん裕福なブルジョワジーの支配にすぎないという不信感はかつて根強かった。参政権が多くの国で財産に基づいて制限されていたことは，ブルジョワジーの支配を印象づけた。1848年，フランス二月革命後には男子普通選挙が実施されたものの，都市労働者層を代表する社会主義者は伸び悩み，政権の中心からは排除されてしまう。19世紀は産業化の進展に伴い，貧困等の**社会問題**が前景化した時代であり，議会を見限り，暴力革命などの直接行動へと訴える人々もいた。

それゆえ，第二次世界大戦後に先進国が経験した経済成長は，それらの国での代議制デモクラシーの安定化に寄与することになった。また，年金や医療保険といった福祉制度の導入とともに，社会の幅広い層に対し，経済成長の果実が配分されることとなり，かつてのような貧困問題はいったん後景に退くこととなる（☞第10章・格差／貧困）。戦後のこの時期は，代議制デモクラシー，**福祉国家**，**ケインズ的な介入政策**の下での資本主義という要素の組み合わせについて，広範な支持が期待できた時代であった。

（5）戦後のデモクラシー論——利益集約型デモクラシー

ただ，繰り返すように，戦後定着したデモクラシーは，あくまで代議制を中心とした制度であり，古代ギリシアや，あるいはルソーの描いたような，市民の参加に基づくデモクラシーとは大きく異なっている。たしかに，シェイエスや『ザ・フェデラリスト』は代議制をデモクラシーの内部に導入した。だが，彼らが代議制を構想した18世紀末，国家はすでに都市国家と比べて十分大規模であったものの，その後，産業革命や，ふたつの大戦を経た20世紀半ば以降の国家，社会はかつてなく複雑化している。現代では，普通の市民が政治について詳しいことを知ることは難しく，投票するといっても，なかば当てずっぽうとならざるをえず，とても統治に参加しているといえないのではないか。代議制の下で人々は投票する時にのみ自由だとするルソーの皮肉は，現代の巨大国家にこそ当てはまるという意見もあるかもしれない。

実際，大戦後のこの時期に支配的だったデモクラシー理論は，人々の政治参加の能力や有効性に否定的なだけでなく，デモクラシーにおいて人々が積極的に政治にかかわる必要はないとまで主張したのであった。たとえば，経済学者の**シュンペーター**は，人民の意志や参加といった理念を重視する「デモクラシーの古典的教説」を批判して，そのような想定は実態にそぐわず，デモクラシーの理解としても間違っているとした。彼によれば実際の政治は経験，知識を備えたエリートである政治家による支配にほかならないのであるが，そこでも市民は選挙を通じて，どのエリートを選ぶかを選択することができ，このような選挙を通じたエリート間の競争こそがデモクラシーなのである。

政治学者の**ダール**もまた，人民が一般意志によって統治するとみなすようなデモクラシー観を批判している。彼の考察によれば，デモクラシーは人民という統一的な集団が支配しているわけではないが，多数決を頼みに多数派が支配しているという状態でもない。実際のデモクラシーは，複数の集団が少しずつ支配する「諸少数派の支配」なのである。そこでは，労働組合や，消費者団体，同業者の団体など，多元的な**利益団体**が，自らの利益を実現すべく競争しているが，彼らの関心は自らの利益であって，国家全体の利益ではない。たとえば，農業生産者の集団であれば，外国産の農産物に高い関税を課すことは利益となるし，逆に，消費者団体にとっては，輸入品の関税を下げることは，物価を下げ，家計を助ける点で利益となりえる。こうした赤裸々な利益追求こそ，政治の実態であり，デモクラシーなのである。多元的な集団の競争として政治を理解するこのような見方を，**多元主義**と呼ぶ。

シュンペーター，ダールはともに，代議制を中心として行われるデモクラシーの現実を観察し，現実の政治を動かす利益に注目した。彼らにとって，政治と

キーワード 1

利益団体

利益団体とは，共通の利益をもつ人々によって構成され，継続的，実体的な組織を備えた団体のことである。一定の人々が何かしらの利益を共有している現象は社会に多くみられるが（たとえば，健康はほとんどの人々に共有された利益であろう），利益団体は，利益に基づいて組織化がなされている点が特徴である。日本の利益団体としては，企業によって構成され財界の利益を追求する日本経団連，労働組合によって構成され労働組合員の利益を追求する連合（日本労働組合総連合会），農業者の利益を追求する農協（JA）などが挙げられる。

は，限られたリソースの中で利益をめぐって行われる競争なのである。それゆえ，彼らの見方は，**利益集約型デモクラシー論**とも呼ばれる。

シュンペーター，ダールの利益集約型デモクラシー論が説得力をもった第1の理由は，それが大戦後のデモクラシーの実態を捉えていると考えられたからだが，さらにいえば，そのようにして捉えられたデモクラシーの実態が安定していたからでもある。だが，このような安定は1960年代から70年代にかけて揺らぎ始め，それとともに，デモクラシーの異なったあり方が模索されるようになった。

3　代議制デモクラシーと福祉国家の危機

（1）社会，経済の危機

大戦後，先進国で続いた経済成長も，1960年代に入ると減速し始め，1973年のオイルショックによって，先進国を不景気とインフレが襲うようになる。また，福祉の拡充など，大幅に役割を拡大した国家は，巨額の支出による財政赤字と，肥大化した行政機構の非効率に悩まされるようになる。かつては高い経済成長が福祉にあてる財政の余裕を生み出し，福祉は上昇する賃金，低い失業率とともに社会の成員の不満も低下させるという好循環が維持されていた。だが，戦後のデモクラシーを安定させていたこの好循環が停止したのである。

（2）政府の統治能力の危機と，代議制デモクラシーの限界

事実，1970年代に入ると，哲学者**ハーバーマス**による「正統性の危機」論（『晩期資本主義における正統化の諸問題』）や，ハンチントン，クロジエ，綿貫譲治という米仏日の政治学者が共同で発表した『民主主義の統治能力』など，先進国の**統治能力の危機**を論じる研究が相次いで登場するようになる。これらの論者の政治的立場はさまざまだが，状況の認識においては，共通点も多くみられる。第1に，危機の背景として，両者が指摘するのが**大きな政府**である。福祉や景気など，社会経済活動に対して福祉国家は介入するが，それは必ずしも機能しない。たとえば，財政支出を続けて国家による福祉プログラムを維持すること

と，経済の効率化を目指すことは，場合によっては矛盾しうる。また，行政の拡大は，お役所仕事的な非効率を経済にまで及ぼしかねない。

第2に挙げられるのが，政治制度にとどまらない生活レベルでの変化である。戦後の経済成長などによってもたらされた生活環境の変化は，伝統的な村落社会や価値観の崩壊を招く一方で，資本主義的な論理を人々の私的生活に持ち込むようになる。加えて，さまざまな福祉プログラム等によって人々の生活と密接にかかわる福祉国家においては，結果的に人々の日常生活に行政の論理が侵入する。

第3に，デモクラシー論にとって最も重要な点として，政府への信頼の低下が指摘される。社会の複雑化により，投票によって自らが政治に影響を及ぼしているという自信を市民はもはや持てなくなってしまう。利益集約型デモクラシーが信を置いた代議制がいまや，利益団体やエリートの利益を反映するだけの制度であり，普通の市民の声を全く反映していないと見なされるようになるのである。たとえば，ダールの多元主義に対しては，既存の利益団体にしか目を向けておらず，そこから排除された人々や，政治の場にいまだ取り上げられていないような利益や不正義から目をそむけているとの批判が寄せられるようになる。

これらの危機が論者たちがいうほど切迫したものであったか，正確な評価は難しい。だが，危機の意識はデモクラシーに変化をもたらすことになった。そのような変化として，参加に基づくデモクラシーと，ポピュリズムの2つを取り上げる。

4　参加・熟議・闘技

（1）参加デモクラシー論

多元的な利益を反映し，また，エリートによる統治によって安定をもたらすと考えられた代議制は，いまや，複雑化した社会の問題に対応できず，一部の人々の利権のみを重視した仕組みと見なされるようになった。

参加デモクラシー論は，代議制デモクラシーのこのような機能不全を背景として登場した考え方である。利益集約型デモクラシーが一般市民の政治参加を重視しなかったのに対し，市民の政治参加を通じたデモクラシーの活性化を目指す。ここで参加とは，選挙や政党の活動への参加や，あるいは，古代ギリシアのような直接民主制への先祖帰りを意味するものではない。想定されているのは，議会等のフォーマルな制度の外部に位置する**市民社会**での参加であり，具体的には，職場の運営や管理に労働者が関与することや，NPO 活動への参加などである。実際，参加デモクラシー論は，代議制デモクラシーの存続自体は認めており，参加はあくまで代議制デモクラシーの機能不全を補完するものとして構想されている。

だが，複雑化した社会において，素人の政治参加がどれほど有効だといえるのか。代議制こそ，社会の拡大と複雑化に応じて登場したのではなかったのか。このような懸念に対して，参加デモクラシー論は，そもそも，デモクラシーの意義は，効率的な決定を下すことにはないと主張する。むろん，社会が複雑化しているからこそ，身近にある問題については，議会や官僚制よりも，その場に居合わせる一般の市民の方がよく対処しうる，ということはありうる。だが，参加デモクラシー論者がより重視するのは，自らが政治に主体的にかかわっているという感覚を参加を通じて培うことである。つまり，デモスが支配している，という感覚を取り戻すことが重視されていたのである。

先にもみたように，統治能力の危機が代議制デモクラシーに突きつけた問題とは，政治への不信感の増加と，（従来政治の外部にあった）私的な生活世界が官僚制や経済の論理に巻き込まれていくことであった。参加デモクラシー論は，この２つの問題への応答とみることができる。すなわち，後者の問題に対しては，身近な生活世界での政治参加によって，官僚制度や経済の論理に抗しうる余地をつくり上げていこうとするものであり，また，前者の政治不信に対しては，自らがデモスの一員として政治に対して関与することができるという感覚を得ることで，政治への信頼を高めることが目指されたのである。

（2）熟議デモクラシー論

現在活発に論じられている**熟議デモクラシー論**もまた，参加デモクラシー論の問題意識を共有しつつ，その残した課題を克服しようとするものである。参加デモクラシー論は参加の重要性は説くものの，どのような参加が望ましいかについては多くを語らない。だが，各人の間で利益の対立，衝突が生じたとき，どのように全員の納得する決定が下せるだろうか。多数決は，代議制の難点をそのまま参加の次元に持ち込むことになる。つまり，多数派を握る集団の利益が優先され,少数派の声は聞き届けられず,政治への信頼が低下することになってしまうのである。

そこで導入されるのが，参加者同士での**熟議**（英語では deliberation で，熟慮，討議とも訳される）である。熟議はもともと，支持者の意志をこえた代議士の行動を擁護するために提唱された概念であり，複数の人間が議論を重ねて熟慮することを意味する。熟議デモクラシーは，これを市民参加の場に適用していこうとするものである。たとえば，地元の問題について，住民同士が話し合って解決策を決定するといったケースがそれにあたる。このとき，参加者それぞれの利益のぶつけ合いや，地域の有力者などによる動員，上からの意見の押し付けに陥らぬよう，熟議デモクラシーは，参加者同士の議論，すなわち，合理的な意見交換と決定のためのルールや仕組みを重視する。それはたとえば，参加者に情報の偏りが生じないよう十分な情報を提供する，公平な議論となるよう発言の機会を十分確保する，といった議論（熟議）のルールに始まり，参加の機会を確保するために，住民参加をどう担保するかといった制度設計にまで及ぶ。後者については，たとえばゴミ処分場の建設など，住民にとって関心の大きな問題について，住民による熟議を実施し，その結果を決定に反映させる仕組みなどが地方自治体レベルで導入された例がある。

これらの工夫を通じて熟議デモクラシー論が目指すのは，単なる利益を，他の人でも納得できるような理由へと転換することである。熟議の場で他人を説得するためには，自分の利益を声高に主張するだけでなく，他の人にも納得のいく（リーズナブルな）理由を提示しなければいけない。あるいは逆に，議論を通じて，当初の立場から自分の議論が変化することもあるであろう。かつての利益集約型デモクラシーが，政治を端的に利益をめぐる競争と見なしたのに対し，熟議デモクラシー論は，利益から理性への転換を目指すのである。

現在，熟議デモクラシーの試みは，さまざまな場で実践に移されている。上で述べたような自治体レベルでの住民参加のほか，住民から無作為に選ばれた人々に熟議をさせた上で，その意見を尋ねる**熟議世論調査**もいくつか実施されている。後者は，単に人々の利益を尋ねるのではなく，人々が合理的だと考える政策を調査し，政策へとフィードバックしようとする試みである。つまり，参加の内実を洗練させていくとともに，熟議を通じて得られた意見を，代議制へと送り届けることが目指されているのである。

（3）闘技デモクラシー論

だが，熟議を経て合意に至っても，それは，多様な意見に対する特定の意見の押し付けではないのか。また，利益よりも理性を重視する態度は，人々の情念など，政治につきものの非合理的な側面の軽視につながるのではないか。そもそも，熟議に参加できない人々——参加すべき共同体をもたない人など——も存在するのではないか。熟議デモクラシーに対するこうした批判を積極的に繰り広げるのが，現在のデモクラシー論においてもうひとつの有力な勢力である**闘技デモクラシー論**と呼ばれる見方である。

熟議デモクラシー論が重視するのが政治における合意の要素だとすれば，闘技デモクラシー論は，同意の重視が，そこからはみ出る他者を政治の場から追い出してしまうことを懸念する。つまり，闘技デモクラシー論は，政治における決定や合意から排除される他者や消去される違い（差異）にこそ注目するのである。

だが，不同意や差異を重視したとき，デモクラシーの根本にあるデモスはそれぞれの意見や差異によって分裂し，内乱状態に陥ってしまう危険性はないのだろうか。古来，デモクラシーの危険性としてデモスの分裂が指摘されてきたことを想起してほしい。そのような懸念に対し，闘技デモクラシー論が提示するのが，**アゴーン（闘技）**と呼ばれる，他者とのかかわり方である。

アゴーンはそもそも，古代ギリシアのオリンピックにおける競技を意味する。オリンピックの参加者は互いに競技の腕を競うものの，競技はあくまでお互いへの尊敬のもとに行われていた。つまり，アゴーンとしての競技において，他者は決して打ち倒す敵でもなければ，お互いの違いは消去されるべき差異でもない。お互いがそれぞれの違いを主張しつつ，その違いから学ぶ関係が目指されているのである。アゴーン的な観点に立った時，社会に存在する他者——自分と異なる考えをもった人や，自分の価値観では計り知れない出来事——は，排除すべき敵でないのはもちろんのこと，気に入らないが我慢するという寛容の対象でもない。むしろ，他者や差異は社会を成り立たせるのに不可欠の要素であり，自らの価値観やアイデンティティを組み替える契機にもなりうるものとして，積極的に肯定される。

これは理想主義的に聞こえるかもしれない。だが，闘技デモクラシー論のポイントは，そのような変化や肯定が，実際に生じていると示すことにあるように思われる。実際，自分たちを振り返ってみると，その都度の体験や人々とのかかわりによって価値観が変化していくのが普通であろう。また，自分と相容れない立場や価値観と全く接触のない人など，ほとんど存在しない。私たちは自分の価値観，さらには自分のアイデンティティが自分に固有で揺るぎないものだとしばしば見なしているが，実際には，周囲の他者とのかかわりの中でいかようにも形成され，変化してきたと考えるのが普通ではないか。そのように闘技デモクラシー論者は説くのである。

不同意や差異の活性化を目指す闘技デモクラシー論だが，だからといって一切の合意を否定しているわけではない。合意や決定によって政治の場から排除された他者や差異へと目を向ける彼らの態度は，参加を通じて従来議会の場に現れなかった人々や問題を取り上げようとした参加デモクラシーと重なり合う。すなわち，一見対立しあうかのように見える熟議デモクラシー論と闘技デモクラシー論であるが，代議制の機能不全を，代議制外部の社会の活性化を通じて補完しようとする点で，参加デモクラシーの，さらには，統治能力の危機論の問題関心をともに引き継いでいるのである。

5　ポピュリズム

ここまで，市民社会での参加を重視するデモクラシー論を概観してきた。統治能力の危機に対して，参加デモクラシー論，熟議デモクラシー論，闘技デモクラシー論はそれぞれ，危機の中心に代議制デモクラシーの機能不全を見て取り，対応策として制度外の市民社会での参加を訴えた。こうした動きとは別に，1980年代以降，先進国の政権よってしばしば推進されたのが，**新自由主義**（ネオリベラリズム）と呼ばれる諸政策であり，それと対をなすように現れたのが，**ポピュリズム**と呼ばれる現象である。

新自由主義についての詳しい説明は本書のリベラリズムの章（☞第2章）に譲るが，その特徴を挙げれば，「大きな政府」を縮小し，市場経済に委ねようとする考え方のことであった。先にみたように，1960～70年代の危機は，代議制への不信とともに政府の非効率を明るみに出した。国民の福祉や経済運営にかかわるようになっていた戦後の先進諸国の大きな政府は，官僚的な非効率性の増大，財政赤字の拡大に悩まされるようになっていた。そこで，政府を縮小し，経済の活性化を図ることで，社会の効率性を向上させようというのが新自由主義の考え方である。

新自由主義は，名前に「自由主義」とあるように，それ自身はデモクラシーと関係は薄いようにみえる。むしろ，経済的な競争の激化と，行政サービスの低下などにより，社会の多数を占める中産階級や低所得者層には経済的には不利益となる可能性がある。だが，先進国では1990年代以降，新自由主義的な政策が，圧倒的な支持を受けたカリスマ的な魅力をもつ政治家によって断行される事態がよくみられるようになった。ポピュリズムと呼ばれる現象である。

ポピュリズムとは，吉田徹によれば，「国民に訴えるレトリックを駆使して変革を追い求めるカリスマ的な政治スタイル」である〔吉田，2011〕。その特徴は，既存の政治を打破しようとする態度にある。歴史上，ポピュリストと呼ばれた運動はいくつかあり，その中でも，戦後アルゼンチンで労働者の圧倒的な支持の下，三度大統領に就いたフアン・ペロンは，ポピュリズムの代表類型と見なされ，政治学でポピュリズムとは長らくペロンや，類似の政治家のことを指すものであった。だが，1990年代以降，（とりわけ日本で）この言葉に注目が再び集まり出したのは，メディアを駆使し，既成の政党に不満をもつ大衆の支持を集める政治家が多く出現したことによる。たとえば，イタリアのベルルスコーニ元首相（在任1994～95年，2001～06年，2008～11年）は，自分の経営するメディアの力を背景に，既成政党に飽き足らない人々の支持を集めて急速に首相にまで上り詰め，収賄などのスキャンダルにもかかわらず高い人気を保った。

日本でポピュリストと呼ばれることの最も多かった政治家は，**小泉純一郎**元首相（在任2001～06年）であろう。彼は，自民党内では主流派から外れた立場にありながら，「自民党をぶっ壊す」というスローガンで一般党員からの支持を集めて党総裁選に勝利し，総理大臣の座を射止めた。その後も，メディアで高い注目を集め，しばしば「小泉劇場」と呼ばれる独自のスタイルにより，国民からの高い支持を保ち続けた。その白眉は，2005年の郵政解散と衆議院総選挙である。かねてから唱えていた郵政民営化――従来，国が担ってきた事業を民営化するという点で，典型的な新自由主義的政策だといえる――が参議院で否決されると，彼は衆議院を解散し，その際，郵政民営化法案に反対した議員には自民党の公認を与えず，刺客と呼ばれる対抗馬を擁立した。結果，「改革を止めるな」をキャッチフレーズに戦った小泉総裁率いる自民党は大勝利を収めたのであった。

小泉政権下でみられた，ポピュリズムと新自由主義との接合について整理してみよう。ポピュリズムの特徴のひとつは，議会を中心に活動する既成の政党への不信にある。小泉首相が「抵抗勢力」と呼び，敵対姿勢を演出したのは旧来の自民党に対してであったが，こうした既成政党こそ，多くの市民に縁のない利益を代表している存在と見なされたのである。郵政選挙で自民党の公認を与えられなかった議員の多くは，特定郵便局の関係者を支持層としていた。拡大した政府，肥大化した行政の下で育まれた既存の利益，団体を，デモスたる私たちから区別して敵と見なす点で，ポピュリズムは新自由主義と軌を一にするのである。

現在，ポピュリズムという呼称は否定的に用いられることが多い。それは，カリスマ的指導者への支持という図式が，衆愚制，メディアに踊らされた大衆といったイメージを喚起させるからである。だが，見落としてはならないのは，ポピュリズムもまた，既存の勢力に代弁されないと感じたデモス＝人民の支持に基づくものであり，デモクラシーの一形態だということである。さらにいえば，議会を中心に活動する既成政党への不信に支えられたポピュリズムもまた，代議制デモクラシーへの不信という，1960年代，70年代以降のデモクラシーの状況に対する応答なのである。

6　デモクラシーのこれから

本章では，代議制デモクラシーを軸にデモクラシーをめぐる状況を概観してきた。繰り返すと，現代では，平等な市民がデモスを構成し，支配の形態としては選挙と議会を中心においた代議制デモクラシーが定着している。しかし，その代議制デモクラシーは，必ずしも完全ではなく，むしろ機能不全を抱えている。この機能不全に対し，参加デモクラシー論，熟議デモクラシー論，そして闘技デモクラシー論は，市民社会での参加を通じてデモスによる政治を回復しようと努めている。他方，ポピュリズムにおいては，議会や利益団体を根城とする既成勢力を，カリスマ的政治家のリーダーシップの下で打破していくことが目指される。下からの参加，上からのリーダーシップというスタイルの違いはあれど，代議制の機能不全という問題意識を共有することで，両者の間には類似性も存在するのである。

一方に市民社会への参加を重視するデモクラシー，他方に上からのリーダーシップを求めるポピュリズム的デモクラシー，という図式が今後も継続するかはわからない。ポピュリスト的と呼ばれる政治家は次々と現れては消えている。

キーワード 2　**リーダーシップ**

指導力とも呼ばれる。日本の総理大臣はリーダーシップが弱いとしばしば指摘されてきた。党内の派閥や，政治に影響を与える諸利益団体の要求を調整するには長けていても，トップダウンの政治力の発揮は不得手だとされてきたのである。このような評価の背景にあるのは，議会の多数派の中から総理大臣を選ぶという議院内閣制や，党内に派閥が発生しやすい中選挙区制などの日本の制度である。しかしながら，選挙制度の変更などもあり，近年の日本の総理大臣はトップダウン型のリーダーシップを以前より発揮するようになっている。

既成勢力の打破を特徴とするポピュリズムは，自らが新たな体制を構築するとなると弱さを露呈するのかもしれない。では，下からの参加の方はどうかといえば，日本で震災後から続けられている反原発デモや，安保法制に反対する2015年のデモ，数年前にアメリカで起きた「ウォール街を占拠せよ」など，参加の一形態としてのデモが近年活性化している。だが議会の外でのデモは，代議制と市民参加という２つの回路がうまく接合していないことの現れとみることもできる。

そもそも，参加に基づくデモクラシーも，ポピュリズムもともに，従来の代議制の廃止を求めていたわけではなかった。さらに進んで，アカデミックな議論の場では，近年，議会を中心とした代表制の仕組みの再評価も進んでいる。私たちはすでに，『ザ・フェデラリスト』が代議制を，派閥という従来のデモクラシーの欠陥を克服するものとして積極的に評価しているのをみたが，現在の議論もまた，代議制を，直接参加に代わる次善の制度と見なさず，むしろ，積極的な意義を担った制度だと考えている。

代議制が次善の制度と見なされるのは，人民の意志なり利益なりが予め存在し，それが代議制によって間接的に代表されている，と私たちが考えるからである。それゆえに，1960年代，70年代の危機においては，代議制が一部の人々の利益しか反映していないとして批判されたのである。だが，はっきりとした人民の意志なるものが，議会での話し合いや折衝，決定に先立って存在するという想定に問題はないだろうか。仮に人民の意志や利益というものがあったとしても，それは，一枚岩的かつ不変のものというより，多様で流動的なものだと考えるべきではないか。

反映されるべき人民の意志という想定から距離を置いたとき，あらためて注目されるのが，議会のもつ独自の機能である。本章で私たちは，代議制を，利益や意志の反映という観点から主に理解してきた。だが，議会が行っている活動は，単なる反映にとどまらない。多様な利益，意見を折衝し，妥協を導くほか，場合によっては，議会内の代議員が独自に判断し，決定を下すこともある。人民からある程度切り離されることで，代議制度は，政治を実行するための重要な仕組みになっているという主張も近年では見受けられる。

熟議デモクラシー，闘技デモクラシー，そしてポピュリズムと同様に，代議制擁護の議論もまた，現在進行中の試みであり，確たる結果が出ているものではない。いずれにせよ，今後もしばらく，デモクラシーは，代議制とその外部の関係を中心的な係争点としていくことであろう。

コラム◆1　市民社会

市民社会 civil society は，もともとは，政治的共同体を意味するラテン語 societas civilis に由来し，古代ローマ以降，国家社会を意味していたものの，18世紀以降は逆に，国家とは区別された経済社会の意味で用いられるようになっていた。しかし，現在では，これらふたつのどちらとも異なる意味で「市民社会」という語は用いられるようになっている。すなわち，フォーマルな政治の制度に属さず，かといって，経済社会にも還元され尽くされない領域としてである。このような市民社会概念に大きな影響を及ぼしたのが，本文中でも触れた哲学者，ハーバーマスによる『公共性の構造転換』である。ハーバーマスによれば，近代の革命を準備した社会的な背景として，人々が集まり，時には政治的な意見を交わしたコーヒーハウスやサロン，さらには新聞などのメディアがあったという。これらは，政治と経済双方の外部に位置しながら，時には人々の政治的意見の交換の場となることで，民主革命を準備するに至ったのだとされる。今日，市民社会の概念は制度外の領域のもつ政治的，とりわけ民主的な要素に注目する際に用いられる。

参考文献

東浩紀『一般意志2.0――ルソー，フロイト，グーグル』（講談社，2011年）

政治学ではなく，批評や哲学を専門とする著者によるデモクラシー論。著者独自の読解は，デモクラシーとはそもそも何か，という原理の問いを追求する試みとしてスリリングである。

齋藤純一・田村哲樹編『アクセス・デモクラシー論』（日本経済評論社，2012年）

現在のデモクラシー論における重要かつ先端の論点，議論を網羅している。深く勉強する際に有益である。

杉田敦『デモクラシーの論じ方――論争の政治』（ちくま新書，筑摩書房，2001年）

デモクラシーという概念の多義性をわかりやすく論じた本。政治理論の議論の仕方に馴染むのにも役立つ。

田村哲樹編『政治の発見 第５巻　語る――熟議／対話の政治学』（風行社，2010年）

デモクラシーにおける対話の役割についてさまざまな切り口の論考を収める。熟議デモクラシー論や闘技デモクラシー論について知るのに格好の一冊。

早川誠『代表制という思想』（風行社，2014年）

代表制について，その来歴を説き起こすだけでなく，本章で触れたような代表制への不満，批判に対して，積極的な擁護を展開している。議会などの役割について再考するのに役立つ。

吉田徹『ポピュリズムを考える――民主主義への再入門』（NHKブックス，NHK出版，2011年）

ポピュリズム，デモクラシー，新自由主義（ネオリベラリズム）の関係について多くを教えてくれる。ポピュリズムとデモクラシーが決して相反する現象ではないことを論じる。

第2章 リベラリズム

5つの「反転」

1　自由主義の多様性

liberalismは，日本語に直訳すれば「自由主義」となる。カタカナ表記の「リベラリズム」は，現在，いくつかある自由主義のヴァリエーションのうちの1つを指すことが多い。ここでは議論の混乱を避けるため，自由主義とリベラリズムとを区別し，liberalism全般を論じる場合には「自由主義」と表し，20世紀に登場した福祉国家的な自由主義のヴァリエーションには「リベラリズム」という言葉を当てることにしたい。

自由主義は，民主主義とともに，現代国家を基礎づける重要な政治原理である（☞第1章・デモクラシー）。とりわけ冷戦の終わりに伴って共産主義体制が崩壊して以降，日本も含めて先進国のほとんどは，「自由主義」と「民主主義」を融合させた「**自由民主主義**（リベラル・デモクラシー）」を政治制度の構成原理として採用している。とはいえ，イギリスの自由主義は，アメリカやドイツの自由主義と同じではないように，時代や場所によって自由主義の現れ方は異なる。またその種類も，古典的自由主義，リベラリズム，**リバタリアニズム**などさまざまな形態がある。自由主義は，時代状況の要請に応じて変容し続ける極めて柔軟な理論なのである。

本章では，こうした自由主義の多様性を踏まえながら，「自由主義」とはそもそもどのような政治的教義なのか，その起源や歴史は何か，また現代ではどのような状況におかれ，またいかなる課題を抱えているのかについて論じよう。

2　自由主義とは何か

(1) 定義

自由主義とは，その名称に表れているように，個人の自由を最大限に尊重しようとする考え方や立場である。その裏面として，自由主義は，無制約な絶対的権力に懐疑の目を向け，それらを否定する主義主張としても現れる。個人の自由を押し広げるには，自由にとって最大の脅威となりうる**政治権力**は，小さければ小さいほど望ましいというわけだ。

したがって，自由主義の特徴を一言で表せば，「権力からの自由」と要約できよう。「権力は腐敗する。絶対的な権力は絶対に腐敗する」というアクトン卿の有名な言葉は，自由主義の反権力的な性質を象徴するものである。

(2) 特徴

①個人主義

自由主義は「個人」の自由を最優先することから，その構成要素には**個人主義**が含まれていることがみえてくる。個人主義とは，1人ひとりの「個人」を社会の基本単位と見なし，個々人の自律や主体性に重きをおく考え方である。

歴史上のほとんどの期間，ほとんどの政治共同体において，個人の自由や尊厳が現在ほど尊重される時代はなかった。たとえば，戦前・戦中の日本では，

キーワード 3　政治権力

ある行為をその人の意思に反してでも行わせることができる力を，一般に権力という。このような「言うことを聞かせる力」が，一定の地域内のすべての成員に対して成立したとき，それは政治権力となる。政治権力が成り立つには，服従すべきものとして成員にその正統性が認められ，実際に成員を服従させることができる物理的な強制力を備えなければならない。近代国家は，民主的に選出された政権が法秩序を樹立することで正統性を確保し，軍隊や警察，官僚機構を整備することで物理的な強制力を組織化し，政治権力を安定させている。

「神風特攻隊」に象徴されるように「個人の自由や権利」よりも「国家や天皇への奉仕」の方が重要とされ，それが当たり前の価値観であった。また現代でも，北朝鮮のように個人の自由をおよそ尊重しない国家が現に存在している。

これに対して今日の先進国では，個人の自由や権利を国家が尊重するのは当然のことであり，国家が勝手に個人の生命や財産を奪ったり，罪なき人を逮捕して拷問したりするようなことは許されない社会なのである。

②立憲主義

個人の権利が侵害されないためには，最大の脅威となる「国家権力」や「政治権力」を法律で縛ればよい。したがって，自由主義の実現には，政治権力の及ぶ範囲を憲法で制約する**立憲主義**が欠かせない（☞第５章・憲法改正）。その時々の支配者が勝手気ままに権力を行使するのではなく，明確に定められた法律に則って権力が行使される立憲主義の仕組みは，「人の支配」に対する「**法の支配**」であると言い換えることもできよう。

立憲主義の具体的な制度としては，生命・財産・思想信条の自由などの**基本的人権**の保障を憲法に明記したり，行政・立法・司法の三権を分離して互いに抑制・均衡させることで，権力の濫用を防止する**権力分立**を国家制度として定めたりすることなどが挙げられる。

このように自由主義の理念は，個人主義や立憲主義といった他の原理に支えられ，それらと結び付くことで実現されうるものなのである。

3　自由主義の歴史

（1）起源

自由主義のルーツは，中世ヨーロッパの貴族や僧侶などが自らの特権を国王の権力から守ろうとしたことにあるとされる。その典型が1215年のイギリスのマグナカルタである。これは，イギリス国王が独善的に権力を行使しないよう，貴族や僧侶，都市の商工業者たちが自分たちの権利を一定程度守るよう国王に約束させた誓約書である。

このように自由主義は，一部の上層階級が特権を守るために議会で話し合い，国王に権力を濫用しないよう約束させることを繰り返す中で，徐々に形成されていった。したがって自由主義の原型は，現在のように「すべての個人に対して平等に自由を認める」ものではなく，一部の恵まれた人たちの既得権を擁護するものにすぎなかったのである。

政治的潮流および知的伝統としての自由主義の歴史は17世紀に始まり，「自由主義」という言葉が政治運動に用いられるようになるのは，19世紀になってからである。自由主義は，時代や状況の要請に応えるため，その時々の支配的な政治原理との対抗関係の中で形成されてきた。その意味で，自由主義は「戦闘的な」理論なのである〔富沢，2013〕。では，誕生したばかりの17世紀の自由主義は，いったい何と闘っていたのか。

(2)「絶対主義」対「古典的自由主義」

16世紀以降にヨーロッパで誕生した近代国家は，まずは「絶対主義国家」という形で現れた。その特徴は，絶対君主を常備軍と官僚制が支える中央集権的な権力機構にあり，それは領域内で強大な支配権を誇っていた。「**主権**」概念を盾に，国家権力の濫用や恣意的な行使を繰り返す絶対君主から，自らの生命，自由，財産を守ることは，当時の人々にとって現実の切実な問題であった。

一般に「古典的自由主義」と呼ばれる17世紀に登場した最初の自由主義は，まさにこの絶対主義による支配と闘っていた。古典的自由主義の代表的な論者であるジョン・ロックによれば，国家がいまだ成立していない**自然状態**では，人間は生まれながらにして自らの生命や身体，財産を自由に扱うことができる**自然権**をもっていた。しかし自然状態では，国家が存在しないがゆえに，争いが生じても当事者が自力で解決するほかなく，自然権を確保するには不安定であった。そこで人々は，自分たちの生命や身体，財産をより確実に守り，平等な諸個人が平和的に共存するために，相互の合意と契約によって国家を設立したとされる（**社会契約説**）。

つまりロックによれば，国家や政府は，個人の自由や権利を保障するという目的を実現するために，自然状態の後に人工的に作られた単なる道具にすぎない。ロックが試みたのは，それ自身の存立や拡大を目的とする国家から，個人の自由を実現するための手段や道具としての国家への転換である。こうして古典的自由主義は，国家と個人の優劣関係を逆転させ，国家よりも個人の自由を優位に位置づけることで，絶対主義に立ち向かおうとしたのである。これは，自由主義が歴史上でもたらした１つ目の大きな「反転」である。

「人間は生まれながらにして侵すことのできない不可譲の権利を持つ」という言葉は，現代に生きる私たちの耳には，現実感のない空疎なきれいごとに響くかもしれない。しかし，国家が人々の生命，身体，財産を蹂躙する絶対王政を目の当たりにした当時の人々にとって，自然権の理念は，まさに目の前で起きている現実の圧政に立ち向かうための貴重な理論的武器であった。国家権力からの生命・身体・財産の自由を主たる内実とするロックの政治的自由主義は，その後に発展する古典的自由主義の中核を成すことになる。

（3）古典的自由主義の発展

その後，自由主義は経済活動の自由，表現の自由，思想信条の自由と，自由の中身を充実させていく。これを，まずはアダム・スミスの思想で確認しよう。

①アダム・スミス

1789年のフランス革命をはじめとする近代市民革命によって，絶対主義による支配体制は打ち倒された。その後は，絶対王政の教訓もあり，政府の役割はなるべく小さい方が望ましいとする**夜警国家**の考え方が主流となる。

夜警国家は，もっぱら治安の維持や国防といった必要最低限の役割のみを担い，それ以外は市場の自由な活動に委ねようとする。こうした自由放任をよしとする国家観が生じた背景には，18世紀にイギリスで産業革命が起きたのを皮切りに**資本主義**が発展し，市民社会に市場を中心とした自律的な秩序ができつつあったことがある。

特に経済的な面で，古典的自由主義の発展に寄与した代表的論者は，18世紀イギリスの経済学者アダム・スミスである。自由主義の論理に基づいて自由放任経済を実践すれば，人々の間に格差が広がり，社会に分断が生じて，必然的に国家や社会の公共的利益は損われることにならないか。自由放任経済が受けてきたこうした批判に対して，スミスは次のように応えた。

彼によれば，個人が自己利益ばかり追求したとしても，それによって全体の利益が損なわれることはない。というのも市場には，内部で生じた問題を自らの力で解決する「自己調整能力」が備わっているからである。たとえば，ある商品の需要が高まり，一時的に品不足や混乱が生じても，次第にその商品の生産量が増大したり，またはその商品の価格が上昇したりすることで，需要と供給のバランスがある一定のところで落ち着くことになる。つまり市場が健全に機能していれば，個人が社会全体の利益を考慮せずに自己利益を追求するだけで，おのずと適切な資源配分が達成されるというのである。

スミスは，市場のこうした自己調整能力のことを「**神の見えざる手**」と呼んだ。あたかも神様が陰で糸を引いて市場の秩序がうまく機能するよう操っているかのように，個人の私利私欲の追求が，本人の意図とは無関係に，結果として社会全体の利益をもたらすというわけだ。

逆に，国家による市場への介入は，市場が自己調整能力を発揮する妨げとなり，不要なばかりか有害でさえある。したがって国家は，商業や貿易の自由を広く認め，あらゆる特権や制限を撤廃し，経済活動や市場への介入をできるだけ抑制すべきだ。こうした論理によって，スミスは経済的自由主義を理論的に基礎づけ，自由の領域を押し広げたのである。

「私的な利益」と「公共の利益」は対立するので，公共の利益を確保するには国家の介入が不可欠というのが，スミス以前の伝統的な認識であった。これに対してスミスは，自由放任経済でも「私的な利益」と「公共の利益」が両立可能であると示したことで，従来の認識に対する２つ目の「反転」をもたらした。これによって彼は，自由主義のさらなる発展に寄与したのである。

②J・S・ミル

自由主義の発展のもう１つの方向として，自由や権利を享受する人が，一部の上層階級から最終的にはすべての国民にまで拡大したことが挙げられる。その過程で重要なのが，自由主義と民主主義の結合である（☞第１章・デモクラシー）。大衆民主主義の時代に自由を正面から論じた19世紀イギリスの思想家ミルを取り上げることで，この辺りの事情を確認しよう。

ロックやスミスにとって，自由の一番の敵は国家権力であった。ところが，ミルの生きた19世紀半ばになると大衆民主主義が広がり，徐々に大衆社会で増大する同調圧力や画一化傾向が懸念されるようになる。多数派の意見によって個人の自由が脅かされる「**多数者の専制**」（トクヴィル）からいかに個人や少数派を守るのか。これがミルの立ち向かった課題である。

ミルによれば，人間において美しく崇高なものは，その人だけがもつ固有の「**個性**」である。人間は，ただ周りの環境に流されるだけでなく，自分で主体的に選択し，自らの個性を発揮しながら人格を完成させる存在である。個人がその能力や個性を発揮するのは，その人自身の人生を豊かにするだけではなく，多様性や活力をもたらすことで社会全体や知性の発展にも寄与する。したがって，たとえ多数派が受け入れがたいと感じるような異質な個性であっても，それを主張する自由を容認し，多様な個性を許容しなければならない。実際にミルは，国家が思想の自由，言論・出版の自由を保障するよう要請している。

ここに至ってミルは，「**危害原理**」と呼ばれる有名なテーゼを提唱する。それは「他者に対して危害を加えるものでないかぎり，個人の行動の自由を制限してはならない」という命題である。個人の自由が唯一制限されるのは，他者に危害を与えてしまう場合だけであり，それ以外では，個人は自由に行動してかまわない。このように自由の範囲を非常に広く捉えることで，ミルは，「個性」の発展による人格の完成という要素を自由主義に付け加え，いわば道徳的な側面から古典的自由主義を補強したのである。

古典的自由主義は，17世紀にロックの政治的自由主義で始まり，それを中核としながら18世紀にスミスが経済的自由主義を付け加え，さらに19世紀にミルが道徳的自由主義によって補強することで１つの完成をみた。古典的自由主義の掲げた生命・身体・財産の自由，経済活動の自由，思想信条の自由，言論・出版の自由の主張は，現在わが国においても，基本的な人権の尊重という形で最高規範である日本国憲法に定められている。古典的自由主義は，日本も含めた人類全体に多大な恩恵をもたらしてきた政治原理なのである。

（4）「自由主義」対「民主主義」

経済的自由主義との結び付きを強めた古典的自由主義は，貴族や都市の商工業者たちに支持されるようになる。また新たに勃興した**ブルジョワジー**は，近代市民革命後，自らの権力の砦である議会の権限を強める形で改革を行った。選挙に関しても，「教養と財産」をもつ一部の豊かな人々に選挙権を限定する制限選挙を支持した。

彼らにとって民主主義とは，無知な民衆が数に任せて自分たちの主張や利害を押し通し，理性的な意見を圧殺する「衆愚政治」にほかならない。初期近代の民主主義は，当初，個人の自由を脅かす危険な運動であるとして，自由主義の支持者たちからは拒絶されていたのである。

古代ギリシアに始まるデモクラシーの伝統は，古代ギリシアの滅亡とともに歴史上いったん途切れたのだが，初期近代になって民主主義は歴史の表舞台に再登場する。18世紀後半から19世紀にかけて起こった近代市民革命の最中，革命をさらに先まで押し進めるよう求める急進的な立場の中に，民主主義の主張が現れた。具体的には，イギリス名誉革命における水平派，アメリカ独立革命における急進派，フランス革命における山岳派である。

市民革命後の現実は，自由・平等・博愛が実現された社会にはならず，一部の豊かな都市部の市民（ブルジョワジー）が支配する社会となった。数の上では一番多い農民や都市の下層民といった貧しい人々は，いまだ政治に参画できなかったため，急進派は革命のさらなる徹底化を要求した。具体的には，教養や財産で選挙権に差別をもうける制限選挙制を撤廃し，平等な政治参加を可能とする普通選挙権の確立によって「**権力への自由**」が広く認められることを求めた。こうして民主主義が，革命の急進派の主張に取り入れられることになったのである。

したがって，初期近代の民主主義は，豊かなブルジョワや彼らの依拠する自由主義に対抗する政治原理として復活したのである。それは，現代の民主主義とは異なり，平等を求めることで社会の貧しい人々や弱者を救済しようとする運動であった。つまり政治的平等と経済的平等の違いはあるが，当時の民主主義は，「**社会主義**」にかなり近いニュアンスを含む政治原理だったのである。

19世紀前半の自由主義は，豊かなブルジョワの私的所有権や経済的自由を擁護するものであり，制限選挙の下で教養と財産をもつブルジョワジーによる寡頭的支配を正当化する論理として機能していた。これに対して当時の民主主義は，選挙権拡大運動を基礎づけるものであり，社会の最下層の利益を擁護するための論理として機能していた。現在では「自由民主主義」という形で結び付くのが自明と思われがちな「自由主義」と「民主主義」であるが，初期近代において両者は結合していなかったばかりか，むしろ対立さえしていたのである。

（5）自由民主主義の成立

では，自由主義と民主主義は一体どのようにして結び付き，現在のような自由民主主義体制が成立し定着したのだろうか。これには，２つの要因が影響している。１つは19世紀アメリカの民主主義であり，もう１つは，アメリカ民主主義の現実を分析したフランス人思想家トクヴィルの影響である。

トクヴィルは1830年代にアメリカを旅行し，そこで実現されている民主主義をつぶさに観察した上で，『アメリカにおけるデモクラシー』という著書にまとめた。この著作によって，当時は対立していた自由主義と民主主義が，理論的に接合されることになったのである。

それによれば，当時のアメリカは，タウンシップへの人々の参加意識が高く，住民の直接参加によって一部の人々による専制支配を防ぎ，自分たちの手で自らの自由を守っていた（☞第９章・地方自治）。それを見たトクヴィルは，個人の自由を保障するためには，国民が広範に政治に参加し，国民自身が自らの自由を守ることのできる民主主義という政治制度が欠かせない，と考えたのである。民主主義は，自由主義を守る砦になるというわけだ。

トクヴィルはこのような論理で，自由主義と民主主義の２つを融合させ，その後，両者は一体不可分なものとして認識されるようになっていく。こうして19世紀後半に，自由主義と民主主義の関係は，対立から結合，さらには相互補完の関係へと転換された。これは，自由主義の歴史において生じた３つ目の重要な「反転」である。これによって，現在のような自由民主主義体制が当たり前と見なされる時代が，切り開かれていくことになる。

(6)「古典的自由主義」から「リベラリズム」へ

①古典的自由主義の欠点

産業化が進展する過程で労働者階級の困窮と劣悪な労働・生活環境が社会問題となる中，古典的自由主義の抱える1つの欠点が徐々に浮き彫りになる。それは「国家や社会による干渉や介入がなければ，それだけで人間は本当に自由なのか」という疑念である。

たとえば，大学に入学して勉強する自由を享受する，という事例を考えてみよう。古典的自由主義の考え方からすれば，「大学で学ぶ自由」を妨げるような政治権力による不当な介入――受験資格に性別や出自の要件を設けるなど――は許されないが，そうした国家による干渉がないならば，大学に行く／行かないは個人の自由であり，当人の私的な選択の問題ということになるだろう。

けれども，大学へ行くにはその前提として，まず授業料を支払える経済力がなければならない。また，心身ともに健康でなければ通学できないし，入学までにまっとうな教育を受け，大学教育についていけるだけの学力をあらかじめ身につける必要がある。形式的に「大学で学ぶ自由」を与えられても，貧困や病気，無知なままでは，実際には大学には行けないのである。

このように，権力から干渉されないだけでは，人は実質的にさまざまな自由を享受できない。個人が現実に自由な生活を送るには，古典的自由主義だけでは不十分なのである。

②2つの自由概念

ここでは，同じ「自由」という言葉が使われているが，実際には異なる2つ意味が混在している。これを後にバーリンという思想家は，『自由論』(1969年)という著作で「**消極的自由**」と「**積極的自由**」の区別という形で論じている。

消極的自由とは，他者から干渉されないこと，すなわち放任されていることや強制の欠如を自由と捉える考え方である。古典的自由主義の擁護する「権力からの自由」は，バーリンのいう消極的自由の典型である。

積極的自由とは，「人が自分自身の主人であること」，理性的な自己支配であるとされる。自分のことを自らの意思で決定し，それを実現することを自由と捉える考え方である。私たちは普段，性質の異なるこれら2つの自由概念を明確に区別せず，無自覚なまま「自由」という言葉を用いているのである。

③リベラリズムの登場

人々が「積極的自由」を享受できるようにするには，たとえば貧困・病気・無知が理由で大学に行けないといったことが起こらないように，国家はさまざまな社会政策を実施する必要が出てくる。具体的には，国民に最低限の生活を保障したり，医療体制や公衆衛生を整備したり，公立の学校教育制度を充実するなどして，個人の自己実現を可能にするための外的条件を整えなければならない。すなわち，「消極的自由」だけでなく「積極的自由」までも人々に保障しようとするならば，国家は，市民社会に介入することが避けられないのである。

ここから自由に対する新しい考え方が，19世紀に登場することになる。イギリスの思想家グリーンの**理想主義**の立場が，自由主義の意味を自由放任から積極的干渉へと移行させる転換点となった。彼は，個人の自己実現や人格の発展にとっての外的障害を国家が積極的に除去すべきだと主張した。さらに，イギリス人のホブハウスやホブソンの「**ニュー・リベラリズム**」は，グリーンの思想を継承し，国家による公共財の整備，公教育の充実，富の再分配を，自由主義の立場から理論的に基礎づけた。

個人の自由を守るために，国家に対して「自由放任」を要請していた自由主義が，ここに至って「国家の積極的な介入」を求める真逆の主張へと転換した。この変化を一言にまとめるならば，「国家からの自由」から「**国家による自由**」への転換と表すことができよう。自由主義の歴史で生じたこの第4の「反転」が，20世紀の自由主義のメイン・ストリームを生み出すことになる。

消極的自由の擁護を重視する従来の「古典的自由主義」に対して，積極的自由を求める新しい自由主義は，一般に「**リベラリズム**」とカタカナで表記される。リベラリズムは，積極的自由を実現するために，結果として社会保障制度の充実や格差是正のための富の再分配を要請するなど，かなりの程度，社会主義に通ずるような政策を掲げることになる。そのため，リベラリズムは「**社会自由主義**」と呼ばれることもある。実際に自由民主主義諸国は，20世紀にこれらの社会政策を実施することで，福祉国家化への歩みを進めていくことになる。

4　現代リベラリズム

（１）福祉国家の成立

19世紀後半に登場し20世紀に発展した福祉国家の構想は，理論的には，これまで論じてきた自由主義の思想的発展の帰結として捉えることができる。これに対して，福祉国家が実現される上で決定的な役割を果たしたのは，**ケインズ経済学**と**世界恐慌**である。

従来の古典的自由主義は，国家は市場に介入すべきでなく，自由放任経済をよしとした。しかしながら，イギリスの経済学者ケインズによれば，不況や恐慌の際，自由放任経済では景気はいつまでも改善されず，モノは売れず，物価は高騰し，失業者も増加の一途を辿るだけである。

ケインズによれば，不景気は有効需要の不足が原因で生じる。したがって，政府は金融政策や通貨政策を実施したり，さらには道路や鉄道など大規模な公共投資を行ったりすることで，個人や企業の消費や投資を刺激し，有効需要を創出すべきだとされる。すなわち国家は，経済活動に積極的に介入して，不況や恐慌が悪化しないように市場をある程度管理すべきだというわけである。こうしたケインズ主義の考え方は，1929年の世界恐慌に対してアメリカが実施した**ニューディール政策**の中に取り入れられることになった。

このようなケインズ主義に基づくリベラリズムこそ，20世紀に先進諸国で主流となった福祉国家型自由主義の原型である。それは単なる雇用や景気の対策だけでなく，富の再分配や社会保障制度の充実にも取り組み，そのためには十分な税収を確保して，市場における経済活動の規制も辞さないという方針を採る。リベラリズムは，古典的自由主義のような自由放任でも社会主義のような計画経済でもなく，自由主義の枠内で国家の積極的な介入を容認する「第三の道」であった。アメリカの思想家**ロールズ**が書いた**『正義論』**（1971年）は，リベラリズムを１つの政治理論に体系化しようとする試みである。

また福祉国家化は，20世紀における大衆民主主義の進展とパラレルに進行した。1920年代に普通選挙権が拡大したことで，政治家が選挙で当選するには，教養と財産をもつ一部の市民ではなく，広く一般大衆の支持を受けなければならなくなった。そのため政党や政治家たちは，大衆の支持を得やすい福祉の充実や富の再分配といった政策を掲げるようになったのである。福祉国家化は，民主主義の拡大とも密接にかかわっているのである（☞第1章・デモクラシー）。

（2）「リベラリズム」対「新自由主義」

福祉国家は，第二次世界大戦後の1950年代にそのピークを迎えるが，次第に「**新自由主義**（ネオリベラリズム）」という新たに登場した自由主義の立場から批判にさらされるようになる。

新自由主義は，福祉国家が実現してきた手厚い福祉サービス，国内市場の保護，公共事業の積極的実施，労働者の保護，富の再分配といった一連の政策パッケージを批判する。福祉国家は，教育・医療・福祉といった国民生活に深くかつ積極的に介入することで，必然的に役割の肥大化した「大きな政府」となり，巨額の財政赤字を招くことになる。これを補うために，累進課税制度を導入することで富裕層に増税して富の再分配を行うが，これは福祉サービスにおける負担と受給の非対称性を招き，とりわけ富裕層の不公平感を増幅させることになる。つまり，今度は福祉国家の「大きな政府」が個人の自由，とりわけ富裕層の財産権を侵害することが懸念されるようになったのである。

これに対して新自由主義は，政府による市場への介入を極小化し，社会保障の大幅縮小などを唱える。つまり，**小さな政府**と市場の自由競争を基本原則とするのが新自由主義なのである。

キーワード 4　**政府**

政府とは，広義には立法・行政・司法のすべてを含む国家の統治機構全体を指し，狭義には内閣や省庁などの行政機構のみを指す。「小さな政府」は，市場への介入を最小限にし，公共サービスの供給をできる限り市場に委ねようとする。だが，市場メカニズムだけでは公共財が適切に配分されないという「市場の失敗」を招く。「大きな政府」は，「市場の失敗」を除去し，政府が主体となって積極的に公共サービスを提供し，市民生活を下支えする。だが，巨大化した行政は，非効率性や硬直性，財政悪化など「政府の失敗」を招くとして批判されている。

新自由主義は，古典的自由主義の単なる復活ではない。古典的自由主義が立ち向かっていた敵は「絶対主義」であった。それに対して，新自由主義が立ち向かうのは「リベラリズム」,「福祉国家」,「大きな政府」であり，この点が両者の根本的な相違である。したがって「新自由主義」は，単なる過去への回帰ではなく,現代版にバージョンアップされた新たな形態の自由主義なのである。

＜自由主義をめぐる対立構図の変遷＞

17-18C：絶対主義 v.s 古典的自由主義
⇓
18-19C：古典的自由主義 v.s リベラリズム
⇓
20-21C：リベラリズム v.s 新自由主義

新自由主義の理論的支柱となったのは，**ハイエク**や**ノージック**らの**リバタリアニズム**と呼ばれる立場であり，彼らは経済的自由のみならず，精神的・政治的自由も最大限に尊重することを特徴としている。新自由主義は，福祉国家の高福祉・高負担による「大きな政府」を批判し，それを自己責任の原則に基づく低福祉・低負担による「小さな政府」へと転換させ，バーリンの言う「消極的自由」の擁護を20世紀において推し進めようと試みる。自由主義の歴史において生じたこの５つ目の「反転」は，これまでにない全く新しいものへの転換というよりも，自由主義の原初のあり方を模範としつつ，それを現代に適合する形で再構築することを志向するものであった。

現実には，イギリスでは1979年からのサッチャー政権，アメリカでは1981年のレーガン政権が新自由主義に基づく政治を全面的に展開した。日本では，1980年代の初めに，まず中曽根康弘政権が部分的に新自由主義的な政策を採用し，国鉄・電電公社・専売公社を民営化し，それぞれ JR･NTT･JT となった。ただし，日本では官僚と族議員の抵抗により，これらの新自由主義的な政策は英米ほどスムーズには進展しなかった。

しかし，2001年に小泉純一郎政権が誕生し，本格的に新自由主義的政策が日本で展開されることになる。以下では，小泉政権の構造改革を取り上げることで，日本における新自由主義の特徴を具体的にみていくことにしよう。

（3）新自由主義と構造改革

①手法

2000年代に行われた小泉構造改革は，福祉国家の欠点である国家財政の悪化に対処するという色彩を色濃く帯びている。実際，小泉政権発足当時，日本の借金はGDPを超える666兆円にまで達していた。借金に依存する日本の財務体質を改めて，健全な国家財政へと構造から転換することこそ，構造改革の主たるねらいであった。その手段として用いたのが，レーガンやサッチャーが実践した新自由主義的な改革手法だったのである。

国家が主体となってさまざまな政策や事業を実施すると，多くの経費がかかり，事業や施設を維持するのにも多額のコストがかさんでしまう。しかも行政は，民間企業と異なり利潤を追求することが第1の目的ではないため，コスト意識が低く非効率になりがちである。このように，国家があらゆる公共サービスを自力で提供しようとすると，必然的に国家財政の悪化を招いてしまう。

そこで小泉改革では，国家でなくてもできることは，できるだけ個人や民間企業に委ねるべきだと主張した。「民間にできることは民間に」というわけだ。民間の自由な活動や創意工夫を促進するには，これまで政府が課してきたさまざまな制約を緩める「**規制緩和**」が必要となる。こうした方針に則って「**民間開放**」を進めた結果，これまで民間企業ができなかった介護サービスや教育の分野にも，民間企業が新規に参入できるようになった。

さらに構造改革では，政府が主体的に行っている事業を国営から民営へと移管する「**民営化**」も実施した。小泉純一郎が首相就任後に真っ先に取り組んだのは，道路公団の民営化であり，また彼が最も重視した政策は郵政民営化であった。これらの国家事業は，民間企業でも運営可能であり，むしろ民間企業として営業した方が，効率的な経営がなされて収益が上がるであろうし，またサービスの向上も期待できるとされた。

さらに構造改革においては，「**自己責任**」による運営が強調された。今後は，赤字を垂れ流すような企業，法人，自治体を，これまでのように政府が「護送船団方式」で最終的に救済することはしないと明言された。自らの失敗に対しては自分で責任を取るという自己責任の論理を貫徹させることで，税金のムダ使いや非効率な事業の削減を進めようとしたのである。

②成果と副作用

以上のような新自由主義的手法を用いた構造改革の結果として，日本経済は，大きく立ち直ることになった。2001～06年までの小泉政権の5年間で，株価は約7000円から約1万8000円にまで回復，GDPの成長率もマイナスからプラスへ転じ，失業率も5.5%から3.5%にまで下がり，逆に求人倍率が0.5倍から1.1倍にまで回復した。国債の発行額も低く抑えられ，次の第1次安倍晋三政権では新たな借金をしないプライマリーバランスがゼロの財政状態に至ることができた。このように，小泉内閣による新自由主義的な改革は，一定の成果を上げることに成功したといえる。

景気回復と財政再建の面で一定の効果をもたらした新自由主義的手法は，他方で，大きな副作用を引き起こすことにもなった。その1つは，**格差社会**の出現である。自由競争に委ねる部分が多くなればそれだけ，競争の結果として「勝ち組」と「負け組」が生み出されることになる。そして一部の「勝ち組」が地位や富を独占し，ますます豊かになるのに対して，数の上では圧倒的に多くの「負け組」が生み出され，勝ち組との格差が広がることになる。実際に，小泉改革以降，ワーキングプア，日雇い労働，契約社員，ネットカフェ難民，派遣切りといった格差や貧困にまつわる現象が次々と生じ，社会問題化していくことになった（☞第10章・格差／貧困）。

第2の副作用は，地方の疲弊である。大きな産業もなく，人口も少ない地方では，国家からの補助金や公共事業に依存しがちである。ところが構造改革では，政府がスリムになるために公共事業や補助金，地方交付税交付金が削減された。その打撃を最もこうむったのは地方である（☞第9章・地方自治）。これによって，都会と地方の格差が拡大することとなった。

第3は，医療費と福祉の大幅な予算削減である。国の一般会計の中で，最も支出が多いのは，医療と福祉の分野である。高齢化によって，現在も毎年1兆円ずつ社会保障費が自然に増加している。これを抑制するために，医療や福祉の予算を毎年一律にカットしたのである。さらに後期高齢者医療制度を導入して，お年寄りの医療費の自己負担額を増やした。また，生活保護の母子家庭の加算金も廃止されることになった。

　このように新自由主義的な政策によって，収入，雇用，地方，医療，福祉などの面で少なからぬ副作用がもたらされた。新自由主義は，大衆に「痛み」を強いるため，大衆民主主義の前にいずれ敗れ去る運命にあるのか（☞第1章・デモクラシー）。それとも，グローバル化による新自由主義的市場経済の世界的拡大の中で，さらなる栄華を誇ることになるのか（☞第3章・グローバリズム）。新自由主義的政策に対しては，これまでみてきた自由主義の歴史的展開と新自由主義の功罪両面を理解した上で，冷静に評価することが肝要であろう。

おわりに

　自由主義は，その時々の状況に応じて，さまざまな「敵」との戦いを通じて自らの理論を進化させ，精緻化させてきた。非政治的で中立的と思われがちな自由主義は，実際のところ，友敵対立を繰り返してきた極めて「政治的な」教説なのである。上記で論じた5つの「反転」を見て気づくのは，現在の自由主義の「敵」は自由主義の内部にいるということである。今後の自由主義をめぐる対立軸は，「自由」と「自由ではない何か」ではなく，「自由」と「自由」との衝突という形を取ることになるであろう。

コラム◆2　2つの「新自由主義」

　自由主義を学ぶ際に最も混乱しがちなのが，2種類の新自由主義の存在である。予備知識なしに「新自由主義」と聞けば，通常はnew liberalismを思い浮かべるだろう。ところが，日本語で慣用的に用いられている「新自由主義」は，neo-liberalismの訳語なのである。

　自由主義の歴史を振り返れば，その原型は，自由放任をよしとする「古典的自由主義」にまでさかのぼる。この古典的自由主義に対抗して登場したのが，19世紀のニュー・リベラリズムであり，これは後の福祉国家型の自由主義を生み出す源流となる。そして20世紀に主流となった福祉国家型の自由主義を批判する形で登場したのが，「新自由主義（ネオリベラリズム）」である。

　new liberalismもneo-liberalismも，日本語訳は「新自由主義」となるが，両者の考え方は大きく異なり，それどころか政治的立場はむしろ対立関係にある。「新しさ」を標榜することは，一見中立的であるかのように思われるが，それまでの主流に対して自らの「新しさ」を対置することが前提とされており，それ自体，極めて戦闘的・政治的な行為なのである。

参考文献

富沢克「自由主義」古賀敬太編『政治概念の歴史的展開　第5巻』(晃洋書房，2013年)

自由主義を古代から現代まで俯瞰的に論じている。特に，現代の論争をポストモダンなど4つの視点から整理している点が興味深い。

長谷川一年「新自由主義——市場原理主義と国家の変容」出原政雄編『歴史・思想からみた現代政治』(法律文化社，2008年)

新自由主義が古典的自由主義への単なる回帰ではなく，国家機能の再編による「強い国家」を志向し，新保守主義と相互補完の関係にあると論じている。

原谷直樹「新自由主義（ネオリベラリズム)」佐伯啓思・柴山桂太編『現代社会論のキーワード——冷戦後世界を読み解く』(ナカニシヤ出版，2009年)

フリードマンとハイエクを新自由主義の源流として位置づけた上で，多様な自由主義の内部から新自由主義を乗り越える可能性を探っている。

デヴィッド・ハーヴェイ（渡辺治監訳)『新自由主義——その歴史的展開と現在』(作品社，2007年)

1970年代以降から政策に取り入れられ，現在は世界中を席巻するに至った新自由主義の政治経済史とその構造的メカニズムを明らかにしている。

ジョン・グレイ（藤原保信・輪島達郎訳)『自由主義』(昭和堂，1991年)

自由主義の基本書。自由主義の共通点を挙げた後，自由主義を歴史的に考察し，その哲学的基礎について論じている。

第3章

グローバリズム

グローバル化の行方

1　グローバル化とグローバリズム

グローバル化は，現代社会において身近な現象として捉えられている。東南アジアの国で縫製されたアメリカのスポーツメーカーの靴を履き，インターネットを通して海外の友人とニュースや日本のアニメについて語り合うというように，私たちが日常生活の中でグローバル化を体感することも多くなっているのではないだろうか。

グローバル化という言葉が使われるようになったのは，1960年代からであるといわれている［スティーガー，2010］。冷戦の終結以降，グローバル化は，アメリカ主導による新自由主義（ネオリベラリズム）的市場経済の世界規模での拡大と，それに対抗する勢力との拮抗の中で注目され，さまざまに定義されてきた。グローバル化は，どのような現象に着目するのかによって多義的に捉えられるが，そこに共通の定義を見出そうとする試みも行われてきた。いくつか有名な定義をあげてみよう。

たとえば，アメリカの人文地理学者であるハーヴェイは『ポストモダニティの条件』においてグローバル化を「時間と空間の圧縮」と論じ，イギリスの社会学者であるギデンズは『近代とはいかなる時代か？』の中で，遠く隔たった地の出来事が相互に影響し合うことで世界規模の社会関係が強まっていくこと，と説明している。また，イギリスの政治学者であるヘルドとマッグルーは『グローバル化と反グローバル化』の中でグローバル化を，社会的相互作用が大陸を超えたヒト・モノ・資本・情報の流れと，それらによって形成されるネットワークの範囲が広がっているだけでなく，そのインパクトも強まっていることを表す言葉と捉え，オーストラリアの政治経済学者であるスティーガーは『グローバリゼーション』の中で，世界の時間と空間を横断した社会関係および意識の拡大・強化を意味する現象であると定義づけた。これらの定義から，政治，経済，思想，文化，環境，安全など，個人の社会生活を構成するさまざまな要素が，国境を越えた相互連関を形成する一連の過程としてのグローバル化の本質が見えてくる。

グローバル化という言葉が使われるようになってからまだ日が浅くとも，現象としてのグローバル化の始まりはそれほど新しいものではない。グローバル化の起源に関してはいくつかの説がある。1つは，コンピュータ通信の劇的な発達（通信革命）によって国境を越えた人々のネットワークの形成が加速化した1990年代とする説，2つ目は，航空交通の一般化による国境を越えた個人レベルの交流が増加した1960～70年頃とする説，3つ目は，社会と経済のシステム化を引き起こした産業革命以降とする説，4つ目は，植民地の拡大という政策を背景に大陸間の交易が確立した15世紀の大航海時代を起源とする説，5つ目は，古代の諸民族の大陸間移動からとする説などが存在する［スティーガー，2010］。

これら5つの時代は，グローバル化の度合いが増す契機として理解することができる。そして，それぞれの時代のグローバル化という現象に呼応してグローバリズムが生じ，またそれ自体がさらなるグローバル化のきっかけとなってきた。ここでいうグローバリズムは，グローバル化の進むべき方向を示す思想であり，かつ，他の動きに対抗してその実現を求めるイデオロギーでもある。さらに，これまで国境を越えた問題は主に国家によって対処されてきたが，グローバル化の進展に伴い国家だけでは対処できない諸問題が生じてきた。そのような問題に対して，国家，国際機構，民間行為主体のネットワークによる**グローバル・ガバナンス**が必要とされている。

グローバル・ガバナンスとは，ヘルドによると，多層的，かつ多次元的，かつ多数の行動主体からなる統治のシステムである。すなわち，グローバルな政策の策定に国内，国際，政府間，民間のさまざまな機関が参加し，かつ，その政策の履行は，国際機構やEUのような地域共同体などの超国家的なレベル，

国家的なレベル，時には企業やNGOなどのさまざまな民際的なレベルによる，多層的な組織間における政治的な調整によって行われる。またそれらの統治の形態は，安全保障，環境，経済といった分野や事項別に多次元化している。アメリカの国際法・国際政治学者であるスローターは『新しい世界秩序』のなかで，グローバル・ガバナンスを，世界政府よりルーズで，国家にとってより脅威とならない集合的な組織および強制のない規制の概念であり，グローバルな公共利益に決定的重要性を有する問題に関して，あらゆる公的および民間の行為主体を結集させることができるグローバルな政治的ネットワークであると定義する。グローバリズムの基本原理は，このようなグローバル・ガバナンスの根本的な規範となる可能性を有しているのだ。

2　グローバリズムとは

(1) グローバリズム＝新自由主義（ネオリベラリズム）？

これまで，グローバリズムとして，「アメリカ的価値」，なかでも，市場原理を再評価し政府の介入を最小限にとどめたグローバルな自由市場での競争こそが経済成長をもたらすと説く**新自由主義**（ネオリベラリズム）にのみ焦点が当てられてきた（☞第2章・リベラリズム）。スティーガーは，利益や消費は良いものであるという新自由主義的な考え方を，グローバル化に規範や価値を与えるグローバリズムとし

キーワード 5　グローバル・ガバナンス

国際問題や世界秩序について，主権国家，政府間機関やEU，ASEANなどの地域共同体，国際専門家集団や民間企業，NGOなどを含むグローバル市民社会といった，多元的な行為主体の協力の下で行われる重層的な規範・制度の形成をいう。ガバナンスという言葉が用いられるのは，統治と被統治の関係が明確であり，その状態が一定期間固定され，中心的な機関による制度化された決定メカニズムを重視するガバメントに対して，統治者と被統治者の関係が固定的ではなく，決定において相互の話し合いとコンセンサスが重視される傾向にあるためである。近年では，限られた分野ではあるが，トランスナショナル・ガバナンスと呼ばれる，国家間ではなく民間の行為主体を中心とした規範・制度の形成も行われている。

て捉え，カナダの作家でありエッセイストであるジョン・R・ソウルも『グローバリズムの崩壊』の中で，自由で開かれた市場の世界規模での拡大により，国家による規制を越えて平和と繁栄を実現する信念こそがグローバリズムであると説明している。このように，グローバリズム＝新自由主義として論じられてきた背景には，グローバル化という現象が経済的な側面からのみ捉えられてきたことに原因があると思われる。

たしかに，経済のグローバル化の歴史は長い。15世紀，コロンブスの西回り航路や，ヴァスコ・ダ・ガマによる喜望峰回りの貿易ルートの開拓により長距離貿易システムが発展した。18世紀の産業革命以降は，生産手段の私的所有を前提として資本，労働力，モノ，サービスの市場での交換による利潤の最大化を目的とする資本主義が定着するとともに，ヨーロッパ列強による資源と市場の獲得を目的とした植民地獲得競争が行われた。イギリス東インド会社やハドソン湾会社，オランダ東インド会社のような独自の軍隊や司法制度，通貨を有する国家の勅許会社が，大陸を越えて経済的・政治的な権力を高めていった。権力と経済，政府と企業が互いに手を取り合いながら貿易を独占し，富の蓄積を目指したのである。このような，重商主義に基づく経済構造に転機が訪れたのは，1776年であった。イギリスの経済学者であり哲学者であったアダム・スミスの『諸国民の富』により，市場は政府が介入するのではなく需要と供給のバランスによる「神の見えざる手」によって調整され，独占ではなく自由な競争こそが経済的利益をもたらすという自由主義が打ち出されたのである。

自由主義は，政府の管理や貿易障壁（保護制度や関税など）こそが，市場での自由な競争を妨げるとし，これまでの重商主義に真っ向から対立した。19世紀，鉄道，蒸気船などの輸送技術の発展とともに，この自由主義が世界に浸透することによって，経済のグローバル化が加速した。大陸間での労働力の移動や，世界的な金融の統合は，現代のグローバル化と並ぶほどであった。ところが，19世紀末，ヨーロッパでは経済の停滞と新大陸からの安価な農作物の流入による過酷な競争に疲弊した農家や製造業者の不満が高まり，関税の引き上げや貿易の制限を行う保護貿易に向かう。その傾向は1929年の世界恐慌以降強くなり，宗主国と植民地による保護主義貿易が経済のブロック化を招き，第二次世界大戦を導く一因となった。

そのことへの反省から，大戦の終結を待たずに自由主義に基づく戦後の経済秩序の確立が模索された。1944年のブレトンウッズ会議では，第二次世界大戦後の世界経済の安定化，通貨体制の維持，先進各国を中心とした国際収支の均衡を目的とする国際通貨基金（IMF）と，当初は戦後の復興を目的として設立され，その後，途上国への開発援助に特化する国際復興開発銀行（世界銀行）の設立が決定した。戦後の1947年には，関税の引き下げと特恵関税の廃止，最恵国待遇の原則や，数量制限の原則的禁止などを定めた「関税および貿易に関する一般協定（GATT）」が締結された。モノとサービスの自由貿易，資本の自由な循環，投資の自由を実現すべきであるという，政策としての側面が強調された“新しい（ネオ）”自由主義に基づく国際経済体制が目指されたのである。

このような状況において，1960年代以降，ヨーロッパ諸国や日本は復興を成し遂げ，経済成長率も増加していった。かつて植民地だった途上国の多くは，政治的独立を達成したものの，植民地時代の経済構造から簡単には抜け出すことができず，経済的自立の道を模索していた。しかし，戦後国際経済秩序の中で，北半球に集中している先進国と南半球に多い途上国の経済格差の拡大が深刻になり，**南北問題**として認識されるようになった。世界銀行もその中心的役割を，戦後復興から発展途上国の開発支援へと移行させていった。

1970年代，資源ナショナリズムの高まりによって途上国の意見を反映させた新国際経済秩序（NIEO）が模索されるも，80年代には開発のために国際機関や外国政府の融資に依存してきた途上国の累積債務問題が深刻化し，国際経済に対する途上国の発言力は弱まっていった。一方で，世界的な金融市場の自由化と規制緩和によって外国資本を導入し経済的な急成長を遂げた新興諸国も現れ，途上国から脱却しつつある。東南アジア諸国連合（ASEAN）などのように，地域によっては経済統合による自由貿易の促進や一国単位で対応が困難な問題の解決を試みている。このような経済的な発展を遂げた途上国と，人間の基本的必要の確保すら困難な最貧国との格差の拡大が**南南問題**という新たな課題を浮かび上がらせている。また，IMF と世界銀行が途上国への融資の条件として，国営企業の民営化や，市場の開放と自由化を求めることで，途上国はさらに新自由主義の波にのまれていく。

金融や貿易の自由化と規制緩和によって拡大する世界的な経済ネットワークは，経済危機のグローバル化も引き起こしている。タイのバーツの暴落を皮切りとした1997年からのアジア通貨危機や，2007年のアメリカの住宅バブルの崩壊によるサブプライム・ショックおよび2008年の投資会社リーマン・ブラザーズの倒産によるリーマン・ショック，ギリシャの粉飾決算の露見による債務不履行問題を契機とした欧州債務危機などは，経済危機の連鎖を生じさせ世界経済に大打撃を与えた。このような状況から，新自由主義的政策への批判が高まり，グローバリズムとしての新自由主義は「終焉」を迎えたという声が聞こえる中で，経済の自由化への規制を求める主張も出てきている。

(2) 現代におけるグローバリズムの基本原理

現代ではグローバル化は経済的現象としてだけではなく，より包括的な変化として理解されている。アメリカの国際政治学者であるナイも指摘するように，グローバリズムそのものも経済だけではなく環境，軍事，社会といった側面から，国境を越えたネットワークによって特徴づけられる世界を説明しようとする思想・イデオロギーであると考えられる。新自由主義が説く自由な市場経済の原理がグローバリズムとしての存在感を失ったわけではないが，それに加えて，①多様性の確保，②デモクラシー，③法の支配，④人権の尊重，⑤経済的・社会的正義の実現が，グローバリズムの基本的な原理として現れつつある。

キーワード 6　**南北問題**

IMFが先進国に分類する国の多くがヨーロッパ，北米など地球の北半球に位置し，途上国の多くは南半球に位置している。このため，先進国と途上国の経済的格差の問題を，東西冷戦と対比する意味で南北問題と呼ぶようになった。冷戦の終結によって，南北問題はイデオロギー性を失い，経済問題としてWTOで議論される課題となっている。また，1980年代以降は，目覚ましい経済成長を遂げG20にも参加する新興諸国も現れてきた。そのような状況下で新興諸国と，最貧国と呼ばれる後発の途上国との間での経済格差の問題が，南南問題として認識されている。

①多様性の確保

19世紀以降，グローバル化の担い手は主権国家と国家集団たる国際機構であった。しかし，20世紀後半から21世紀にかけて，グローバル化の担い手が多様化した。多国籍企業や，非政府組織（NGO）と呼ばれる国際的な専門家集団，民間の国際組織，個人といった非国家的主体の活動が活発化し，国際社会における役割が増している。さらには，このような非国家的主体の活動が行われるグローバルな公共空間としての**グローバル市民社会**が形成されている。また，主体の多様化だけではなく，第二次世界大戦後の非キリスト教的価値体系を有する新興独立国の参加を契機として，国際社会における政治的，法的，経済的，文化的価値の多様性の確保が求められている。

たとえば，ユネスコの「文化的多様性に関する世界宣言」によると，文化とは「ひとつの社会または社会集団を特徴づける精神的かつ物質的，知的かつ感情的特質の総体をいい，他方，芸術および文学，生活様式，ともに生活する方法，価値体系，伝統および信仰」をいう。したがって，文化的多様性とは，「集団または社会の文化がその表現を見出す形式の多様性」であり，「人類の共通遺産」であると捉えられている。そして，グローバル化によって異なる文化間の新たな対話の条件が整えられることで，文化的多様性への理解が進み人類の調和と結束がもたらされることが，国際平和の実現の最善策となるとされている。

②人権の尊重

人権とは，人間が人間として生まれながらに，かつ，平等に有する権利であり，決して奪いえないものである。その意味において人権は概念としての普遍性を有する。1948年に国連総会で採択された世界人権宣言の第１条は「すべての人間は，生まれながらにして自由であり，かつ，尊厳と権利とについて平等である」と定めている。1993年に世界人権会議で採択された「ウィーン宣言及び行動計画」もまた「これらの諸権利と自由が普遍的な性格を有することを疑うことができない」と，人間が人間であることで有する権利の概念的普遍性を唱えている。

また，1980年代後半以降，人権は一般的な「人間」の権利というものから，女性，子供，老人，障害者，移民，性的マイノリティの権利というように，より多様な個人を対象とするものに移行している。同時に，グローバル化を支える科学・技術の発展に対応して，生命倫理の観点からのクローニングの規制，説明を受ける権利および説明責任，臓器移植に関する権利と義務，安楽死の権利のように，権利自体が多様化・詳細化してきている。さらに，EU の基本権憲章のように，社会的基本権の国際的な確立も模索されている。

③デモクラシー

18世紀のアメリカおよびヨーロッパにおける市民革命以降，多くの国の政治ではデモクラティックな決定に対して，「正統性」が与えられてきた（☞第１章・デモクラシー）。国際的なレベルでは，1960年代以降，人権と開発とを関連づけた国連による民主化政策が進められている。2000年に189か国の国連加盟国が参加した総会において採択された国連ミレニアム宣言では，「我々は，デモクラシーを推進し法の支配ならびに発展の権利を含む，国際的に認められた全ての人権および基本的自由の尊重を強化するため，いかなる努力を惜しまない」（外務省仮訳）とし，デモクラシー，マイノリティの権利の尊重の実施を求めた。また，すべての市民の参加を可能にする包括的な政治の実現を目指すこと，そのためのメディアの本質的役割を果たす自由，および，それにアクセスする自由の確保が確認されている。近年ではデモクラシーの各国への拡大だけではなく，グローバルなデモクラシーに関する試みも存在する。カナダの政治学者であるカニンガムやドイツの法学者のピーターズは，（a）市民の政治への直接的な参加の最大化を目指す参加型デモクラシー，（b）熟議することを必要条件とする熟議型デモクラシー，（c）選択肢の提示，情報公開，説明責任，異議申立ての制度を確保することなどを必須要素とする機能的デモクラシー，といったものが新たなデモクラシーとなりうると指摘している。

しかし同時に，国内でも困難であるのにグローバルな領域で，デモクラシーを実現することは至難の業であるという批判もある。間接的なデモクラシーを基盤とする国家間政治や国際機構内の決定プロセスにおいても，市民の声が反映されない，いわゆる**民主主義の赤字**が問題とされている。たとえば，EU 憲法条約の失敗の原因の１つとして，その政策決定過程における民主主義の赤字や市民への説明責任の欠如といった問題が指摘された（☞第１章・デモクラシー，

第12章・地域統合)。その後EUは，EU議会の権限強化や，加盟国議会の役割の強化，市民団体の参加の重視を中心とした民主化改革を行った。投票行為に基づく民主的制度を，グローバルな領域で求めることは難しい。しかし，投票行為よりも「意見の表明」を重視し，また領域的な社会の代表ではなくグローバルなネットワークにおける利益代表を，決定過程に参加させることで，デモクラティックな要素をえる可能性も期待できる。

④法の支配

法の支配とは，比較法の観点からは英米法体系の中で発達してきた概念であり，権力を法に従わせることでその濫用を防ぎ，人権を保護するというものであった。この概念は大陸法体系の中でも，実質的に法に従い統治を行う法治主義として受容されてきた。今日では，国内社会においてはごく当然の原則として受け入れられ，国際社会においても次第に浸透しつつある原則である。国際社会の法秩序として，国際法の最も古い規則である主権または独立権，内政不干渉，領土保全などの諸原則は，自国の安全のような高度に政治性を有する領域においても，国益を保持するための主張を支えるために用いられる。しかし，他方では，自国の高度に政治的な目標と相容れないと考えられる場合には，国家は国際法に反する行為をとる可能性が高い。それにもかかわらず，政治性の高い分野でも，次第に恣意的な自由裁量権の行使の範囲は，国連を中心とする集団安全保障システムや人権の枠内に制限される傾向にある。

さらに，相対的に政治性の低い交通，国際通信，資源を含む環境および経済の一部では，新しい国際法の領域が形成されつつある。これにより，国際制度の枠内での情報交換が容易になり，共通の利益の実現のための国家間相互の役割が確立され，他国との交渉コストが軽減されて長期的な利益を得やすくなっている。所定の規則や決定手続に従うことが安定的，かつ長期的に各国の国益につながるのである。

国際法はその質・量的な点でも，グローバル化の中で変容しつつある。従来のような基本的に国家間関係を規律し，例外的に個人を規定する伝統的な国際法から，労働（児童労働，移住労働者など），経済（投資，金融，貿易など），刑事（国際テロ，人道犯罪など），人権（マイノリティ，生命倫理など）の分野では，国家間だけでなく国内法にも適用されるものになってきている。このような新たな国際法に加え，国家のみでなく個人への直接適用や出訴権をも含むEU法などの域内の国家および個人を対象とする地域的な法や，制限された範囲内ではあるが，国家間や政府間国際機構だけではなく民間主導の国際的な取り組み（**トランスナショナル・ガバナンス**）の中で形成されるNGO，多国籍企業，学術機関，シンク・タンク，個人の国境を越えた関係を規律する自主規制など，まさにグローバルで多層的な法秩序が構成されつつある。

⑤社会的・経済的正義

社会的・経済的正義とは，世界的レベルでの富と資源の公平な分配を意味する。従来の国連の場での国際開発概念は，経済成長率の増大こそが開発の目的であるとされてきた。しかし，世界的な経済発展の停滞と産業開発による環境汚染の問題が生じ，また，先進国や国際機構による途上国への援助にもかかわらず低所得層の生活水準はあまり変わらず，世界的な格差が縮まることはなかった。このことを受け，近年ようやく，経済成長は開発を達成する単なる手段の1つであって，開発の真の目的は人間生活の社会的諸条件の改善を通じての個性の開花であり，したがって開発とは，社会・経済構造の変化をも伴う総体的かつ動態的な過程であるという考え方が根づいてきた。開発＝経済開発という目的と手段を混同した図式が見直され，開発＝社会開発＝人間の福祉と安寧の達成という認識と，その実現のための社会構造の変革と民主化を重視する方向へ移行した。そして，1986年の国連の発展の権利宣言の中では，発展が権利として認められることになった。

1990年代以降は，グローバル化の進展とともに，国連開発計画（UNDP）により，人間開発の戦略が展開された。それによると，開発とは，個人を恐怖と欠乏から自由にし，人間とその属する社会，国家，そして世界の開発に完全な貢献を行えるようにするための概念である。また，安全保障の概念は，国家の領域的安全から人の安全保障へ，および軍備による安全保障から持続可能な開発による安全保障へとシフトされねばならないとされた。人間の自由を向上させ，人間のすべての能力を発揮できるように，人間の生にかかわることの保護を目指す**人間の安全保障**は，このような潮流の中にあり，社会的・経済的正義の実現や人権の尊重を通じて，個人に自己の可能性を発揮する機会と選択肢を提供することを目指している。

このような開発概念の深化を通じていえることは，当初の経済成長率の増加の下で，社会階層間の発展の格差を肯定した経済的正義から，ロールズのいう格差原理（社会の最貧困層の利益となる場合，財と負担の不均衡を認める方法で配分できるとする考え方）を基礎にした正義の原理が一般的となりつつあるということである。たとえば，新自由主義の旗手として批判されるWTOやIMFの原則でも，途上国に対して特別な優遇措置がとられている。

3　グローバリズムと新たなガバナンス

グローバリズムの下さまざまなガバナンスが試みられている。現代のグローバル社会には，以下の三層の異なる領域が存在する。第1に，主権国家の成立以前より，国家同士の独立と平等，他国への内政不干渉といった原則の下，二国間あるいは多国間での場当たり的な協定によって国際的な課題への対応が行われてきた国家間政治，第2に，制度化された国際社会である。第一次世界大戦以降，これまでの国際関係に加えて，国際機構の設立を含めた永続的かつ安定的な国際関係の制度化が行われるようになった。第3に，グローバル市民社会である。現代では科学・技術の進歩によってグローバル化が急速に進展し，過去に例を見ないほどの量と規模で国家以外の多様な行為主体が国境を越えて活動している。これらの主体が作り出すコミュニケーション・ネットワークによる，優越的で多中心的なグローバル市民社会が現れ，自主規制や独自の制度を形成し，自己統治を行いつつある。国家間政治，制度化された国際社会，グローバル市民社会の3つの領域が1つのガバナンス・システムとして機能するのがグローバル・ガバナンスである。

組織としてのグローバル・ガバナンスの事例では，政府と使用者，労働者の代表の協力によって構成される国際労働機関（ILO）がその先駆けであるといえるだろう。また，管理理事会に民間企業の代表を含んでいた国際衛星通信機関のように民営化された国際機関も存在する。

近年では，組織を形成しないメカニズムとしてのグローバル・ガバナンスも試みられており，国連グローバル・コンパクトがその例としてあげられる。国連グローバル・コンパクトは，企業のリーダーシップによって，持続可能な成長を実現するための自主的な行動規範を作成する取組みである。1999年の世界経済フォーラムで，当時の国連事務総長コフィ・アナンの提案に対して，国際雇用者機構，国際商業会議所および企業のトップがこの呼びかけに応じ，民間団体やNGOとの協力により2000年に発足した。これは人権保護，不当な労働の排除，環境への配慮，腐敗の防止などの10原則を規定しており，自主的に参加する企業や団体はその10原則に同意し，その原則に基づく行動をとることが求められる。

さらに，民間の行為主体は，国家や国際機構の管理や規制が失敗し，追いつかない分野で多様性の確保，人権の尊重，社会的正義を実現しようと自主的なトランスナショナル・ガバナンスを模索している。たとえば，「赤道原則」は途上国の大型開発プロジェクトに融資する金融機関に対して，途上国内の社会や環境について配慮するように要請するものであり，民間金融機関によって構成される「赤道原則協会」によって制定・管理されている。融資を行う金融機関は，行動規範に反する融資は行わず，融資後には開発プログラムの調査を行わなければならない。

また，「フェアトレード・システム」は，途上国の原料，製品を正当な価格で購入しフェアトレードとわかるように表示して流通させることで，途上国の生産者や労働者の賃金，労働環境の改善を目指す1つのメカニズムであり，流通させる商品の生産過程が適正であるかを判断する規範を制定している。現在では，国際フェアトレードラベル機構，世界フェアトレード機関といった組織の連携により運営されている。

世界標準化機構（ISO）は，製品やサービスの品質保証だけではなく，環境への配慮，社会的責任，食の安全，情報安全保障などのような多分野にわたるグローバル標準の作成を行っている。環境分野では，未来世代のための森林保護を目的とする環境保護NGOや林業・木材企業，先住民らによって森林管理協議会が組織されている。これは，環境に配慮し，社会の利益となり，経済的に持続可能な世界の森林の管理のために，水質保全，希少な原生林での伐採禁止，危険性の高い薬品の使用禁止などの森林管理基準を定めている。

トランスナショナル・ガバナンスによる規範は，一定の範囲の社会集団の一般的な合意に支持され，かつ国家による法の効果を補い，あるいはそれを超えて適用される「グローバル法」として捉えられることもある。その歴史は古く，フランスの法社会学者であるレヴィ＝ブリュールの『法社会学』によれば，中世以来のキリスト教の教会法やイスラム法，ユダヤ法といった宗教法，国を越えた商人同士の間の慣習制度としての商人法（jus mercatorum）などが，国内法と同等に厳格に遵守されていた。しかし，このような民間の自主規制は合目的になりやすく，民主的手続を経ずに形成されるため，規範やガバナンスとしての「正統性」を有していないのではないかという批判が存在する。これに対して，デモクラシーのメカニズムを取り込むことや，国家や国際機構の法として採用されること，より法に近い手続きや制度を充実させることで，「正統性」を得る大きな足掛かりとなるだろう。

4　グローバリズムのパラドクス

グローバリズムの基本原理の多くが，西洋を起源とすることに疑いの余地はない。それゆえ，基本的な原理がグローバリズムとして捉えられるようになったとしても，新自由主義と同様にそれらは単なる西洋的価値の押し付けにほかならないという批判は拭いきれない。グローバリズムが多様性の確保をその基本原理の１つとして内包しつつも，自由市場経済，人権，デモクラシー，法の支配，社会的・経済的正義という共通の価値の普遍化あるいは画一化を求めるがゆえに，グローバリズム内では常に相対性と普遍性のパラドクスが生じる。

たとえば，産業革命が産んだグローバル化とナショナリズムという双子の関係に，グローバリズムのパラドクスを見ることができる。産業革命は社会のシステム化およびグローバル化の契機となっただけではなく，産業社会への変化の中で，国家による教育が普及した結果，国民という均質な存在を作り出し，国民国家を形成するナショナリズムの契機ともなった。なぜなら，労働分業は，個人間の開かれたコミュニケーションを必要とするため，個人の知識と文化の均質性が求められた。産業社会は相互に交流可能な個人間の可動性とコミュニケーションを確保する国家的教育システムを基礎として確立されていったのだ。ところが，1990年代以降のグローバル化の加速は，グローバルな規模での画一的，均質的な価値の形成や国境を越えた人々の活動を促進し，「世界市民」のような超国家的なアイデンティティを生じさせた。しかし同時に，多様性の確保や人権の尊重，デモクラシーという価値が認識されることで，地域や文化，言語，宗教といった多様な共同体への帰属意識を強め，時にそれらはグローバル化への反発と結び付く運動となっている。さらには，社会統合の揺らぎの中で，ナショナル・アイデンティティの再編の動きが，世界各地で広がっている(☞第４章・ナショナリズム)。

また，新自由主義に基づく自由市場経済は，文化的価値の破壊や南北による経済格差の悪化，環境破壊，国際的な労働力搾取を招いているとして批判の対象となっている。新自由主義的政策を推進するWTOの会議開催を阻止するために，1999年11月のシアトルで，消費者保護，労働者保護，環境保護，人権保護のための活動家やNGOを含む４～５万人が参加した大規模な反WTO運動が行われ，デモ隊とシアトル警察の衝突により逮捕者も出る事態に至った。2000年４月にはワシントンDCで，９月にはプラハで，IMFと世界銀行の総会に対する３万人規模の反対運動が起こり，2001年の世界経済フォーラムやEU首脳会議，Ｇ８でも，暴力化する反対運動が起こり死傷者も出ている。また，デモ活動以外にも，「世界経済フォーラム」に対抗して，新自由主義やいかなる形態の帝国主義によるいかなる支配にも反対するための討議の場としての「世界社会フォーラム」が開催されている。そして，このような活動にはネットやメディアなどの情報技術の発展によるグローバル化が密接に関連している。

さらに，西洋的，キリスト教的な背景をもつ国際的な人権を西洋以外の文化圏に適用することに対する反発がしばしば生じる。西洋以外の文化圏には，アジア的人権やイスラム的人権，アフリカ的人権など，それぞれの文化に即した人権が存在するという，文化的多様性からの批判である。たとえば，現在の国際的な人権規範は，西洋による人類にとって良いと思うものの定義とそれらの非西洋文化圏への押し付けであり，現代における西洋植民地主義の継続によるものであるという批判もある。また，1993年の世界人権会議の準備のために開かれたアジアの地域会合において採択されたバンコク宣言には，西洋に由来する国際的な人権規範を非西洋文化圏に適用することに対する反感が顕著に現れている。バンコク宣言では，人権とは文化相対的なものであり，アジアには西洋とは異なる固有の人権が存在し，個人よりも集団の発展が優先され，国内的な問題である人権に対して他国は主権の原則および内政不干渉の原則を尊重すべきであるという，「アジア的価値」が主張された。また，アラブ・アフリカの地域会合においても「あらかじめ構想されたいかなるモデルも世界的規模で定めることはできない。各国間の歴史的・文化的な現実および各人民の伝統，規範，価値は無視することができない」というチュニス宣言が採択された。

社会の習慣，その基礎となる歴史や文化は人権規範および人権を保障する法や制度に大きな影響を与えており，また，普段の生活における人々の人権の尊重意識や，法・制度による人権の保障の維持の側面でも，文化が大きく作用していると考えられる。国際的な人権規範の適用に関する西洋諸国と非西洋諸国の相違は，しばしば，特に経済開発に対する援助の場面において国際的な摩擦を引き起こしている。

しかしながら，このような反発がありながらも，世界人権宣言や国際人権規約といった国際的な人権やデモクラシーは，西洋・非西洋を問わず，多くの国々に受け入れられている。たとえば，1981年にはユネスコ本部でヨーロッパ・イスラム評議会によりイスラム人権宣言が採択され，1993年にはカイロ・イスラム世界人権宣言がイスラム世界の合意文書として世界人権会議に提出されるなど，イスラム文化圏もグローバリズムの動向に柔軟に対応し，人権の普遍化に貢献する動きがみられるようになった。

アフリカでは，西洋の個人主義や物質主義に基づく個人の連合というよりむしろ，集団の優越，連帯性および精神的関係に重点をおくゆえに，国民全体ならびに社会全体の利益は個人および各集団の利益に優先するとされる。しかし，植民地時代の宗主国の法と現地の伝統的な慣習法の併用の中で，結果的には，伝統的なアフリカ法体系にも宗主国の法原則が導入され，西洋の法規範の受容が進むことになった。独立後もこの流れは変わらず，各国の憲法の前文において，国際的な人権規範に定められたデモクラシーと人権保護の原則の遵守を謳っている（たとえばセネガルの憲法前文）。また，1981年にはアフリカ統一機構首脳会議において，「人及び人民の権利に関するアフリカ憲章（バンジュール憲章）」が採択された。

このように，非西洋文化圏からもグローバリズムに対応する動きがみられる。なぜならば，非西洋文化圏諸国が国際社会の一員としての立場を示したい場合や，非西洋文化圏の途上国が先進国やEU，世界銀行のような国際機関からの融資を求める際には，人権システムへの参加が条件となるからである。また，非西洋文化圏の文化相対的な人権の主張は，人権そのものを否定しているわけではなく，国際的な人権規範と文化相対的な人権は全く異質なものでもない。さらに，グローバリズムが多様性の確保を原理とする以上，非西洋文化圏の価値の多様性も受け入れることが求められる。このように，グローバリズム内でパラドクスの回避が行われているのである。とはいえ，イスラム世界人権宣言における人権は，神によって課された義務を履行するための権利という性格が強く，バンジュール憲章では個人に対する共同体の優位が明示されているなど，文化相対的な人権を主張する非西洋文化圏からの歩み寄りには限界があることも忘れてはならない。

また，2001年9月11日のアメリカ同時多発テロに象徴されるような，アルカイダやイスラミック・ステイツ（IS），ボコ・ハラムといった極端に暴力的なテロリスト・グループによる西洋的価値への「聖戦（ジハード）」が，現代の世界における深刻な脅威となっている（☞第11章・テロリズム）。このようなテロリスト・グループは，多様性を認めず，自らの思想・イデオロギーの普遍化を暴力によって押し進める。しかし，グローバリズムの基本原理を否定するこのようなテロリスト・グループによる活動も，グローバルなネットワークにより形成され，グローバル化と切り離して論じることは難しい。たとえば，ISのテロ活動には非イスラム圏から参加する者が多くみられる。さらに，2001年には国連安全保障理事会によって反テロリズム委員会が設置され，2005年の「核によるテロリズムの行為の防止に関する条約」，2006年の「国連グローバル対テロ戦略」

などが作成された。非国家的主体としてのテロリスト・グループが取り締まりの対象となることで，反グローバリズムを掲げるテロリズム自体が，さらなるグローバル・ガバナンスを形成するというパラドクスが生じている。

このように，現象としてのグローバル化と，そのグローバル化の方向性を示すグローバリズム，グローバルな課題への取り組みとしてのグローバル・ガバナンスは三位一体の関係にあるといえる。

コラム◆3　カントとコスモポリタニズム

歴史的にみてもグローバル化は経済分野にとどまらず，政治，法，文化的な側面を有する。グローバル化の始まりを古代に求めることができるならば，グローバリズムの起源も古代ギリシア時代のポリスという政治空間を越えた思想であるコスモポリタニズムにさかのぼることができるだろう。紀元前800年から500年にかけて，ギリシア世界では人々の生活はすべてポリス（都市国家）の中に存在すると考えられていた。しかし，アレクサンドロス大王の大帝国建設によりポリスの政治的独立が失われたことで，自らをコスモポリテス（世界市民）として意識するようになった人々が現れた。彼らの思想をコスモポリタニズムという。コスモポリタニズムは自分自身を国や民族に捉われず普遍的な市民として位置づけるという個人主義的思想から，人間の理性は平等であり，人間は１つの「理想の共同体」に住む世界市民であるという思想へと発展した。

18世紀ドイツの哲学者であるカントは『永遠平和のために』で，国際関係に外的秩序を規律し自然状態を離脱することにより世界の永遠平和を可能にしようと考えた。そして，国家がその利己的自由を放棄し，地球上のすべての民族を包括する「１つの世界共和国」という積極的な理念の消極的代替物として，「国家連合」の必要性を説いた。さらに，地球上のすべての人間は，世界市民として他国の土地を訪れる場合に敵意をもって扱われない「訪問の権利」をもつと主張した。この権利を互いに認め合うことで世界的な交易が促進され，相互依存が高まる。その結果，平和的な関係が結ばれ，最終的にこの関係が公法的なものとなり，世界市民体制へと近づけることができると考え，現在のグローバル化を予言するようなコスモポリタニズムを論じている。その上でヨーロッパ列強により繰り返されている植民地政策の非人道性を例に挙げ，世界のある場所で生じた違法な行為がすべての場所で感じとられるまで相互依存が高まっていることから，世界市民法の理念はもはや空想的ではないと訴えたのであった。

📖 参考文献

デヴィッド・ヘルド／アントニー・マッグルー（中谷義和・柳原克行訳）『グローバル化と反グローバル化』（日本経済評論社，2003年）

グローバル化に対抗する議論を踏まえつつ，グローバル化とは何か，それによって私たちの住んでいる世界がどのように変容するのかについて検討し，新たな世界の新たな政治秩序について考察している。

メアリー・カルドー（山本武彦・宮脇昇他訳）『グローバル市民社会論——戦争へのひとつの回答』（法政大学出版局，2007年）

市民や市民社会といった概念を歴史的に問い直しつつ，その現代的意味と役割を明らかにすることで，紛争やテロ，テロに対する戦いといった暴力の連鎖への処方箋を模索している。

マンフレッド・B・スティーガー（櫻井公人・櫻井純理・高嶋正晴訳）『新版　グローバリゼーション』（岩波書店，2010年）

グローバル化について経済，政治，文化，エコロジー，イデオロギーといった多次元から解説している。巻末の初学者のための参考文献リストも充実している。

アンドリュー・ジョーンズ（佐々木てる監訳）『グローバリゼーション事典　地球社会を読み解く手引き』（明石書店，2012年）

グローバル化の議論の中で頻繁に目にするキータームや研究者について，簡潔に，かつ，批判的に解説している。用語そのものの理解だけではなく，それらが互いにどのように結び付いているのかを考える助けにもなる。

松下冽・山根健至編著『共鳴するガヴァナンス空間の現実と課題——「人間の安全保障」から考える』（晃洋書房，2013年）

グローバル・ガバナンスの理論的分析だけではなく，途上国の視点から，人々の「人間の安全保障」の確保を前提とした，ポスト新自由主義的な多元的・民主的ガバナンスの可能性と方向性を議論している。

第4章　ナショナリズム

グローバル化の進展の中で

1　なぜナショナリズムに着目すべきなのか

(1) 意識化・理論化の必要性

カナダの政治哲学者ベイナーは，「ナショナリズムは，偉大な哲学者を生んでこなかった」とかつて述べた。ナショナリズムには，リベラリズムの伝統におけるトマス・ホッブズや社会主義の伝統におけるカール・マルクスのように，思想に体系化を施した偉大な哲学者や思想家が生まれなかったと指摘したのである。

リベラリズムや社会主義の場合，多くの人々の政治権力への反発や自由への欲求，貧困者の苦悩などの自然な感情を出発点としつつも，それぞれの考え方の体系化・理論化を試みる卓越した思想家が歴史の中で登場した。しかし，ナショナリズムには，そうした哲学者や思想家は生まれなかった。たしかに，ナショナリズムは優れた哲学者が体系化していったものではなく，歴史の流れの中で自生的に発展してきた考え方，および現象という側面が強い。

ナショナリズムの場合，思想や現象の出発点となったものは，自らのナショナルな**文化**や言語という個別的なものに対する愛着（**愛国心**）や同胞に対する**連帯意識**（仲間意識），あるいは自分たちの政治的運命は自分たちで決めていきたいと願う**政治的自己決定**の願望などであろう。ナショナリズムの理論化や体系化があまり進められなかった一因は，普遍主義に関連がある。欧米の知的文化では，普遍を志向する傾向が強い。つまり，個別的な文化や伝統，社会状況などに着目するよりも，人類社会に共通するルールや法則，道徳を見出すことを好む。

たとえば，普遍主義の立場では，個人のさまざまな特徴，つまり人種や肌の色，性別，家柄などは，政治にかかわる場面では考慮すべきでないと見なすのが一般的である。**国籍**もその1つに挙げられることが多い。つまり，「国籍や民族，文化などに囚われず，各人を一個人として差別せずに取り扱うことが大切なのだ」という考え方が欧米の政治理論では伝統的に強かった。普遍主義を重視するこうした傾向のため，個別的なものから出発するナショナルなものは，あまり理論的には扱われてこなかったのである。

しかし，現状では，ナショナリズムの是非についてこれまで以上に意識化・体系化する必要がある。背景には，1990年代から各国で顕著になった，いわゆる**新自由主義**に基づく経済の**グローバル化**・ボーダレス化の流れがある。新自由主義とは，ごく簡単に述べれば，市場経済の働きを非常に重視し，各国の政府などによる規制を取り払うべきだと考える経済学の1つの見方である。「規制緩和」や「民営化」，「自由貿易」などの大切さを強調し，訴える立場だといってもよい。

新自由主義の考え方に基づく経済のグローバル化が近年，日本を含む世界各国でますます進められている。そのため，人々の生活がグローバルな市場経済の巨大な力に翻弄される危険性が生じている。のちにみるように，**グローバル市場**の力は，人々が安定した暮らしを営むために必要なリベラル・デモクラシーの政治や安定した経済社会を破壊し，人々の生活基盤を揺るがす恐れをは

キーワード 7　ナショナリティ／愛国心

ナショナリティとは，本文中で示したように，ネイションへの所属関係，およびその意識として規定できる。愛国心は，大まかに述べれば，ナショナリティへの愛着の念だといえよう。愛国心は，ナショナリティを同じくする多様な人々の連帯や団結を生み出し，強い政治的な動力源となりえる。石油エネルギーや原子力などの他の動力源と同様，愛国心という政治的な動力源も，善用することも悪用することも可能である。一方で，「リベラル・ナショナリズム」論の指摘にあるように，自由民主主義の政治に不可欠な連帯意識を準備するものでもあるが，他方，幾多の戦争や不当な差別に人々を駆り立ててきたものでもある。「健全な愛国心」「愛国心の善用」とはいかなるものかについて，常に議論していく必要がある。

らんでいる。こうした危険性から，暮らしを守るべき主体として人々の念頭に第1に浮かぶのは，やはり各地の国家（国民国家）であろう。

だが他方で，これも経済のグローバル化と関係があるが，人の移動に伴う偏狭なナショナリズムに基づくとみられる社会的不和も昨今，各国で顕在化している。たとえば，ヨーロッパ各国における近年の暴動の一因とされることの多い，移民やその子孫に対する根強い差別，ならびに彼らの不満の高まりによる社会的安定性の喪失などである。

これまでは，少なくとも先進国では，国民国家体制は自明であった。愛国心などのナショナルな感情や連帯意識もまた通常のことであり，ことさら意識化・理論化する必要はなかった。しかし，グローバル化，ボーダレス化が叫ばれ，国民国家の枠組みが揺らぎをみせつつある現代では，ナショナルなものは決して自明ではなくなった。ナショナルなものの意義や役割，あるいは危険性を知的に認識し，よりよき制度づくりに反映させていく必要が生じてきたのである。

本章では，グローバル化の必要性が叫ばれる現在の状況において，ナショナルなものの意義や役割，あるいはその危険性について考察するために必要な基本的視角の提供を目標とする。

（2）用語の整理

「ナショナリズム」という語は，日本語では，「民族主義」，「国家主義」，あるいは「国民主義」などと訳され，多義的な意味合いで用いられている。

混乱を避けるため，最初に用語の整理をしておきたい。近年の政治理論の分野で使われる標準的用法を参照しつつ，「ネイション」，「ナショナリズム」，「エスニック集団（民族）」，「国家」，「国民国家」について簡単にそれぞれの規定を確認しておく。

まず，「**ネイション**」であるが，これは第一義的には，「政治的自己決定を望み，政治的運命を共にしていきたいという強い願いを有する集団」を指す。政治的運命を共にしたいという強い願望は，言語や文化，慣習，その他の各種伝統の共有から由来する場合が多いが，これらの共通性は副次的なものである。

第一義的には，政治的自己決定の意思の有無が，「ネイション」とそうでないものを見分ける。「ナショナリズム」は，こうした「ネイション」という集団を政治の場で重視する立場，あるいはそれに付随する現象を指す。

「エスニック集団（民族）」は，人種や文化，慣習，宗教などの共通性を自他ともに想定している集団のことである。エスニック集団は，ネイションと異なり，政治的自己決定，つまり一定程度の自己完結性を有する政治社会の建設を求めるとは限らない。つまり，ネイションは政治的概念であるが，エスニック集団は，文化的概念だということができる。

また「国家」（ステイト）とは，一定の領域において主権を行使し，そこに居住する人々を統治する機構，制度のことである。よって「国民国家」とは，ネイションがそのような「国家」を首尾よくもつことができた政治的まとまりだといえる。

2　ナショナリズムの歴史

（1）近代主義をめぐる議論

ナショナリズムはどのように生じてきたのか。国民意識や国民の連帯は，どのように現れてきたのだろうか。

こうした問いは，単なる歴史の問題という以上の重要性を有する。ナショナリズム全般の見方，ひいては現在のグローバル化をどのようにみるかということに大きく影響してくるからである。

ここで取り上げたいのは，特に「**近代主義**」をめぐる議論である。「近代主義」とは，ナショナルなものは，近代化の産物だと強調する立場である。この立場では，ネイションや国民意識，あるいはそこにおける文化や伝統は，自然的かつ所与のものではなく，近代産業社会の建設の要請から，すなわち経済発展の要請から人為的に構築されてきたものだと理解する。

たとえばイギリスの社会学者ゲルナーは，近代産業社会の登場とその運営の必要性からネイションへの所属意識や国民国家制度の成立を説明した。近代産業社会は，たとえば大規模な工場を運営するため，共通の言語や文化，行動様式を身に付けた数多くの労働者を必要とする。地域特有の方言や生活習慣を身に付け，小規模な村や町で暮らす人々ではなく，もっと大きな社会の一員だという自己意識をもち，いわゆる標準語や共通の知識や行動様式を身に付けている人々が働き手として多数存在しなくては，近代産業社会は成り立たない。このような近代産業社会を作り出すための必要性から，ネイションへの所属意識や国民国家は生み出されてきたのだとゲルナーは述べる。

またアンダーソンも，ネイションへの所属意識は近代化の産物であると考えた。アンダーソンが強調したのは，国語の発展，また国語での出版産業や出版文化の興隆である。国語での新聞や小説などの出版が盛んになり，人々がそれに触れるようになったことにより，ネイションや国民国家という共通の共同体の一員であるという意識が初めて形成されるようになったと指摘する。つまり「私はイギリス人だ」といった「〇〇人意識」をもつようになったと述べる。

他方,「近代主義」の立場を批判する者として，歴史社会学者のアンソニー・スミスが挙げられる。スミスは，ネイションは単なる近代化の産物ではなく，無から生じたわけでもないと論じる。いまあるようなネイションやナショナリティの意識は，たしかに近代になって初めて形成されたものだとしても，その元になったのは民族の歴史的起源についての神話や言語，文化の共有であり，こちらの要素も軽視してはならないと述べる。近代以降のネイションの特性の分析とともに，近代以前の文化集団（スミスはこれを「エトニ」と称する）の感情，記憶，神話，宗教，言語などとの連続性にも注目すべきだというのである。

キーワード 8　**ネイション**

「ネイション」は，本文中で触れたように，第一義的には，政治的自己決定の意思をもち，政治的に自立したいと願う集団を指す。日本語では「国民集団」といえば一番近いニュアンスを表すが，「国民集団」では表せない意味も「ネイション」は含んでいる。たとえば，イギリスのスコットランドやカナダのケベックのように，1つの国の中で政治的自己決定の意思をもつ集団のことを日本語の「国民集団」ではうまくいい表すことができない。したがって本章では，「国民集団」ではなく，「ネイション」や「ナショナルな」「ナショナリティ」などの言葉を用いたい。

スミスは自身の立場を「**エスノシンボリック・アプローチ**」と称するのだが，この立場は言語を例にとって考えるとわかりやすい。

たとえば，現在，われわれが使っている日本語は，近代になって，つまり明治になってから今あるような形になった。明治の近代国家づくりの要請から，文法や正書法（正しい書き方）が整えられた。また教育制度が整備され，新聞記事や小説が書かれることによって広まった。欧米の知識が翻訳され，日本語の語彙も急激に増え，そしてそれを収録した辞書も作られた。その意味で，いまわれわれが日常使っている日本語は，近代化の産物である。だが当然ながら，日本語は明治以降に無から作られたものではない。現代の日本語の根底には，近代以前の日本語の長い歴史がある。

スミスの「エスノシンボリック・アプローチ」は，ちょうど日本語のこのような理解に似ているといえよう。現在あるようなネイションの意識や文化は，近代以降になって形が整えられたものが多い。しかし，その根本には，言語や神話，宗教など近代以前の民族文化の記憶の蓄積があり，こちらもナショナルなものの理解には重要である。

（2）グローバル化理解への影響

最近，次のような言葉をよく耳にする。「現代の経済は国民国家の枠を超えた広がりを持ち始めた。出現したグローバル市場に対応して，政治もグローバル化しなければならない。つまり，21世紀の今後の世界では，地域統合体や世界政府など超国家的な政治枠組みを創出しなければならない。またそれに伴って，我々の意識や言語も，よりグローバルにならなければならない」。

このような最近のグローバル化推進の言説と，ゲルナーのような近代主義の理解とは非常に相性がいい。どちらも経済発展の要請が人々の意識の土台にあると見なすからである。近代主義は，近代の経済発展の要請が，ナショナルなものを生じさせる原動力となったと考える。他方，最近のグローバル化推進派は，経済発展の要請は，現代ではナショナリティの意識や国民国家ではなく，地球市民意識やトランスナショナルな政治体を求めていると捉える。そのため，現代では，ナショナルなものよりも，グローバルなものを好むようになるべきだと論じるのである。

しかし，スミスが指摘したように，ナショナルなものの根底には，経済の要請だけではなく，古来の民族の文化や宗教，神話などの記憶の絆があると捉えれば，こうしたグローバル化推進派の言説は，少なくともそのまま受容できるものではなくなる。

従来の国民国家体制の安定性は，人々の連帯意識や政治文化への愛着などによって支えられてきたが，これらの根底には，古来の民族文化の共有から由来するものも少なからずあった。しかし，今後作られる国民国家を超えたグローバルな政治体は，それを支える人々の連帯意識や政治文化への愛着を継続的に得ることができるのかどうか，得られるとすればどこから得るのかが非常に不確定だからである。

このように，現在叫ばれているグローバル化の是非を評価するためにも，ナショナリティの起源の分析は非常に重要だといえる。

3　リベラル・デモクラシーとナショナルなもの

戦後日本の言論では，**リベラル・デモクラシー**と，文化や伝統に対する愛着や愛国心，国民の連帯意識といったナショナルなものの強調とは，相性が悪いと捉えられることが一般的である。

たとえば，右派は，日本人意識や日本の文化・伝統を強調するが，人権や平等，デモクラシーなどには関心が薄い傾向がある。他方，左派は，人権や平等，デモクラシー，選択の自由などを主張する一方，国民意識や日本の文化や伝統の強調は危険視する傾向が強い。

こうした右派と左派との対立構図の下では，自由や平等，デモクラシーを拡充するためには，ナショナルなものは障害とみられる。ナショナルなものを一掃し，よりグローバルな意識（「地球市民意識」）をもてば，よりリベラルだということになる。しかし現状では，グローバル化の進展は，リベラル・デモクラシーの拡充にはつながっていないようだ。日本を含む多くの国々で格差の拡大が深刻視され，「平等」というリベラル・デモクラシーの理念が冒されているし，

EU（欧州共同体）では，「民主主義の赤字」，つまり民主主義の機能不全も指摘されている。

ナショナルなものとリベラル・デモクラシーとの関係，またグローバル化とリベラル・デモクラシーとの関係をどのように考えればよいであろうか。

(1) リベラル・ナショナリズム論

本章冒頭でナショナリズムは今後，意識化・理論化を進める必要があると述べたが，グローバル化の進展を念頭におきつつ，その意識化・理論化をまさに行っている政治理論の1つの流れに「**リベラル・ナショナリズム**」というものがある。1990年代から英語圏で生じてきたリベラル・ナショナリズムの政治理論は，ナショナルなものとリベラル・デモクラシー，およびグローバル化とリベラル・デモクラシーとの関係性を考察する上で重要な観点を与える。

リベラル・ナショナリズムの論者は共通して，リベラル・デモクラシーの政治の前提として安定したネイションや，ネイションへの所属関係およびその意識であるナショナリティの存在が必要であることを指摘する。代表的論者はイギリスの政治哲学者ミラー，イスラエルの政治哲学者タミールといった理論家である。またカナダの政治哲学者キムリッカも，リベラル・ナショナリズムの理論家の1人として数えられることが多い。

リベラル・ナショナリズムの論者がナショナリティとリベラル・デモクラシーとの間に密接なつながりを見出すのは，リベラル・デモクラシーの秩序や制度の実現には，**ナショナリティ**の共有から得られる連帯意識や相互信頼，あるいはナショナルな文化やそれへの愛着や愛国心が必要だと考えるからである。

ここでリベラル・デモクラシーとは，簡潔に，自由（自律性）や平等，デモクラシーといった理念を重視する政治だと規定しよう。リベラル・ナショナリズムの論者は，これらの理念とナショナルなものとの密接なつながりを指摘する。それぞれについてみていこう。

まず，自律性の理念とナショナルなものとのつながりについてであるが，キムリッカらの論者が述べるところによれば，個人の自律的選択が有意味なものとなるためには，選択に値する有意義な選択肢が存在しなければならない。選択肢を培い，それに意味を付与するのは，伝統の中で育まれてきたさまざまな語彙や感情や経験である。すなわち，一連の包括的な文化的文脈，つまりナショナルな文化的文脈があって初めて個人の自律的選択は価値あるものとなる。自律性は文化や慣習と対立するとは限らず，文化を基礎としている面も大きい。キムリッカは，この点について「リベラリズムが個人の自由を深く信奉するならば，それはネイションの文化の存続や繁栄を強く信奉することにまでつながりうる」［キムリッカ，2012］と論じている。

ここで述べていることは，少々難しく聞こえるかもしれないが，「ナショナルな文化的文脈」を，そのネイションの言葉で形作られた文化と考えてもらえればわかりやすいであろう。たとえば，日本人だったら日本語で（同様にフランス人だったらフランス語で）さまざまな生き方や考え方や芸術などに触れ，日本語で多種多様な職業に就き，生活を営める環境が整っていなければ，多くの日本人は，さまざまな場面でスムーズに選択し，生きていくことは現実的になかなかむずかしい。つまり，人々は，自分たちの言語で，高等教育まで受け，専門職を含む多種多様な職業に就くことができる社会的環境が整っていなければ，十分に自律的選択を繰り返していくことは困難なのである。それゆえ，「リベラリズムが個人の自由を深く信奉するならば……」という上記のキムリッカの言葉が出てくるのである。

次に，「平等」理念とナショナルなものとのつながりである。平等の実現には，実際上，福祉政策が必要である。福祉政策はしばしば「再分配」政策とも称される。再分配政策とは，端的に述べれば，恵まれた立場にある人々が自己利益の一部を断念し，恵まれない人々の利益のために差し出すという行為を前提にしている。ある社会において再分配的な福祉政策が可能になるためには，構成員の間に共通のアイデンティティに基づく強い連帯意識がなくてはならない。つまり，人々が，「恵まれない状況にいる者も，自分たちの仲間であり，手を差し伸べなければならない」と感じる環境にいなければならない。リベラル・ナショナリズムの論者は，このような強い連帯意識を可能にする共通のアイデンティティとは，現代社会にあっては「同じ○○人である」というナショナリティの意識以外にはないという議論を展開する。ナショナリティの意識がもしなかったら，相互扶助に対する社会の同意は得られなくなり，福祉政策をとることができなくなると考えるのである。

「デモクラシー」についても同様である。リベラル・ナショナリズムの論者は，デモクラシーの運営には，ナショナルな強い連帯意識と，社会やその制度に「我々のもの」という愛着を人々が抱いていることが必要だと強調する。

ある国家が民主的であればあるほど，人々の間の連帯意識が求められる。専制的制度の下では，人々はバラバラで相互に敵対していてもよい。強権的権力が否応なく，人々をまとめればよいからである。しかしデモクラシーをともに運営していくためには，人々は自分の利害や信条，政治的立場などの相違を超えて，他者と熟議し，必要とあれば自らの主張を穏健化し互いに譲りつつ，納得できる一致点を探すという作業を行わなければならない。連帯意識や信頼感，国や社会に対する愛着がなければデモクラシーに必要な寛容や妥協は生まれず，分裂や対立を招いてしまう。リベラル・ナショナリズムの論者は，ナショナリティのみがこの種の連帯意識や信頼感，愛着の念をもたらすと論じる。

（2）経済のグローバル化の及ぼす悪影響

このように，リベラル・ナショナリズム論に基づけば，リベラル・デモクラシーの政治は，ナショナルなものを前提にしている。したがって，グローバル化の進展に伴い，人々のネイションへの帰属意識などのナショナルなものが揺らぎを見せれば，リベラル・デモクラシーの政治が損なわれる恐れが生じるということになる。

グローバル化とリベラル・デモクラシーに関しては，政治経済学的な観点からの最近の分析も，同様の懸念を表明している。

たとえば，米国のジャーナリスト，トーマス・フリードマンは，経済のグローバル化の進展に伴い，各国は経済政策の立案にあたってグローバルな投資家の評価を第1に考えるようになり，どの国の政策も同じようなものになっていくはずだと指摘した。

グローバル化の進展に伴い資本移動が自由になれば，投資家たちは，最も良好な投資環境を備えた国を求めて，資本を次々と移動させる。すると各国は，投資家に嫌われるような環境（たとえば高い法人税率）を放置しておけば，海外からの投資がやって来ず，また現在，国内にとどまっている資本も速やかに流出してしまうのではないかという恐れを抱く。そのため各国は，グローバルに資金を動かす投資家が好む環境を作り出すために，似たような経済政策をとるようになる。フリードマンは，経済政策の自由度が低下し，一様のものにならざるをえないということを捉えて，「黄金の拘束服」を各国は身に付けると表現した。

米国の経済学者ロドリックは，フリードマンの「黄金の拘束服」に言及しつつ，経済のグローバル化に伴い，各国が取りうる政策の幅が非常に小さくなる点を取り上げ，グローバル化とデモクラシーの間には，「根本的な緊張関係が存在する」という指摘を行う。グローバル化の進展は「民主政治の縮小を要求し，テクノクラートに民衆からの要求にこたえないよう要請する」[ロドリック，2012：223] というのである。

ロドリックの危惧は，リベラル・デモクラシーの政治全般に及ぶ。たとえば，労働基準の引き下げという事例である。グローバル化に伴い，企業は，工場をはじめとして各種の仕事を，より賃金が安く，労働コストの低い他国に移すことができるようになった。そのため，海外からの投資を望む各国は，先進国を含め，グローバルな投資家や企業に好まれるように，労働基準の引き下げに向かう。非正規雇用を増やしたり，解雇規制や労働時間規制など労働者の権利を守る各種の労働規制の緩和に努めたりするようになる。

他の代表的事例としてロドリックは，税制について言及する。企業や資本の国際移動は，各国が，一般国民の必要や選好を民主的に反映した税制構造をとることができなくする。「法人税に引き下げ圧力がかかり，国際的に移動できる資本から，移動できない労働者に税の負担を移してしまう」[ロドリック，2013：226-227] 傾向が顕著になるというのである。

これらの事例は，労働者の権利（社会権的基本権）や平等，公正さといったリベラル・デモクラシーの中核的価値を，経済のグローバル化が必然的に冒してしまう危険性を表している（いうまでもないが，非正規雇用の労働者が著しく増大し，解雇規制の緩和や労働時間規制の緩和が常に議論され，消費税率の引き上げと同時に法人税の引き下げが実現しつつある昨今の日本も，経済のグローバル化によるリベラル・

デモクラシーの政治の侵食が生じている好例である)。

(3) 世界経済のトリレンマ

ではどうすれば，グローバル化の進展の進む現状において，リベラル・デモクラシーの理念を守ることができるのであろうか。ロドリックは，この問いを考える上で興味深い議論を展開している。「**世界経済のトリレンマ**」と彼が呼ぶ状況をめぐる議論である。

ロドリックによれば，「グローバル化」，「デモクラシー」，「国民国家」(ナショナルな自己決定）の3つを同時に満たすことはできない。ロドリックは，3つのうち，2つしか実現できないと論じる。もし①グローバル化とデモクラシーを望むなら，国民国家をあきらめなければならない(「グローバルなデモクラシー」)。②国民国家を維持しつつ，グローバル化を望むなら，デモクラシーを捨て去らなければならない(「黄金の拘束服」)。③デモクラシーと国民国家の結合を望むのなら，グローバル化の進展には歯止めをかけなければならない(「グローバル化への歯止め」)。以上のように述べるのである。

その上でロドリックは，まず現状の②「黄金の拘束服」は望ましくないとする。上述の通り，グローバル化の進展は，グローバル市場の要求によって各国の国内政治が指図されざるをえなくなり，結局はデモクラシー，つまり民意に基づく政治が締め出されてしまうからである。

またロドリックは，①「グローバルなデモクラシー」は，一見，最も理想的にみえるかもしれないが，そうではないと論じる。「グローバルなデモクラシー」には実現可能性に難があることも一因である。しかしロドリックがさらに強調するのは，世界は1つの共通のルールに押し込めるには国や文化による多様性がありすぎ，実現不可能なだけでなく，望ましくもないという点である。

結局，ロドリックは，③の道，つまりグローバル化に歯止めをかけつつ，デモクラシーと国民国家を選ぶべきだと論じる。それが最も現実的であり，望ましいと考える。戦後のいわゆるブレトンウッズ体制がそうであったように，資本の移動に一定程度制約を課し，その代わり，各国が民主的自己決定や政策目標の追求を行えるようにすべきである。そうでなければ，デモクラシーや平等，公正さといった諸理念は失われてしまうというのである。

4 「健全なナショナリズム」とは

(1) ナショナリズムと「公正さ」

以上のように，リベラル・ナショナリズムの論者やロドリックは，グローバル化の進む現代社会において，リベラル・デモクラシーの観点からナショナルなものの再評価を主張する。

だが，リベラル・デモクラシーとナショナリティの肯定的関係を強調することに違和感を覚える読者も少なくないであろう。いうまでもなく，ナショナリティの強調は，偏狭なナショナリズムを生み，**少数者**の不当な排除など，リベラル・デモクラシーの理念に反する事態を生じさせる危険性を孕むからである。

ここで，偏狭ではない，いわゆる「**健全なナショナリズム**」，あるいは「健全な愛国心」とはどういうものかを考える必要性が生じる。さまざまな観点からの議論が可能であろうが，ここでは「**公正さ**」というリベラルな理念を手がかりに考えてみたい。

ナショナリズムの立場からは，人々はそれぞれ，自分たちのナショナルな文化や伝統，言語などに愛着をもち，それらを共有する仲間とともに政治秩序を作り，自分たちで政治的運命を決めていきたいと願う。つまり政治的自己決定を行っていきたいという願望をもつ。

「健全なナショナリズム」は，偏狭にならず，公正さに十分配慮したナショナリズムだと解釈できよう。そうだとすれば，人々は，自分たちのナショナルな自己決定権を望み，要求する際，他者の同様の要求も十分に尊重しなければならないということが導かれる。

以下では，もう少し具体的に，尊重の対象としての「他者」の場合分けを行い，どのようなかたちで公正さを確保しうるかを明らかにしたい。

ナショナリティの共有の度合いに応じて，「他者」は３つの形態に大別できる。

第１番目の「他者」の形態は，ナショナリティを共有しない集団である。つまり，外国人である。またこれには，現在は１つの政治枠組みを共有しているが，ナショナル・アイデンティティとしては敵対的なアイデンティティを有している集団も含まれる。

ナショナリティを共有しない集団，つまり他のネイションに関して，公正さを確保するためには，他のネイション，つまり他国のナショナルな自己決定の尊重が求められる。ただ単に，他のネイションに対する侵略や搾取などを控えるという意味での消極的尊重だけでなく，たとえば他のネイションが，経済的困窮や政治的混乱のため，政治的自己決定に向けての十分な努力を行うことができない状態にある場合は，自立に向けての努力が可能になる程度まで何らかのかたちで援助することも求められるはずである。また，現在，政治枠組みを共有しているが，敵対的なアイデンティティが顕在化してきている集団に対しては，**分離・独立**の承認が必要となることもあるであろう。

第2番目の「他者」の形態は，あるレベルでは1つのナショナリティを共有しているが，他のレベルでは，共有していない集団である。こうした集団の人々は，異なるレベルの複数のナショナル・アイデンティティを有しており，上位のレベルでは，ナショナリティを共有しているが，下位のレベルでは，共有しておらず別個のナショナリティを有しているとみることができる。たとえば，イギリスにおけるスコットランドやカナダにおけるケベックはこうした集団の例として挙げられよう。

この場合，上位のナショナル・アイデンティティの共有ゆえに，完全な分離独立は望まれていない。ここで公正さを保つためには，そうした性格を有する他者を尊重する政治制度が考案される必要がある。たとえば，上位のナショナル・アイデンティティについては，共有のナショナリティの理解に関する十分な熟議，およびそれを通じた既存の理解の柔軟な変容が求められるであろう。下位のナショナル・アイデンティティの尊重のためには，連邦制などの政治的自律を表現した制度の創設やその承認が必要となる。

第3番目の「他者」の形態は，ナショナリティを基本的には共有しているが，エスニシティ，宗教（宗派）などの点で異なる社会集団に属している他者である。各集団は，いくつかの論点に関する政治的要求を強くもつとしても，現在のネイションを全般的に否定しそこから分離し，自己決定権をもつ独自の政治枠組みの樹立を望むわけではない。現下のネイションの中で，多数者集団や他の少数者の社会集団と連帯を保ち，共に暮らしを営み続けていくことに対する合意は概ね存在する。

こうした社会集団相互には，共有のナショナリティ，つまりナショナルな文化・伝統，アイデンティティをいかに解釈し規定するか，およびそれをどのようなかたちで政治枠組みに反映するべきかについてさまざまな見解が存在する。

この場合，公正さを確保するためには，ナショナリティは，すべての社会集団を包含しうるように，民主的**熟議**を通じた解釈の作業によって常に修正に開かれている必要がある。過去の世代の声の集積としての伝統的解釈を一定程度重視しつつも，少数者の声を十分に代表した熟議を通じて既存のナショナリティの解釈の修正作業を行い，すべての社会集団が納得できるかたちに漸時的にそれを整えていく必要がある。加えて，そのままでは少数者の声が十分に反映されず，熟議の過程が適切なものとならないと判断されれば，何らかの特別な権利の付与や集団代表制などの少数者集団の声を政治的熟議に反映させるための制度的手立てが必要となる。

(2) 現在の問題をいかに考えるべきか——愛国心教育，および外国人労働者や経済的移民の受け入れを例に

以上，「健全なナショナリズム」について，公正さという観点から1つの考察を提示した。この見方の鍵となるのは，「健全なナショナリズム」とは，自分たちと同様，他者も十分尊重しなければならないということである。われわれが，自らのナショナルな文化や言語に対する愛着をもち，政治的自己決定権を重視するのであれば，他者が彼ら自身の文化や言語を大切にしたいという気持ちや政治的自己決定権を堅持したいという願望もまた，同様に認め，尊重しなければならないということである。

現在の日本には，ナショナリズムをめぐるいくつかの難問がある。たとえば，学校教育の中でどの程度，愛国心を教えるべきかという教育にかかわる問題，**外国人労働者**や労働力として必要だとされる移民（経済的移民）の受け入れの是非の問題などである。

これまでの議論からは，これらの問題について考えるどのような視角がもたらされるであろうか。ごく簡潔に方向性を示してみたい。

愛国心教育に関していえば，学校で，ナショナリティの意識やナショナルな文化や言語に対する愛着を育むことは，基本的に認められるということになるであろう。しかし，それには必ず次のような事柄が伴わなければならない。他のネイションに対する尊重の必要性を教えるということ，ならびに少数者の異論に耳を傾けつつ，皆が十分に納得できるかたちで既存のナショナリティの慎重かつ柔軟な解釈を繰り返し行っていくことの重要性を教育に含めること，などである。

外国人労働者や移民の受け入れに関しては，次のようなことがいえるであろう。外国人労働者や移民の受け入れを認めるのであれば，そうした人々あるいは子孫が，近い将来，日本国籍をとることが増えるはずである。その際，従来の日本人は，新来の日本人とともに，これまでの日本のナショナル・アイデンティティを問い，それを柔軟に修正し続けていく覚悟をもつ必要がある。

ただ，そもそも公正なナショナリズムを求める本章の立場からは，外国人労働者や経済的移民の受け入れを積極的に是とすべきかどうかは議論の余地も大いにある。なぜなら，外国人労働者や移民の大部分は，母国では経済的豊かさや多様な職業の機会が得られないため，次善の策として仕方なく他国に働きに出る場合がほとんどだからである。

外国人労働者や移民の受け入れを推進しようとする議論は，リベラルな関心からではなく，むしろ大量の労働力を安価に獲得し，金銭的儲けを得たいというグローバルな投資家や企業の論理，つまりビジネスの論理から導かれる場合が大部分である。

公正なナショナリズムを求める本章の立場（あるいはリベラリズムの立場からも同様だと私は信じるが）からすれば，外国人労働者や移民として自国民を送り出さざるをえない貧困諸国の窮状に安易に付け込むのではなく，現代世界における国家間の著しく不平等な経済構造の真摯な除去と，貧困諸国の経済的自立を可能にする国づくりの積極的かつ大規模な支援がまず求められるのではないだろうか。

戦後日本社会では，特に知識人の間では，ナショナリズムは危険視されるべきものであった。第二次世界大戦の悲惨な経験から考えれば，理解できる面も大いにある。しかし新自由主義に基づくグローバル化の進展に伴い，事態は変化しつつある。一般国民の生活を脅かすのは，日本のナショナリズムの高まりよりもむしろ，グローバル市場のむき出しの力だと考えるべき場面が増えてきている。そうだとすれば，ナショナルなものに対するわれわれの認識もまた変容を迫られる。偏狭なナショナリズムの高まりの危険性に注意を払う必要性はもちろんあるが，国民的連帯や相互扶助意識，ナショナルな文化や言語に対する愛着といったナショナルなものが，リベラル・デモクラシーの政治に果たしてきた役割の再評価も求められよう。そして，ナショナルなものの否定ではなく，ナショナルなもののよりよき形態の探求，およびナショナルなものの暴走を防ぐための理念や制度の検討が必要だと思われる。

コラム◆4　ナショナルな絆と共通の記憶

ナショナリズム論では，同国人同士を結び付ける絆（ナショナルな紐帯）として，「共通の記憶」を重視する場合が多い。たとえば，イギリスの社会思想家ミルは『代議制統治論』（1861年）の中で，ナショナルな感情を生み出してきた最も強力なものは，政治的な出来事に対する共通の回想をもつことだと述べている。戦争や革命，あるいは災害への対処などの出来事に対する記憶の共有である。

福沢諭吉は『文明論の概略』（1875年）の中で，ミルの『代議制統治論』を参考にしつつナショナルな感情（「国体の情」）の起源について説明しているが，福沢も「懐古の情」を同じくすることが重要だと論じ，やはり共通の記憶こそ大切だと述べている。

人々の絆を作り出すものが「記憶の共有」だということに，少々頼りなさを感じる読者もいるかもしれない。しかし考えてみれば，「記憶の共有」が人々の絆を作るというのは，非常によくみられることである。たとえば，もともとは血のつながりのない，夫婦という関係を結び付けているのも，記憶の共有だといえる。育児などさまざまな事柄を通じ，苦楽を共にすることによって，共通の記憶が増え，絆がより強くなっていく。付き合い始めた若いカップルが，一緒に映画を観たり，花火大会やクリスマスなどの行事を共に過ごしたがるのも，共有の記憶を増やし，絆を深めようとしているとみることができるであろう。

📖 参考文献

アーネスト・ゲルナー（加藤節監訳）『民族とナショナリズム』（岩波書店，2000年）
ナショナリズムと近代世界の形成とのかかわりについて論じた著作。本文中で触れているように，本書とベネディクト・アンダーソン（白石隆・白石さや訳）『想像の共同体』（NTT 出版）が「近代主義」の代表的著作とされている。

デイヴィッド・ミラー（富沢克・長谷川一年・施光恒・竹島博之訳）『ナショナリティについて』（風行社，2007年）
「リベラル・ナショナリズム」の代表的著作。ナショナルなものが，リベラル・デモクラシーの政治とどのようにかかわっているかについて精緻な分析がなされている。

ウィル・キムリッカ（岡崎晴輝・施光恒・竹島博之監訳，栗田佳泰・森敦嗣・白川俊介訳）『土着語の政治――ナショナリズム・多文化主義・シティズンシップ』（法政大学出版局，2102年）
「リベラル・ナショナリズム」や「リベラルな多文化主義」について論じた書物。個人の自律的選択という価値から，ナショナルな文化やマイノリティの権利をリベラリズムの枠内に位置づけることを目指している。

トーマス・フリードマン（東江一紀・服部清美訳）『レクサスとオリーブの木――グローバリゼーションの正体（上・下）』（草思社，2000年）
ジャーナリストの視点から，グローバル化の現象を豊富な事例を交えて描き出した書物。出版当時，世界的ベストセラーとなった。現在の目からみると，著者の視点は少々楽観的すぎると映るかもしれない。

ダニ・ロドリック（柴山桂太・大川良文訳）『グローバリゼーション・パラドクス――世界経済の未来を決める三つの道』（白水社，2013年）
経済のグローバル化が，リベラル・デモクラシーの政治に及ぼす影響について政治経済学的観点から分析した本。特に，「世界経済のトリレンマ」は最近よく取り上げられており，現代のグローバル化の是非を検討する上で必読の書。

施光恒・黒宮一太編『ナショナリズムの政治学――規範理論への誘い』（ナカニシヤ出版，2009年）
ナショナリズムをめぐる近年の論点を取り上げ，検討した論文集。本文中で言及した「公正さ」という観点から「健全なナショナリズム」を導き出すことについては，この本の第4章の議論を一部踏まえている。

第Ⅱ部　現代政治の争点

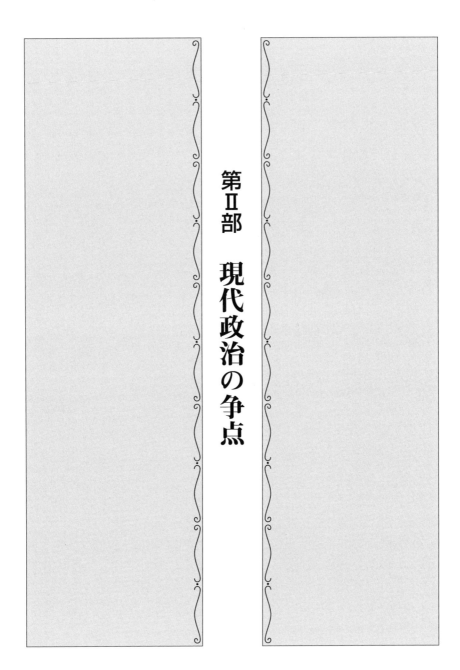

第5章　憲法改正

過去と現在の対話

1　憲法改正という言葉

憲法改正という言葉はもともと価値中立的な法律用語であるが，改正という言葉に引っ張られて良きイメージを誘導されてしまいかねない。たとえば日本人の憲法意識に関する世論調査（『朝日新聞』2011年５月３日付）において，「憲法全体をみて，いまの憲法を改正する必要があると思いますか。必要ないと思いますか」という漠然とした奇妙な質問が冒頭におかれているが，当然のごとく改正賛成が多数を占めている（53％）。とはいえ，その数字は日本人の改憲志向の何を示しているのであろうか。この世論調査で興味深いのは，その賛否の理由を問いかけたとき，賛成派の大半は改正の言葉に忠実に新しい権利や制度の追記を要求していて（賛成派の74％），必ずしも戦後の保守政党が改憲理由にしている自主憲法制定（９％）や９条変更（14％）の要求に同調しているわけではない点である。逆に改正反対派の多数はこの機会に９条が変えられる恐れがあるから（反対派の45％）と判断している。これら双方の結果を比較してみると，賛否両者のあいだに憲法改正をめぐって価値評価の基準に大きなズレがあることに気付く。いずれにしても憲法改正が問題になるとき，いつも田畑忍の改正・改悪峻別論を思い出す。田畑忍とは戦前・戦後において同志社大学で憲法学を担当し戦後京都の護憲運動をリードした人物であり，田畑のいう憲法改正の法理は歴史の発展方向，つまり「人類の幸福・人間の自由と権利の生成発展拡大の方向」をより進めるのか，それに逆行するのかによって改正と改悪を峻別することを意味し，場合によっては憲法改悪ということもありうるという提唱は記憶にとどめておくべきと思われる。

さて憲法学においては，憲法改正に限界があるかどうかが問題となる。改正無限界説を説く人もいるが，国民主権や人権保障などの根本規範は改正の対象とならないという改正限界説も存在する。それではこうした考えを日本国憲法の制定過程に当てはめてみると，興味深い問題が浮かび上がってくる。あまり意識されることが少ないが，憲法前文の前に制定の経過に関する文章が書かれていて，天皇が「帝国憲法の改正」を裁可して公布せしめるとある。保守勢力としては戦前の帝国憲法と戦後の日本国憲法との連続性を強調することは重要な課題であったとしても，天皇主権から国民主権へという根本規範の転換を憲法改正論の枠内で説明することは果たして可能であろうかという疑問が生じる。この問題を考えるにあたって，戦前の立憲主義的憲法学者として著名な美濃部達吉の後継者と目される宮沢俊義によれば，日本が敗戦時にポツダム宣言を受諾し，政治体制の民主化を約束したことは，すでに憲法規範の根本的転換を承諾したことを意味すると説明されるいわゆる**八月革命説**は注目に値するといえよう。八月革命説をとれば，憲法制定過程は憲法改正論ではなく**憲法制定権力**の問題として考えざるをえず，戦後の民主主義体制を形成するにはその権力はいうまでもなく日本国民に与えられることになるが，それはまたいかなる展開をみせることになったか。

2　戦後日本政治における改憲論の動向

日本の戦後政治において逆説的な現象を示しているのは，自民党に代表される保守政権の側がことあるごとに憲法改定を求めてきたのに対して，社会党・共産党などの革新野党の方が憲法擁護に徹しようとしていることであろう。ともかく政権党が憲法の改定に意欲を示し，野党勢力がその擁護に尽力するというのはたぶんに不思議な印象を与える。

こうした事態を生み出した主たる理由は，いうまでもなく日本国憲法がGHQの方から提示された憲法草案に基づいて制定されたとするいわゆる**押し付け憲法論**に対する反発に由来する。しかし注目すべきは，戦後直後の保守政権がポツダム宣言の要請する民主的体制の建設という課題にふさわしい憲法草案をつくりえなかったことにあり，その結果としてGHQの介入を許すことになった当時の保守政権の政治的責任は問題にならないのであろうか。しかも実際押し付けられたのは保守政権の方であって日本国民でないことは，制定された日本国憲法が多くの国民から圧倒的に歓迎されたことをみても明らかである。しかし他方で国民の憲法制定権力の行使という点からみれば，たしかに制憲議会によって新憲法案が起草されたのではなくGHQ草案が最初から起点になっていることや，制定後の国民投票が考慮されていないことなどその実施方法に不備がなかったわけでないが，それでも戦後初の総選挙で選ばれた議会で審議され，とりわけ国民主権の明確化が追加修正されたという事実は忘れてはならないであろう。

(1) 1950年代の改憲論

その後憲法改正論が問題にされるようになったのは，周知のように1950年6月に勃発した朝鮮戦争の直後にマッカーサーの指令によって組織された警察予備隊の設立を契機に日本の**再軍備**が始まり，占領終結後には保安隊に再編成され（1952年10月），やがて自衛隊の発足（1954年7月）によって憲法9条の戦力不保持規定と根本的に矛盾・対立するに至ったことに由来する。ここに1950年代における改憲論の最初の高揚期を迎えることになった。ここで注目すべきは，日本の再軍備がアメリカのイニシアティブで進められているということである。警察予備隊の設立がマッカーサーの指令によるものであったことは前述したが，朝鮮戦争の最中の1951年9月に調印されたサンフランシスコ講和条約において外国軍隊の日本駐留が認められた規定（6条）を根拠にしてアメリカ主導で講和条約調印直後に締結された日米安全保障条約（旧安保条約）が，米軍の駐留権だけでなく日本の軍備漸増への期待表明を明記しており，旧安保条約が発効（翌年4月）した直後に保安隊に改編され，さらに1954年3月の「日米相互防衛援助協定」（MSA協定）において日本は軍備増強の義務化を負うことになるやその直後に自衛隊を発足させたのである。なかでも1953年に来日したニクソン副大統領は日本の軍備増強を要請し，憲法9条の非武装規定はアメリカの「善意の誤り」であったと演説したが，この発言はアメリカからの憲法改正の要請と受けとられた。

さて，このように憲法９条の非武装規定と再軍備への取組みが根本的な矛盾をきたしたとき，1955年に保守合同した自由民主党の結成前後から，改憲問題への具体的提唱が本格化した。当時の保守勢力の改憲案の中心はむろん自衛のための軍隊保持規定を要求するものであったが，その国家構想は，たとえば天皇の元首規定のほかに，統帥権や国防義務化などの復活にみられるように，戦前の天皇制国家をモデルとする復古的な改憲案が大半を占めていた。しかしこうした提案に対してすぐさま反対する護憲運動が組織され，結局1955年の衆議院と翌年の参議院の選挙において護憲勢力が改憲阻止に必要な３分の１以上の議席を確保して，明文上の憲法改正は挫折した。その背景には，多くの国民にいまだ悲惨な戦争体験が生々しく記憶されていただけでなく，米軍基地拡張反対運動や原水爆禁止運動など多様な平和運動も盛り上がり，そうした状況の中で国民の憲法意識も９条改憲反対に傾いていったことが想起される。これ以後，自衛隊の現存と９条非武装規定との矛盾について自民党は「自衛に必要な最小限度の実力は保持しうる」という解釈でもって対応し，他方で**明文改憲**には消極的となり，それどころか1960年代以降となると，非核三原則，武器輸出禁止三原則，防衛費 GNP１％枠など，平和憲法の趣旨と合致するような諸政策を掲げるに至ったが，この事態を大きく転換させたのが1990年代のグローバル化時代の到来であり，ここに憲法改正の第２の高揚期を迎えることになった。

キーワード ９　**明文改憲**

明文改憲とは文字通り憲法の条文を変更することであり，日本国憲法も96条の憲法改正手続規定に従って明文改憲することは想定されている。憲法改正を志向する歴代の保守政権はこれまで明文改憲に成功してこなかったために，代わって解釈改憲の手法で対応してきた。たとえば，保守政権は戦力不保持の９条規定の下でも，1954年に自衛隊法を制定し，自衛隊を「日本の自衛を担う必要最小限の実力組織」と解釈することで正当化を図っている。

（2）1990年代以降の改憲論

1990年代以降から現代まで憲法改正の第2の高揚期を迎えるに至ったのは，冷戦の崩壊やソ連の解体によって世界市場が飛躍的に拡大し，それに対処するアメリカの世界戦略の転換が日本を大きく揺さぶったからであった。渡辺治の分析［渡辺，2002：第Ⅰ部解説］によれば，アメリカの一国覇権主義を追求する世界戦略に呼応して，日本は市場競争主義を原理とする**新自由主義**（ネオリベラリズム）（☞第2章・リベラリズム）を採用しグローバル化の時代に対処しようとするが，その対象地域が主として政治的に不安定なアジア諸国であることから，日本企業の進出を後援する軍事的プレゼンスの強化が求められ，その結果自衛隊の存在の認知規定だけでなく，新たに要求された自衛隊の海外派兵を満たす憲法改正が取り組まれることになったからであるといわれる。このことは，この時期の改憲論には自民党など保守勢力から提案されただけでなく，経済界からも改憲要求が出されていることに端的に示されているといえよう。そして自衛隊の海外派兵を認める方策としては，日米安保条約に規定された日米共同の軍事行動を強化するか，あるいは国際連合の軍事的制裁要求に参加するか，さまざまな案が提出されたが，いずれにしても正当化根拠としては1990年の湾岸戦争前後に顕著になった「国際貢献」論が採用された。そのイデオロギーは最近の安倍政権の下では「積極的平和主義」として提唱されている。この言葉は平和学・平和研究で使われている「積極的平和」の概念とは似て非なるものである。「積極的平和」の概念は戦争の誘因となる貧困や差別などの「**構造的暴力**」（ガルトゥング）の除去に取り組むことを意味するのに対して，「積極的平和主義」とは憲法9条の絶対平和主義の考えにあえて対抗する概念として持ち出されたもので，武力行使も辞さないというところに力点がある。しかしその構想を具体化するための明文改憲が追求されながらも，必ずしもスムーズに進展せず，それゆえ，これまで長年政府解釈においても認められてこなかった**集団的自衛権**の行使容認を閣議決定するという，いささか変則的な**解釈改憲**で対処しようとしているのが安倍政権の最近の動向である。ともかくこの時期の憲法改正は9条問題だけでなく，天皇元首化の復活，首相公選論を含む統治機構の改編，人権規定の見直しなどほぼ全面的な改憲構想が提唱されたことが注目されるが，それはまさに戦後日本が大きな曲がり角に差し掛かっていることを象徴しているように思われる。

3　立憲主義とデモクラシーとの関連

(1) 立憲主義への関心の台頭

最近の第2次安倍晋三内閣の成立（2012年12月）前後，憲法改正手続の条件緩和が提起され，自民党憲法改正草案（同年4月，以下，自民改憲草案と略す）にも明示された。それは憲法96条において，憲法改正の発議が各議院の総議員の3分の2以上の賛成によるという規定を過半数にしようという提案である。ここに硬性憲法の存在理由があらためて問い直されるとともに，その思想的基礎をなす**立憲主義**に関する議論が活発となる。さらに改正発議の条件が厳しく規定されていれば，国民が国民投票において憲法改正に関する意思表示をする機会を妨げると主張されるに及んで，96条規定は憲法改正への国民参加の阻害要因ではないか，という問題が浮上するに至った。あるいは憲法改正の発議条件を過半数にすることになれば政権交代のたびに改憲問題が提起される可能性が生じるが，ある意味でそれも国民の選択意志の現われだと強弁できなくもない。しかし他方で，憲法は統治体制の根本規範を規定しているのであるから，政権交代ごとに改憲発議が問題にされることにはなじまないとも考えられる。憲法改正に厳しい条件を課すのは，その条件を乗り越えても必要な改正発議の客観的な合理性や時間をかけた慎重審議を要請するところに硬性憲法の意味があるということも見過ごすべきではない。この考えをデモクラシーとの関連で比較検討してみると，それは政治家による説明責任と市民間における活発な議論を重視する**熟議デモクラシー**（☞第1章・デモクラシー）とは明らかに響きあうものがあるといえよう。このように立憲主義とデモクラシーとの関連が相互補完の関係にあると捉えられることも否定できない。以上のように両者の関連を考えるにあたっては，それぞれの概念が歴史的にも理論的にも多様な側面をもっていることに留意する必要がある。

（2）立憲主義とデモクラシー

それではまず立憲主義について考えてみると，それは広義には支配権力に対する制限と抑制を意味し，その手段として基本的に法の支配や権力分立の考えが主張されてきた。やがてフランス人権宣言において「権利の保障が確保されず，権力の分立が規定されないすべての社会は，憲法をもつものではない」(16条）と規定されたように，近代立憲主義は個人の自由や権利の保障を目的に権力の抑制が図られることになる。その原理は，日本国憲法に即して考えれば，憲法の最高法規を規定する法の支配，三権分立の制度と相互チェック体制，さらに違憲立法審査権などによって担保されている。このように恣意的権力の抑制機能への着目は，千葉眞の分析によれば，「立憲主義のリベラル・モメント」として捉えられるのに対して，他方で憲法による支配権力の創出機能を規定する「立憲主義の構成的モメント」にも注目すべきである。後者について，その憲法制定権力の主体は君主の場合もあれば人民の場合もあるが，いずれにしても立憲主義は権力行使の抑制として働く以上，その法理は君主権力だけでなく人民権力にも適用される。「立憲主義は，権力の制限と権力の創出という二つの中心を持つ楕円」［千葉，2009］であることから，近代立憲主義もまたリベラリズムとデモクラシーとの緊張関係をそもそも内在させているといえる。

（3）戦前・戦後日本での２つの原理の展開

以上のような立憲主義とデモクラシーの関連を考えるにあたって，それらの原理が日本にどのように受容され，いかなる展開をみせたのかについて簡潔に検討してみよう。

明治維新以降の近代国家＝国民国家の建設においては，政府の側も当初は「君民共治」（西欧の立憲君主制に近い政治形態）という理念の下に早くから憲法制定に着手した。しかし国家構想をめぐって政府と対立した自由民権運動は，民選議院の設立を要求するだけでなく，国民主権や「**天賦人権**」規定などを盛り込んだ民主主義的な憲法草案を含めて各地域で起草の動きを活発化させた。政府の側ではこの構想と対抗する必要上，プロシアの君権主義的な憲法を下敷きにして作成した大日本帝国憲法（1889年公布）は「**国体**」論と天皇大権主義の優越するものとなった。それでも帝国憲法には三権分立や帝国議会の開設，あるいは臣民の権利・義務という近代立憲主義の要素も含まれていた。ここに成立したいわゆる「天皇制立憲主義」は，憲法学説としては「国体」論と**天皇主権論**を主流にしながらも，先述した立憲主義的憲法学者の美濃部達吉（東京帝国大学）にみられるように国家法人説に基づく**天皇機関説**が主張される余地も残されていた。この立憲主義的な解釈をさらに有効なものにするために取り組まれたのが政党内閣の確立であり，そのための選挙権の拡大要求であった。いわば帝国憲法の立憲主義的な要素をデモクラシーの拡張によって現実的なものにしようとしたといえる。天皇機関説という立憲主義的解釈は，結局のところ軍部ファシズムによって阻止されるに至ったが，他方で，「国体」論のもと戦前のデモクラシーも天皇のための国民の翼賛という考えに収れんしていったこともまた留意すべきである。それでも，先述の田畑忍が心底から師事していたもう１人の著名な立憲主義的憲法学者の佐々木惣一（京都帝国大学）が，大正天皇の即位大礼を祝賀した『京都法学会雑誌』（大礼記念号，1915年11月）において不磨の大典といわれた帝国憲法についてあえて「憲法改正」に言及し，「純粋法理ノ論」という限定つきであったとしても「国体」の変更も可能だと主張したことは驚くべきであるが，さらに敗戦後には近衛文麿の要請に応えて実際に帝国憲法改正案の起草にたずさわったことは記憶にとどめておきたい。

さて戦後の日本国憲法においては，かつて自由民権運動の時代に希望されていた諸理念が，国民主権や基本的人権の保障，そして国会を国権の最高機関とする議会制民主主義や地方自治としてより明確に規定されるに至った。こうし

キーワード 10　**国会**

日本国憲法で「国会は，国権の最高機関であつて，国の唯一の立法機関である」（41条）と規定されている。この規定は国会の民主的な運営と国民の平等な直接選挙などと相まって議会制民主主義を形成している。しかし現実には多数党による強行採決が横行したり，一票の平等が守られなかったり，問題も多い。また戦後採用した議院内閣制は多数党による内閣形成という点で内閣専制に陥りやすい。それ故国会は国権の最高機関であるという憲法原則のもつ意味は大きい。

た戦後民主主義体制を運用するにあたって，デモクラシーが推進力であるとすれば，立憲主義はその暴走に対するブレーキの役割を果たすといわれる。特に1990年代以降の憲法改正の第2の高揚期を迎えたとき，デモクラシーと立憲主義の関連がにわかに脚光を浴びるに至った。それは，先述のように憲法改正の手続に厳しい条件を付した硬性憲法の意味を無化しようとしたり，集団的自衛権の行使について閣議決定で解釈変更しようとする姿勢の背景には，民意の多数の支持を政権への白紙委任と見なそうとする**参加デモクラシー**の矮小化が見てとれる。そこには明らかに国権の最高機関としての国会に対する軽視がうかがわれる。憲法改正の発議条件を引き下げ，国民投票に賛否を委ねようとする提案はいかにも民主主義的であるようにみえるが，そこには国会における憲法改正に向けての説明責任や時間をかけた議論を軽視しかねない危険があり，またそもそも憲法改正の発議権は内閣ではなく国会議員に委ねられていることも見過ごされてはならない。

4　伝統・ナショナリズムと「人類普遍の原理」

(1) 歴史・伝統・文化

戦後日本において憲法改正が問題にされるたびに，現行の日本国憲法（特に前文）は翻訳調で日本らしさが感じられないと批判され，それに代わる改憲案では日本固有の歴史，伝統，文化を盛り込むことが強調される。1990年代以降の改憲論において，そうした主張はより目立つようになったと感じられる。それは以前から吹聴されてきた押し付け憲法への反発と自主憲法制定の象徴的意味を表明するということだけでなく，90年代以降に日本を強く巻き込むことになった**グローバリゼーション**の流れ（☞第3章・グローバリズム）に対処するために，日本のナショナル・アイデンティティをあらためて強化し直そうという意図がそこに働いているからではないだろうか。

たとえば自民党が2004年6月に発表した憲法改正に向けての「論点整理」は，新しい憲法前文には「わが国の歴史，伝統，文化等を踏まえた『国柄』を盛り込むべきである」と強調しているが，それは何を意味するのか。天皇に関する改定案のところにある「連綿と続く長い歴史を有するわが国において，天皇はわが国の文化・伝統と密接不可分な存在になっている」という文章からも明らかなように，日本固有の「歴史，伝統，文化」という三位一体の言葉は天皇の永久的存在に収れんしていると見なしうる。こうした日本固有の「国柄」の強調は最近の自民改憲草案においても「天皇を戴く国家」として表明されている。さらに，この自民改憲草案の前文案に「和を尊び，家族や社会全体が互いに助け合って国家を形成する」という国家観が提唱されているが，この改憲草案解説文（Q&A）では「和の精神」は「聖徳太子以来の我が国の徳性」であると説明している。しかし実は戦前の日本で文部省が編纂した『国体の本義』(1937年）の中に「我が肇国の事実及び歴史の発展の跡を辿る時，常にそこに見出されるものは和の精神である」という文章があり，「和の精神」にしても日本固有の「国柄」にしても，こうした提唱は戦前日本の「国体」論（＝日本は皇統連綿たる万世一系の天皇の統治する国家と考える思想）と通底するものであることは明らかであろう。要するに，現代のグローバリゼーションの進展によって国家の枠組みが揺さぶられ，国内での市場競争の激化によって社会格差が大きくなり国民統合も分解しかねない状況の中で，あらためて国家のタガをはめ直し，国民のアイデンティティを強化するにあたって，自民改憲草案の示した国家観は戦前の「国体」論への回帰であり，家族や社会の互助精神への期待感であったと見なしうる。それゆえ，改憲前文案には「日本国民は，良き伝統と我々の国家を末永く子孫に継承するため，ここに，この憲法を制定する」と提唱されるように，憲法制定の目的は「良き伝統」をもつ「我々の国家」，つまり「天皇を戴く国家」を永久に存続させることにおかれ，現行憲法が国民全体への「自由のもたらす恵沢」の確保，不戦の誓い，そして「諸国民との協和」などを国民主権の宣言とともに憲法の制定目的にしているのとは全く異質なものになっている。

（2）人権の普遍性をめぐって

現行憲法の97条において**基本的人権**は「人類の多年の努力の成果」であって，「侵すことのできない永久の権利」として「現在及び将来の国民」に委託されると宣言している。ここに明らかなように，基本的人権は万人が生まれながらに保有する**自然権**の思想に由来するが，この人権思想は過去の苦難を乗り越えて普遍的に拡大されていったことを意味する。人権の歴史を少し振り返ってみると，たとえばフランス人権宣言（1789年）によれば「人は，自由かつ権利において平等なものとして出生し，かつ生存する」（1条）と表明する「消滅することのない自然権」（2条）が強調されているが，その際，「人」（homme）がもっぱら男性を意味すると捉えたオランプ・ドゥ・グージュという女性革命闘士（処刑される）によっていち早く「女性及び女性市民の権利宣言」（1791年）という文書が対置され，それがその後の女性の人権を拡大させる1つの起点になったといわれている。あるいは，第二次世界大戦時における軍国主義やナチズムによって人権と平和が破壊された人類の悲惨な体験を受けて，「人類社会のすべての構成員の，固有の尊厳と平等にして譲ることのできない権利を承認することは，世界における自由と正義と平和の基礎である」と高らかに表明した**世界人権宣言**（1948年）が国連総会で採択されたが，そこに人権の保障と平和の維持とは密接不可分の関係にあるという認識が示されたことは注目に値する。この世界人権宣言は人権に関して諸国家が達成すべき共通の基準を示したものであるが，1960年代以降になって国連加盟国に対して法的拘束力をもつ**国際人権規約**が成立し，さらに具体的に進展することになった。とりわけこの国際人権規約に明示された**民族自決権**の保障という考えは，世界的な植民地体制の崩壊を導く理論的要因となったことはいうまでもないが，さかのぼれば1917年のロシア革命後に成立したレーニン政権の下で公表された「ロシア諸民族の権利の宣言」（同年）に明確に規定されており，ここではこの民族自決権だけでなく少数民族の保護も同時に提唱され，いわば民族の諸権利の発展において社会主義への発展の可能性を示したレーニン政権が果たした役割は小さくはなかったことも付け加えておきたい。

ところが最近の自民改憲草案は，上記のように「人類の多年の努力」によって「人類普遍の原理」となった人権思想の立場に与せず，「権利は，共同体の歴史，伝統，文化の中で徐々に生成されてきたものです」（Q&A）という認識をそれに対置している。近代人権思想の出発点をなす「西欧の天賦人権説」（＝

自然権論）を否定して，人権思想は「我が国の歴史，文化，伝統を踏まえた」ものでなければならないと訴えるが，それは何を意味するのか。この点について解説文（Q&A）は何も説明していないが，歴史的に振り返れば，明治初期の「天賦人権説」を否定した上で制定した帝国憲法の第２章「臣民権利義務」の諸規定を支えている考え方が想起される。つまり，伝統的な「国体」論を原則とする帝国憲法においては，臣民の権利は天皇の愛民の精神によって付与されたものにほかならず，したがって国家非常時の時には制約・抑制されることは当然視されていた。この考えを担保したのが「法律ノ範囲内ニ於テ」臣民の自由・権利を保障するという「法律留保規定」（逆にいえば種々の自由弾圧法の制定によって諸権利の抑制が自在に可能となる）であった。しかもこの帝国憲法には，臣民の財産権を規制する原理として「**公益**」という概念が使用されている（27条）ことも注目される。

というのも，自民改憲草案において国民の自由・権利を規制する概念として現行憲法にある「**公共の福祉**」を退け，「公益及び公の秩序」を使っていることが想起されるからである。「公共の福祉」という観念は主として国民間の人権相互の調整原理として働くものであるが，この解説文では人権の制約は人権相互の衝突に限定されないと強調している。この主張から推測すると，当然権利規制の観点は権力と自由ないし国家と個人という関係において想定されていると考えざるをえず，その際戦前において「一旦緩急アレバ（国家危急の時）義勇公ニ奉ジ」（教育勅語）という文言に象徴されるように，「公」の観念はもっぱら朝廷や政府などの国家の統治者を意味し，「公益」は彼らの利益を意味するということになりはしないだろうか。「西欧の天賦人権説」を退け人権の普遍性を認めない考えは，歴史的に振り返れば，帝国憲法の下で展開された外見的人権主義に連れ戻しかねないことが危惧される。

（3）２つのナショナリズムの対立

日本国憲法の法理は「人類普遍の道理」に基づき，基本的人権も「人類多年の努力」によって獲得されたという考えに着目すれば，一方でそこには明らかに**コスモポリタニズム**（人類同胞主義・世界市民主義）の思考が色濃く流れていることが見出され，それはまた「われらは，全世界の国民が，ひとしく恐怖と欠乏から免れ，平和のうちに生存する権利を有することを確認する」(憲法前文)という文言によって象徴されているといえる。しかし他方で，憲法改正問題はナショナリズムとコスモポリタニズムの対立ということではなく，加藤節によれば実は**ナショナリズム**の内実（☞第4章・ナショナリズム）をめぐって争われていることを見忘れてはならない［千葉・小林編，2009］。

第1に，日本固有の「国のかたち」を議論するに際して，結局のところ具体的に示される改憲案において示されたのは，例外的には1950年代には福祉国家構想が見出されたり，1990年代以降には大統領制に近い首相公選論が唱えられたりしたが，多くが戦前の「国体」論をほうふつとさせる復古的な文化ナショナリズムで占められていることは否めない。こうしたエスニックなナショナリズムは，とりわけ1990年代以降，あらためて浮上してきた歴史認識問題が，アジア関連諸国との間で解決に向けて進展と後退を繰り返しながら，最近の安倍晋三政権の下ではかなり排他的なエスノセントリズム（自国中心主義）の様相を呈しているように思われる。第2に，改憲派のネオ・ナショナリズム（新国家主義）は，これまでのような自衛隊の認知規定だけでなく，1990年代以降の改憲案では自衛隊の海外派兵を促す規定にみられるように，軍事的ナショナリズムの性格を強く表すようになったことが指摘できる。

これに対して，日本国憲法に示されたナショナリズムは，「専制と隷従，圧迫と偏狭を地上から除去しようと努めている国際社会において，名誉ある地位を占めたい」(憲法前文）と語るように，普遍的理念と国民的使命を結合させるところに日本国民の願望とプライドを設定する点で，文字通り国際社会に開かれたナショナリズムを意味する。さらに憲法前文には周知のように「われらの安全と生存」は「平和を愛する諸国民の公正と信義」に委ねることを表明しているが，これは日本国民の平和と安全を他国まかせにするということではなく，「平和を愛する諸国民」には当然日本国民も含まれるのであって，それゆえ，日本国民が創意と工夫を発揮して，日本の安全だけでなくアジアや世界の平和を構築する先頭に立つことを決意したと受け取るべきである。「日本国憲法が前提するナショナリズムは……各ネイションが平和的に共存する方向へと人類の未来を切り開く豊かな可能性を秘めている」［千葉・小林編，2009：112］と語る訴えは，まさに検討に値するように思われる。

5　憲法改正をどう考えるべきか

上述のように，戦後日本において保守政権の側がたびたび憲法改正に挑み続けたが，それでも少なくとも明文上の憲法改正は1回も成功してこなかった。明文改憲は明らかに9条改憲を焦点にして展開されてきたために，そこには当然9条改憲を認めない強い反対の意志と行動が働いていたからである。渡辺治によれば，第1に9条の下でも再軍備が進められてきたけれども，その規定そのものが軍事拡大を阻止する歯止めとなりそのハードルをなかなか越えられなかった現実があり，第2に日本国民の強い平和意識や平和運動があり，第3に日本の軍事大国化を許さないアジア諸国民の警戒や反発があったからである［渡辺，2002：23-24］。

それでも，1990年代以降，あらためて憲法改正の昂揚期を迎えるに至ったのは，最近の自民改憲草案が全面改定を志向しているのに見出されるように，グローバリゼーションの波に巻き込まれた日本が新しい「国のかたち」を模索し始めたことを表している。しかしその動きが自衛隊の海外派兵を促すような軍事的ナショナリズムの性格を強めているのは，アメリカの覇権主義的戦略に呼応した**日米安保体制**の再編が大きく作用しているといえる。改定安保条約（1960年）に規定されている日米軍事共同が「日本国の安全」に限定されているうちは，専守防衛に徹する自衛隊の存在と9条規定とが世論調査においてともに賛同を得ている。しかし日米軍事共同が旧安保条約から継承されている「極東における国際の平和と安全」という対象領域の設定にシフトを変え，その適用領域が「アジア太平洋地域」（日米安保共同宣言，1996年）からさらに現在のように地球規模にまで拡大されることになれば，当然安保体制と憲法体制は大きな矛盾に遭遇せざるをえなくなる。ここに9条改憲が浮上する主たる要因があると考えることができる。

最後に憲法改正に対する対処の仕方について考えるとき，かなり以前に田畑忍が提唱した三段階説は今でも示唆に富むように思われる。田畑によれば，第1は違憲の悪政と闘いながら憲法を改悪から守る段階であり，第2は護憲内閣を成立させることによって「国政における憲法の完全実施」を実行する段階であり，そしてこの護憲政権の安定化の下で初めて文字通り真の憲法改正に取り組むことができる段階を迎えることになる。つまりそれは「『憲法改悪』に対決することに始まり，躍進して更に『憲法改正』に揚棄せられ得る」ことを意味する（『改訂憲法学原論』有斐閣，1957年，序）。

コラム◆5　日米安保条約

最初の日米安全保障条約（旧安保条約）は1952年発効の講和条約を法的根拠に締結され，米ソ対決の「アジア冷戦」の中で日本は西側陣営に与することを明確にしたが，その結果，国内では日本国憲法と安保条約関連法との矛盾・対立が生まれることになる。

旧安保条約は1960年に現行の新安保条約に改定され，米軍の駐留目的に「日本国の安全」が新しく盛り込まれたが，そのことによりかえってアメリカへの「従属」が強まることになったのではないか，そのことは軍事・外交の分野だけでなく，これ以後の経済協力における日米間での交渉推移にも示されている。

日米安保条約は一貫して主たる米軍駐留目的として「極東における国際の平和と安全」を対象とすることが規定され，旧安保条約ではそのために基地を提供することが求められたが，それに加えて新安保条約ではこの目的遂行のため日米共同の軍事行動を行う可能性が示唆されていた。米軍基地提供の取決めは，日本全土どこでも米軍が基地建設を要望すればそれに応じる「全土基地方式」という極めて特異な規定となっている。また，現行安保条約にあるいわゆる極東条項は，1996年の「日米安保共同宣言」によって「アジア太平洋地域」にまで拡大され，いまや「集団的自衛権」行使容認の下では地球的規模にまで広がる可能性を帯びている。

日米安保条約は，「アジア冷戦」の最中に選択された軍事同盟であるが，冷戦の終結後も継続すべきものであるのか，大いに議論すべき課題であるだろう。

参考文献

渡辺治編著『憲法「改正」の争点——資料で読む改憲論の歴史』(旬報社，2002年)
戦後日本の改憲動向を簡潔に概観した解説とともに，関連の改憲諸案をほぼ網羅的に収録している。

千葉眞『「未完の革命」としての平和憲法——立憲主義思想史から考える』(岩波書店，2009年)
政治学の視座だけでなく，特に立憲主義思想史から日本国憲法の意味を考察した興味深い著作である。

千葉眞・小林正弥編著『平和憲法と公共哲学』(晃洋書房，2007年)
憲法論が憲法学の専有とならないように学際的なアプローチから検討しようとした意欲的な論文集である。

樋口陽一『いま，「憲法改正」をどう考えるか——「戦後日本」を「保守」することの意味』(岩波書店，2013年)
戦前と戦後の日本における立憲政治の歴史と経験を振り返って，憲法改正論の行く末を読み解こうとしている問題提起の書である。

木藤伸一朗・倉田原志・奥野恒久編（京都憲法会議監修）『憲法「改正」の論点——憲法原理から問い直す』(法律文化社，2014年)
最近の自民党憲法改正草案を多角的な視点から批判的に考察したもので，改正草案と現行憲法の対照表を付記して便利である。

第6章 領　土

その歴史と現実

1 「固有の領土」とは何か

近年，日本において，「領土」をめぐる周辺国との関係が大きな関心を呼んでいる。その一例として，2014年4月，小学校で使用する社会の教科書で，竹島や尖閣諸島に関する記述が大幅に増え，いくつかの教科書が竹島と尖閣諸島を「日本固有の領土」と表記していることが報じられた（『毎日新聞』2014年4月5日付）。この**固有の領土**という表現は，いわゆる「領土問題」をめぐる文脈でしばしば登場する。たとえば日本の外務省のホームページでは，竹島について「歴史的事実に照らしても，かつ国際法上も明らかに日本固有の領土です」（http://www.mofa.go.jp/mofaj/area/takeshima/）と記しているが，韓国の外交部のホームページでも同様に「独島（竹島の韓国での呼び名）は，歴史的にも，地理的にも，国際法上も明白な大韓民国固有の領土です」（http://dokdo.mofa.go.kr/jp/index.jsp）と述べられている（いずれも2014年8月26日閲覧）。

だが，「固有」という言葉の意味が「その物だけにあること。特有」（『広辞苑〔第六版〕』岩波書店〔2008年〕）だとすれば，複数の国家がある特定の場所を自国の「固有の領土」だと主張するのは，考えてみれば不思議な話である。さらに踏み込んで考えると，「『固有』の領土という場合，はたしていつの時点までさかのぼることが可能なのか」という疑問が出てくる。そもそも「自国の領土」というものが確定したのは，はたしていつなのか。イラン大使などを歴任した元外交官の孫崎享は，自身の講演の際に経験したエピソードを以下のように紹介している。

「『尖閣諸島は日本固有の領土ですか』と問うと約九〇％の人が『そうだ』

と答える。では，『尖閣諸島はいつから日本の領土になっていますか』と問うと，皆，びっくりする。尖閣諸島は日本固有の領土である，古代からと思っている。私は『一八七〇年代以前には，尖閣諸島は日本の明確な領土ではありませんよ』というと，皆『そんな馬鹿な』という反応を示す。しかし，『沖縄はいつから日本になりましたか』と問うと，かなりの人がはっとする」［孫崎，2011：12］。

このエピソードは，多くの日本人が「沖縄は古代から日本の領土だったわけではない」と知っていることを意味している。沖縄が日本の領土に編入されたのは，明治初期のいわゆる「琉球処分」（1872年，琉球王国の国王を琉球藩主とし，1879年には琉球藩を廃して沖縄県を設置）によるものである。それまでは琉球王国が日本本土の政権とは別にこの地を統治しており，江戸時代初期に島津氏の侵攻を受けた後も琉球王国は厳然と存在していた。1854年に締結された「琉米修好条約」をはじめとする西洋列強との条約の存在は，琉球の「独立」性を物語っている。その版図に含まれていた八重山諸島の北側に位置する尖閣諸島が，古代から日本の領土でなかったのは当然である。

だが，「琉球処分」以後は沖縄が日本の領土であることは事実であり，かつ尖閣諸島も日本の領土である，ゆえに「固有の領土」と表現してもかまわない，というのも，日本人の一般的な見方であろう。しかしまた，相手側――尖閣諸島問題においては中華人民共和国（中国）および中華民国（台湾）――もまた，同様にその地を自国の「固有の領土」だとする根拠を掲げている。詳しくは後述するが，いずれにせよ，複数の国家が特定の地域を「固有の領土」であると主張してその領有を正当化するのであれば，対立は避けられない。実際に，領土問題をめぐる武力衝突も枚挙にいとまがない。現在の日本も近隣諸国との領土問題を抱えている以上，偶発的にでも武力衝突が起こる可能性はある。そのことがもたらす弊害を意識せずして，領土問題を語ることはできない。

本章では，「領土」という概念を歴史的に振り返り，それを手がかりとして，いかなる形で現代日本における領土問題の「解決」が可能なのかを考えていく。

2　現在の日本における領土問題

2015年2月現在における日本と近隣諸国の領土問題，およびそれぞれの国家の主張について，簡単に表にまとめて整理する。このほか，小笠原諸島に属する**沖ノ鳥島**をめぐる問題も重要であるが，これは末尾のコラムで紹介する（本節およびコラムの内容は，主に高橋和夫・川嶋淳司『一瞬でわかる日本と世界の領土問題』日本文芸社〔2011年〕，高橋和夫『今知りたい学びたい　日本の領土と領海』日本文芸社〔2012年〕を参照）。

（1）北方領土（択捉島，国後島，色丹島，歯舞群島）――相手国はロシア（1991年までソビエト連邦，以下「ソ連」と略記）

北海道の北東洋上に位置する。「北方四島」とも呼ばれる。もともとはアイヌ人が居住していた。江戸時代以降，和人（日本人）が渡航し，日本人に同化させられたアイヌ人も含め，多くの日本人が居住するようになった。しかし，第二次世界大戦末期にソ連の侵攻を受け，日本人はこれらの島から追放され，現在はロシア人が居住している。

日本の主張	ロシア（ソ連）の主張
・江戸時代から北方領土を**実効支配**している。1855年の日露（日魯）通好条約により，択捉島以南の北方四島の日本領有が確定（のち，1875年の「樺太・千島交換条約」により，千島列島全島の日本領有が確定）。 ・1945年，ソ連が一方的に日ソ中立条約を破り，北方四島を占拠したが，これは違法行為（**不法占拠**）である。 ・1951年，**サンフランシスコ平和条約**で日本が領有権を放棄した「千島列島」に北方四島は含まれておらず，かつ同条約にソ連は署名していない。	・第二次世界大戦中のヤルタ協定（1945年）で，米・英・ソの間で「千島列島（クリル諸島）」のソ連領有が認められた。 ・1951年のサンフランシスコ平和条約で日本は北方四島も含む「千島列島」の領有権を放棄した。 ・1956年の日ソ共同宣言では，両国間の平和条約の締結後に歯舞・色丹の2島を返還することを明記（ただし，のちにこれに束縛されないと主張）。 ・第二次世界大戦の結果決まった国境線を変更することは認められない（現状はロシアが実効支配）。

(2) 竹島――相手国は韓国（韓国名は「独島」）

日本海に浮かぶ無人島で，２つの小島からなる。日本は島根県に属するとしている。

日本の主張	韓国の主張
・江戸時代初期（17世紀半ば）には領有権を確立している。 ・1905年の日本政府による竹島領有の宣言に対して異論を唱えた国はない(国際法上の**先占**)。 ・サンフランシスコ平和条約で日本が領有権を放棄した領土に竹島は含まれておらず，当時のアメリカのラスク国務次官補も竹島が韓国領でないことを韓国政府への書簡で明言している。 ・ゆえに韓国による竹島の占拠は不法行為。日本は問題解決のため国際司法裁判所への提訴を働きかけているが，韓国は認めていない。	・古文書によれば６世紀に新羅が領有権を確立，江戸時代の日本の書籍も独島を朝鮮王朝の領土と認めている。 ・日本の竹島領有宣言は韓国（大韓帝国）には通知せず。かつ当時の韓国は日本の保護国とされていたため，外交的な抗議は不可能。 ・GHQ（連合国軍最高司令官総司令部）は竹島（独島）を日本の領土として認めず，日本の漁民がその近辺に進入することを許可しなかった。 ・ゆえに独島は韓国領であり，現在も実効支配している。韓国による独島領有は確固たるもので，領土問題は存在しない。ゆえに国際司法裁判所で取り扱う事案ではない。

(3) 尖閣諸島――相手国は中国・台湾（中国名は「釣魚島」）

東シナ海，八重山諸島の北側に位置する５つの島々からなる。戦前，日本人が居住していたことはあるが，現在は無人島である。

日本の主張	中国（および台湾＝中華民国）の主張
・日清戦争中の1895年，日本は無人島である尖閣諸島の領有を宣言，これに対して異議を唱える国はなかった（国際法上の先占）。 ・サンフランシスコ平和条約でアメリカの施政権下に置かれるが，1972年の沖縄返還に伴い日本領となり，現在も日本が実効支配している。 ・1950年代初頭に中国で発行された新聞などでも，尖閣諸島が中国領でないと明記。中国（および台湾）が領有権を主張し始めたのは，地下資源の存在が明らかになった1968年以降にすぎない。 ・ゆえに日本が尖閣諸島を領有していることは明らかであり，領土問題は存在しない。中国のいう「棚上げ」も存在しない。	・明王朝以降，中国人がすでにその存在を認識し，命名・地図への明記などを行っている。また日本は1885年に尖閣諸島の領有を検討したが，清王朝との対立を回避するため先送りした事実がある。 ・「先占」は植民地支配を進めた欧米の国際法の論理であり，それを被侵略国がすべて受容しなければならない理由はない。 ・1972年の日中共同声明，1978年の日中平和友好条約の締結時に日本は領土問題の「棚上げ」に同意している以上，領有権をめぐる問題は存在する。にもかかわらず，2012年の日本政府による尖閣諸島の国有化は現状を変更するものであり，容認できない。

上記のまとめから，（1）と（2）は第二次世界大戦と密接な関連があることがわかる。（3）については上記では触れなかったが，孫崎享は，「東京裁判所は，一九四四年釣魚群島は『台湾州』の管轄とした」ことに基づき，サンフランシスコ平和条約で日本が台湾を放棄した以上，釣魚群島（尖閣諸島）も放棄したと見なすのが妥当だという中国側の反論を紹介している［孫崎，2011：70］。

ただし，サンフランシスコ平和条約では，これらの領土がどの国に帰属するかが明確にされていないことにも注意したい。竹島を日本が放棄するとは明記されていないが，明確に日本の領土だとも書かれていない。北方領土は日本が放棄した「千島列島」に含まれるのか，それとも含まれないのかも不明瞭である。そして尖閣諸島は日本が潜在的に主権を有するとされた沖縄に属するのか，それとも日本が明確に放棄した台湾の一部なのかもはっきりとはしない。さらにいうならば，ソ連も，韓国も，中華人民共和国・中華民国の「2つの中国」も，いずれもサンフランシスコ平和条約の締結国ではない（ソ連は講和会議には参加）ことが，これらの領土をめぐる問題の複雑さに拍車をかけたといえる。

ともあれ，「固有の領土」だと信じられている場所が，簡単にそのように断言できるものではない――それは日本だけでなく，相手国にとっても同様である――ということを，ここでは指摘しておきたい。

3　ヨーロッパにおける領土問題の歴史

さて，上記の北方領土についてのロシア（ソ連）の主張に，「第二次世界大戦の結果決まった国境線を変更することは認められない」という項目があったことに注目してほしい。これは裏返せば「第二次世界大戦の結果決まった国境線は正当である」とロシア（ソ連）が考えていることを意味している。サンフランシスコ平和条約によって日本は台湾や朝鮮半島，南樺太などを放棄したが，まさにこれは第二次世界大戦による「国境線の変更」であり，日本もそれを受け入れることで国際社会に復帰することができたのである。

だが，国際連合憲章（1945年6月）の第2条第4項で「すべての加盟国は，その国際関係において，武力による威嚇又は武力の行使を，いかなる国の領土保全又は政治的独立に対するものも……慎まなければならない」と謳っているように，現在においては武力による国境線の変更は認められない。この憲章の条文は，第一次世界大戦後の国際連盟規約の内容を引き継いだものであるが，この規約は十分に機能せずに第二次世界大戦が勃発，その結果として武力による国境線の変更が起こったわけである。だが，それ以後は1967年のイスラエルによるヨルダン川西岸とガザ，シナイ半島などの占領に対する安全保障理事会決議，1990年のイラクによるクウェート侵攻・併合に対する武力制裁（湾岸戦争），2014年のロシアによるクリミア半島併合に対するEU・アメリカなどによる経済的な制裁措置など，武力に基づく強制的な国境線の変更を否定するという認識が――それが相手国に受容されない場合も散見されるが――，ある程度の「常識」となっている。

しかし，第一次世界大戦までは，それは「常識」ではなかった。国家間の武力の行使，すなわち戦争は正でも不正でもない，という「無差別戦争観」の下，国益のための戦争がしばしば行われた。その国益の代表的な例が領土の拡大である。戦勝国が敗戦国の領土を征服（併合）する，あるいは一部の土地を獲得することは，決して不正ではなかった。もっとも，当時の国際社会に全くルールが存在しなかったわけではない。戦争に関しても，各国家が守るべきとされたルール（国際法）に基づいて行動することが求められており，たとえば捕虜の待遇に関する条約（1864年）や，開戦に関する条約（1907年）などの手続を守ることによって，その国家の戦争は正当なものと見なされたのである。

このような国際法の「縛り」は，戦争の被害を軽減することにもつながった。国際法が整備される以前のヨーロッパにおけるカトリックとプロテスタントの対立に伴う宗教戦争は，大規模な殺戮と破壊をもたらした。三十年戦争（1618～48年）はその最たるものであり，その反省の下，1648年の**ウェストファリア会議**において，各国家にそれぞれの領域内における最高権力，および外部の干渉を排する独立した権力である「主権」を認めることになった。さらに各国家が国際法を尊重することによって，ヨーロッパには一定の秩序がもたらされたのである。このように，主権をもつ国家が対等に並立する国際秩序が，いわゆる**主権国家体系**である。そしてこのシステムのもと，国境線に囲まれた**領域**の範囲を画定していく動きが各国で展開されたのである。

むろんそれ以前も，隣接する集団――「国家」とは限らない――が特定の土地の支配権をめぐって抗争することはしばしば見られたが，いわゆる辺境と呼ばれるような土地――本土から遠く離れた孤島，砂漠，山脈など――はもちろん，それ以外の場所でも厳密に境界線を引くことは稀であり，またその必要性も乏しかった。しかし，主権国家体系においては，自国の主権の及ぶ領域を明確にする必要が生じ，その結果，各国家は辺境などの「無主の地」を「先占」し，その国の領域として編入していったのである。ちなみに先占が認められるには，単に「発見」するだけでは不十分であり，当該国家がその領有の意思を何らかの形で表示すること（ただし他国への通告は絶対条件ではない），そして実効的に占有すること（国家権力の事実上の行使）が必要とされる（田畑茂二郎『国際法新講　上』東信堂〔1990年〕を参照）。

このような近現代における主権国家の国境の意味について，イギリスの社会学者のギデンズは，国境は，国家主権の境界を定めるために設けられた限界線にすぎないとし，国境線がどのような種類の地形や海洋を横切っているかは，国境の本質とは関連がないと言い切っている。彼によれば，主権の境界線を定めるものとしての国境は，国境を接するそれぞれの国家によって承認される必要がある，ということになる（アンソニー・ギデンズ〔松尾精文・小幡正敏訳〕『国民国家と暴力』而立書房〔1999年〕66頁）。

キーワード 11

主権

本章では，「国民主権」，「天皇主権」などのように，国家のあり方を最終的に決める権利という意味での「主権」ではなく，各国家に与えられた，それぞれの領域内における最高の権力，および自主独立の政策決定権という意味での「主権」という言葉を用いている。自主独立の政策決定権とは，他国の干渉を排して自国の政策を決定できるという，いわゆる「内政不干渉」の原則と結び付く。ただしこれはある国の政策に対して他国が一切意見を表明できないという意味ではない。さもなければ後述する「外交」はそもそも意味をなすことはない。

これは逆にいえば，国境を接する各国家のうち，一か国でもその国境を承認しない場合，対立は避けられないということを意味する。つまりは自国が統治すべき領域の範囲をめぐる争いである。領域には領土のほか，**領海・領空**も含まれる。領海とは，離島も含めた領土の沿岸（「基線」と呼ばれる，領海の起点となる線が設定される）から一定の距離までの範囲を指し，そこにおいて当該国家は主権を行使できる（現在では12カイリ以内とされている。1カイリは約1852メートル）。ゆえに従来は意識していなかった無人島をも自国の「固有の領土」として位置づけていく動きも出てくることになる。なお，1994年に発効した国連海洋法条約では，各国が基線から200カイリまでの範囲において**排他的経済水域**を設定し，天然資源の探査・開発・保全・管理のための権利が行使できることになっている。いずれにせよ，このような「国益」へのこだわりが，いわゆる「領土問題」として噴出することになったのである。

さらにいえば，領域内に居住するすべての人民を「国民」としてまとめあげていく過程で生まれた「愛国心」（☞第4章・ナショナリズム），そしてその国民が政治に関与していく「民主主義」（☞第1章・デモクラシー）などの展開とあいまって，領土問題は妥協できないものとなっていく。戦争による領土の得喪の結果，戦勝国の国民は，多くの犠牲を払って得た領土を譲ることはできないと考え，敗戦国の国民は，奪われた土地は自分たちの「固有の領土」であり，いつかその地を奪回しようと考える。このような対立の典型的な例が，フランスとドイツの国境沿いにあるアルザス・ロレーヌ地方をめぐる両国の争いである。フランスの作家アルフォンス・ドーデの短編小説『最後の授業』（1873年）は，普仏戦争（1870～71年）の敗北によって同地方がドイツに奪われた「悲劇」を，フランス語の「最後の授業」を受けるアルザスの一少年の目を通して描いたものである。ただし実際には，この地方における日常的な言語はドイツ語系に属するアルザス語であったが，少なくとも「フランスの一部が奪われた」ことを強調する文学作品が広く読まれることで，フランス国民のドイツに対する激しい敵対心が喚起されたことは明らかであろう。このような領土をめぐる敵対心の無意味さや虚しさに両国の人々が気づくのは，二度の大戦を経た後であった。

また，帝国主義の時代においては，列強と呼ばれる西洋諸国は，アジア・アフリカ・太平洋地域に進出し，領土を拡大していった。その際，現地に国家が存在していても，それが「文明」の域に達していないと判断すれば，その地域を「無主の地」と見なし，「先占」した国の領土として併合されることが国際法上是認された。このような論理は，侵略を受けた側にとっては大きな屈辱であったことは想像に難くない。さらにいえば，列強の思惑によって，中東やアフリカなどで民族を分断するような形で国境線が引かれ，それが植民地から脱して独立国家を建設したのちも，民族問題や隣国との領土問題の原因になっていることも忘れてはならない。

4　東アジアにおける領土問題の歴史

東アジアにおいて各国家の領域が画定されていくのは，19世紀後半以降のことである。これはもちろん，西洋諸国のアジア侵略に伴い，主権国家体系が移入されたことによる。もっとも19世紀後半のアジアにおいて，西洋諸国と対等な主権を認められた国家は存在せず，西洋諸国の植民地となるか，もしくは主権の一部を制限する不平等条約の締結によって主権国家体系に組み入れられる，というのが実情であった。

これ以前の東アジアにおける国際秩序は，文化的・道徳的な優越性をもつ中国＝「中華」の皇帝が天下を統治し，その徳を周辺諸地域＝「夷」に及ぼしていくことによって成り立つ**華夷秩序**と呼ばれるものであった。「中華」の教化を受け入れた「夷」の首長は，「中華」に対して礼を尽くして「朝貢」する。これに対し，「中華」は首長をその地域の「国王」として「冊封」し，基本的にその内政に干渉することはない。かくして「中華」と「夷」の関係は安定する。茂木敏夫がいうように，東アジアにおいては，多様な地域をそれぞれの論理に基づきながら，中国王朝国家の皇帝の権威の下に緩やかに統合する世界が形成されていたのである（茂木敏夫「華夷秩序とアジア主義」長谷川雄一編『アジア主義思想と現代』慶応義塾大学出版会〔2014年〕7頁）。このように「中華」の威光の下に天下が治まると考える仕組みにおいては，厳密な境界は不必要であった。

もっとも，東アジアのすべての国家がこの秩序に組み入れられていたわけではなく，たとえば日本は一時期を除いて「中華」と朝貢・冊封の関係をもたなかった。しかし「中華」の優越性を否定するわけではなく，逆に江戸幕府は自らを「中華」と位置づける形で，琉球王国を服属させた。他方で，琉球王国は清との朝貢・冊封関係を継続しており，いわば清と日本に「両属」していた。しかし，琉球王国が一定の「独立」性をもっていたことも，前述した「琉米和親条約」の締結から明らかである。このような位置づけが黙認されていたことからも，華夷秩序における領域や国境線の曖昧さが理解できる。

しかし，アヘン戦争（1840～42年）の敗北を契機として，清は西洋流の主権国家体系に組み入れられることになる。だが，これはただちに華夷秩序を否定するものではなかった。清は琉球や朝鮮などとも引き続き朝貢・冊封の関係を続け，東アジアにおける自らの優位を維持しようとしたのである。これに対し，日本は西洋諸国をモデルとして，主権国家体系における国際的地位の向上を目指した。その１つの現れが，自国の主権の及ぶ範囲＝領域の画定であった。具体的には，小笠原諸島の領有宣言（1876年），ロシアとの交渉による千島列島の獲得（1875年の樺太・千島交換条約），そして「琉球処分」である。琉球処分をめぐっては清からの激しい抗議や琉球国内の抵抗などがあり，アメリカの仲介もあってさまざまな解決策が模索されたが，結果的には日清戦争（1894～95年）における日本の勝利によって日本への帰属が確定した。その戦争のさなかに，日本が尖閣諸島の領有を宣言したことは前述した。同時に，朝鮮が華夷秩序から「独立」したことにより，このシステムは事実上崩壊し，中国もまた完全に主権国家体系の一員となった。そしてこれ以後の中国においては，西洋諸国や日本の侵略による分割＝「瓜分」を防ぐため，自らの領域を確定し，これを維持しなければならないという考えが生まれていった。かくして東アジアの各国は，主権国家体系の移入と定着の過程において，古文書なども駆使して，隣国と微妙な位置関係にある土地がいかに自国の「固有の領土」であるかを主張する必要に迫られていくことになったのである。

他方，中国から「独立」した朝鮮の「大韓帝国」も，日露戦争（1904～05年）以後は完全に日本の保護下に入り，1907年に日本政府は竹島の領有を決定，その３年後には朝鮮半島全域を併合するに至る。それゆえに現在の韓国においては，日本による竹島（独島）の領有が朝鮮の植民地化の先駆けとして位置づけられ，独島を神聖化するという論理が現れることになる。このような「被害者」としての意識が，領土問題に対する強硬姿勢の一因になっているとも考えられる。

ただし，これは中国や韓国に限られた問題ではない。過去の，そして現在の領土問題の大半が，関係国の一部，ないしすべての国家の「被害者」意識に基づくものであることを，われわれは理解しておかねばらない（たとえば，北方領土問題に関する日本も同様）。それゆえに，自らの主張が無条件に「正しい」ものであるという認識がそれぞれの国家の内部で定着することにもなったのである。

5　領土問題の「解決」方法

では，領土問題を解決する方法には，どのようなものが考えられるか。

まず，**武力解決**という方法が考えられる。これは過去においては１つの手段であったが，現在においては相当の国際的な批判や，それに伴う損失を覚悟しなければならない。また，紛争当事国との恨みを残すことになり，真の意味での「解決」にはならないことは，先に紹介したアルザス・ロレーヌ地方をめぐるフランス・ドイツの対立でも明らかである。

次に，**国際裁判**による解決という方法が考えられる。19世紀以降，紛争当事国の合意に基づき，裁判官を選任してその判断に委ねる仲裁裁判が行われており（第三国の君主が裁判官を務めた例もある），無差別戦争観の下における領土問題においても，この方法による解決がなされた例がある（例，「アラスカ国境事件」—当事国はアメリカ・イギリス，1903年に判決。「ボリビア・ペルー国境事件」—1909年に判決）。また1901年には**常設仲裁裁判所**が設置された。これは現在も存在し，当事国がそれぞれ裁判官の名簿から当該事件の裁判官を選出する仕組みで，国家のみならず私人も対象となる。さらに1921年に**常設国際司法裁判所**が設立，現在の国際連合の**国際司法裁判所**へとつながる。こちらは当事国が裁判官の選出に関与せず，裁判所が独立して国家間の紛争を司法的に解決するものである。

このような常設の国際裁判所に持ち込まれた領土問題も少なくない。第二次世界大戦前は，デンマークとノルウェーが争った「東部グリーンランドの法的地位事件」(1933年に判決）などがあり，大戦後は「プレア・ビヘア寺院事件」(当事国はタイ・カンボジア，1962年に判決)，「リビア・マルタ大陸棚事件」(1985年に判決）などがある。このほかにも仲裁裁判などによる解決も多くみられる。国際裁判の判決，もしくは法的拘束力はないが国際司法裁判所による勧告的意見などは，問題の解決に対する１つの指針として大きな影響力をもち，結果的に早期の問題解決につながることが多い。金子利喜男は，領土・境界をめぐる判決の不履行，およびそれに準ずるものは20世紀において８件（全体の２割）あるが，このうち５件は再度新たな判決をもとに解決され，２件は判決を基盤として外交的に解決されたため，ほとんどの事例で国際裁判による解決が実現したと指摘している（金子利喜男『世界の領土・境界紛争と国際裁判〔第２版〕』明石書店〔2009年〕265-266頁)。

しかし，この方法による問題点として，当事国すべてが裁判に付すことに同意しなければ，裁判を開くことができないことがある。具体的にいえば，国際司法裁判所規定に定めた条項について，同裁判所の強制管轄権を認めることを宣言（選択条項受諾宣言）した国は，同様の宣言を行った国からの提訴に対しては必ずこれに応じなければならないが（宣言していない国からの提訴については個別の判断が可能)，逆にそのような宣言をしていない国は，相手国の提訴に応じる必要はない。ちなみに日本は1958年に強制管轄権の受諾を宣言しているが，日本との領土問題に関係する諸国家（中国・台湾・韓国・ロシア）は宣言していない。

そして最後の方法として，**外交**による解決がある。日本とロシアとの交渉に基づく樺太・千島交換条約（1875年）などはその一例である。また，日韓基本条約（1965年)，日中共同声明（1972年)，日中平和友好条約（1978年）の交渉において，竹島・尖閣諸島の帰属問題を「棚上げ」にしたとされることについても，領土問題による過度の対立を回避する知恵であったといえる。もっとも，「棚上げ」は見方を変えれば問題の先送りであり，明確に公文書に記されることも稀なため（たとえば日本政府は尖閣諸島の「棚上げ」を認めていない），当事国間の力関係の変化などの事情によって「棚上げ」を放棄し，自国の領有権を強化しようとする試みがなされる場合もある。

この第2・第3の方法において懸念されるのは，自国の主張が完全に認められるとは限らないということである。正確にいえば，そのこと自体は決して問題ではない。問題なのは，それぞれの国内において，判決あるいは交渉の結論が自国にとって不利だとする強硬な反対意見が高まる可能性があることである。意図的に強硬な意見を唱えて「愛国者」としてのイメージをふりまき，権力の獲得ないし強化を企てる者は，過去の歴史においても数多くみられるところであるが，一般の国民の多くがその意見に賛同するならば，政府関係者を束縛し，結局のところ隣国との対立の継続，ないしは判決に従わないことによる国家イメージの悪化をも顧みないような感情的な政策決定につながる可能性も十分にありうる。さらにいえば，係争地を実効支配している国は，裁判や交渉によって自国の完全な領有権が認められる保証がない以上，裁判への付託や交渉そのものを拒絶する方が，自国にとって利益になると判断する場合も多い。また，領土問題を「解決しない」ままにしておくことにより，自国を脅かす「敵」に対して自国民を団結させることができる，という権力者の思惑も，問題の解決を遠ざけている。

そして，領土問題は当事国以外の国家の思惑によっても左右されることがある。日本にかかわるものとして，1956年の北方領土をめぐる日ソ国交回復交渉

キーワード 12　外交

一般的には，国家の代表者（国家元首，首相，外交官など）が国家間の問題を他国と交渉することを意味する。前述したように国家はそれぞれ「主権」を有するが，国家間の価値観が異なり，かついかなる国家もすべての外国とのかかわりを断つことが困難である以上，「主権」の絶対性を盾にして他国の主張を排斥することは，かえって自国の国益を危うくする可能性がある。ゆえに相手国の主張にも耳を傾けつつ，場合によっては「51対49」の比率で自国が有利だと判断できる形で問題を解決するように導くことも，外交には必要なのである。

をあげることができる。日本の重光葵外相が歯舞・色丹のみの返還で妥協して平和条約の締結に踏み切ろうとしたのに対し，日本の対ソ接近を嫌ったアメリカのダレス国務長官が，ソ連と妥協するならば当時アメリカが占領していた沖縄を併合する（＝日本に返還しない）と重光に伝えたという事例は，さまざまな書物で言及されている（日ソ交渉の当事者の回想として，松本俊一『日ソ国交回復秘録　北方領土交渉の真実』〔朝日新聞出版，2012年〕がある）。

このように，当事国にも，またそれ以外の国家においても，領土問題を「解決しない」ことが自分たちの「利益」になると考える者が存在すること，そしてまた領土問題を「解決」したとしても，それはすべての当事国の国民を完全に納得させるものにはならないであろうことも，われわれは意識しなければならない。

そのことを踏まえつつ，どのように領土問題を「解決」すべきなのだろうか。ここでは日本の領土問題も念頭に置きつつ考えたい。

まず，武力衝突を回避することは絶対的な前提である。それを踏まえ，係争地になっている地域を実効支配している側は，できる限り現状を変更しない。人の住む場所（北方領土）であれば，軍備増強はしない，政治指導者がその地を訪問して過度なアピールをしない。無人島（竹島・尖閣諸島）であれば，政治指導者が訪問しないだけでなく，一般の国民の立ち入りも厳しく制限し，新たな建造物も設置しない。他方，実効支配していない側も，一般の国民が係争地に入らないように取り締まる。

その上で，法的な解決を目指すと同時に，係争地およびその周辺の資源を共同開発・共同利用し，利益を分け合うような仕組みを模索すべきである。法的な解決を相手国が拒絶し続けるのであれば，第三国の理解や仲介を獲得しながら，相手国と「Win － Win」の関係を築くことの利を追求し，それを相手国にも説得していくことが必要となるだろう。このような「Win － Win」の関係を築くには，自らの主張のすべてを通すわけにはいかない。すなわち**「Lost」（損失）の覚悟**も必要となり，かつ相手側にも同様の覚悟を求めることになる。そのために不可欠なのは，自国と深い関係を結ぶことが，相手国にとってプラスになると感じさせるような国家を互いに作り上げていくことであろう。過剰な軍備拡張の停止，自国中心主義を排した形での過去の戦争や植民地支配に対する総括，排他的な言説の抑制などの取り組みは，そのような環境を整備する上で役立つだろう。

このような意識は政治家のみならず，一般の国民においても必要である。樽本英樹は，国境を超えた人的な移動の広がりにより，もはや1人の人間が1つの国籍しかもたないという状況が崩れていることを踏まえ（☞第3章・グローバリズム），人々の帰属がその国際移動の活発化を通じて劇的に緩められたように，領土がひとつの国だけに帰属するという原則を緩めることはできないだろうかと提唱している（樽本英樹「領域と市民権——国境変容へのひとつのアプローチ」『境界研究』特別号〔2014年〕39頁）。これは樽本自身も述べるように，「夢物語」かもしれない。日本人・韓国人・中国人・ロシア人にとって，外国語に堪能な一部の人たちはごく少数であり，自国の「国語」しか話せない大半の国民が，自国への帰属意識を簡単に超克することすら現実には困難であろう。すなわち，現代においても「国家」という存在が，多くの人々にとって軽視できないことは事実である。

しかし，過去において，人々は国境線を意識することなく交流を進め，それによって自らの生活を作り上げていった。第二次世界大戦後のヨーロッパの地域統合の歩みは，国家間の対立の種を少しでも除去していこうとする試みでもあった（☞第12章・地域統合）。そして現代の世界において，国境線の外（もしくはそれぞれの中）にいる「他者」を知る機会は，過去に比べて飛躍的に増大したはずである。そのことをあらためて思い返し，東アジアにおいても領土問題を冷静に考える姿勢が必要なのではなかろうか。

コラム◆6　沖ノ鳥島

沖ノ鳥島は，日本最南端の離島である。北緯20度25分，東経136度5分の太平洋上にあり，周囲に島は存在しない。東京都に属するが，小笠原諸島の父島からも約900km 離れている。干潮時は東西4.5km，南北に1.7km のサンゴ礁が現れ，その中に2つの小島（東小島，北小島）がある。満潮時には2つの小島がわずかに海面上に見えるだけで，人が住むことは不可能である。しかし，この島が存在することで，ここを中心とする半径200カイリまでの範囲が日本の排他的経済水域となっており，その面積は約40万 km^2 を超えている。現在，日本の領海と排他的経済水域を合わせた面積は世界第６位であるが，この島の存在が大きいのは間違いない。

もっとも，国連海洋法条約において「島とは満潮時においても水面上にあるものをいう」と定義される一方で，「人間の居住又は独自の経済的生活を維持することのできない岩は，排他的経済水域……を有しない」という条文から，中国および韓国は，沖ノ鳥島は「岩」であり，その周辺の海はすべて公海だと主張している。これに対抗するため，また地球温暖化による水没の恐れに備えるため，日本政府は大規模な護岸工事を進めている。

ここで仮定の話をしよう。もし中国や韓国が満潮時にわずかに海面上に見えるだけの「島」の護岸工事を始めれば，おそらく日本人の中には，中国（韓国）は「岩」をも「島」だと強弁している，と批判する者も出てくるだろう。逆に中国人や韓国人は，それを「岩」だとは口が裂けても言わないだろう。このように考えれば，領土問題は自分たちの「正しさ」が絶対的なものではないことを教えてくれるものでもある。

参考文献

孫崎享『日本の国境問題――尖閣・竹島・北方領土』（ちくま新書，筑摩書房，2011年）

元外交官による日本の領土問題についての解説書。ただし竹島問題への言及は少ない。日本以外の領土問題の解決事例なども紹介しつつ，領土問題をめぐる著者独自の国家戦略を提示している。

保阪正康・東郷和彦『日本の領土問題――北方四島，竹島，尖閣諸島』（角川書店，2012年）

前半は元外交官の東郷による日本の領土問題の歴史的経緯の説明，後半は東郷と評論家の保阪による領土問題の解決策についての対談をまとめたもの。

岩下明裕『北方領土・竹島・尖閣，これが解決策』（朝日新書，朝日新聞出版，2013年）

領土問題を歴史認識問題と切り離して解決策を考えるべきという提言を示したもの。以上の３冊の新書は初学者にも読みやすいため，領土問題に興味がある人には，まずこれらの書物に目を通すことを勧めたい。

百瀬孝（伊藤隆監修）『史料検証　日本の領土』（河出書房新社，2010年）

幕末以降の日本の領土の画定の過程に関する史料の紹介と解説を加える。「あとがき」において，著者は日本の主張に相当の正当性があるとしつつも，外国の主張にもある程度の根拠もあるとして，さらなる実証的な研究が必要だと説いていることが目を引く。

名嘉憲夫『領土問題から『国境画定問題』へ――紛争解決論の視点から考える尖閣・竹島・北方四島』（明石書店，2013年）
「領土問題」という表現が，かえって当事国／国民間の過度な対立を引き起こすのではないかと指摘した上で，「国境画定問題」としてその解決を早急に進めるべきだと説いている。新たな視点から領土問題を読み解く上で有益な書物。

第7章 環　境

新たなる政治の変数

1 「環境の政治」の問題

(1) 現代政治の変数

古来，環境という言葉には，多分に政治的な含みがあった。治水の成否が統治の存否を決定づけたように，太古の昔から，環境問題には政治の行方を左右するようなところがあった。エコ・ポリティクスなる言葉が市民権を得た今日もまた，その状況には根本的に変わるところがない。それどころか，酸性雨，砂漠化，大気汚染，土壌汚染，海洋汚染，放射性物質汚染，異常気象の頻発，大規模な生態系破壊など，産業革命以降の資源開発によって生じた現代の環境問題を閲してみるならば，その政治的重要性はむしろ増しているといっても決して過言ではあるまい。規模の大きさと性質の深刻さからして，ことはもはや人類全体の生存を脅かすレベルにまで達しているし，質量ともにかなり思い切った対応を必要とする状況になっている。環境問題は今やなかったことにするにはあまりに切実な政治的問題になっているのである。

実際，「かけがえのない地球」のスローガンを掲げたストックホルム会議（1972年）以降，地球環境保全をテーマとしたリオ・サミット（1992年），温室効果ガス削減を目指した気候変動枠組条約締約国会議（1995年～），環境開発サミットと呼ばれたヨハネスブルク・サミット（2002年）などをとおして，環境問題は国際政治上の最優先課題として認知されるようになった。その結果，この問題は政治的対立の発火点になるとともに，対立を正当化する大義名分，あるいはそのための物理的かつ精神的な武器とされるようになっている。いずれにせよ，環境問題が現状に大幅な変革を迫る圧力となっていること，かつてなく強力な政治的ファクターとして活用されていることは，もはや疑いようのない事実であるというべきであろう。環境問題はこうして目下の政治的秩序を不安定化させる変数としての性格を，問題の深刻化とともにますます強めているのである。

(2) 現代思想の変数

環境問題の深刻化が広げる波紋は，政治の根底にあるものにまで及んでいる。現実の政治的秩序を不安定化させているこの変数は，政治についてのわれわれの確信——現代政治が依拠している既存の諸価値をも揺さぶっているのである。事実，環境をめぐる目下の状況がこれまで常識とされてきたことを常識の座から引きずり落とす強力な圧力となっていることは，たとえば，資源の枯渇が大量消費社会モデルに猛省を促す原動力になっていることからも容易にうかがい知られよう。環境問題はここで現代人のライフ・スタイルの根底にあるものを再考と懐疑の対象とし，かなりミクロな次元に至るまで「是正」するよう求めるファクターになっている。いいかえれば，それはわれわれの依って立つ近代的世界観の限界を暴露するとともに，その限界を越え出る新たな発想の必要性を提起するまでになっているのだ。環境という言葉は，思想的側面においても，既存の価値観の妥当性を問い直す変数になっているのである。

では，この変数のもと，何をどのように考えるべきなのか。本章では，この問いかけに応答するべく，環境問題を踏まえたうえで必要となる政治の姿——**「環境の政治」**の輪郭を抽出し，ごく簡単にではあるが，その性質と課題をスケッチしてみたい。したがって，以下の作業では，現実の個々の環境問題をどう取り扱うべきかという実践的な問いにではなく，環境問題に対応するためにはどのような政治的スタンスが必要となるのかという思想的な問いに照準をあわせて議論をすすめていくことにする。さしあたり，そのための準備作業として，「環境の政治」のとるべき視座を見定めるために，近代の自然観の特徴とその問題点を検討し，人間と自然のあるべき関係を確認するところからはじめることにしよう。

2 「環境の政治」の視座

(1) 機械としての自然

現代の大量消費社会を下支えしている**近代合理主義**は，自然をもっぱら人間的活動のための手段としてきた。その自然観の特徴は，近代合理主義の創始者たるベーコンやデカルトの言説のうちに端的に表現されている。彼らは自然を因果法則の世界と捉え，ベーコンは因果法則習得の必要性を説いて自然を征服し利用するべき対象として描き出した。他方，デカルトは人間にのみ思惟する主体としての特権的地位を認め，機械学のロジックを自然学にも当てはめることによって，動物をふくむ自然を機械と同質の存在，それゆえ操作の対象とする**機械論的自然観**をうち立てたのである。もっとも，デカルト自身は自然と機械を同一視したわけではなかったが，ここでは人間をその精神性ゆえに自然に対立する「反自然的存在」（フェリ）としている点に注意しておきたい。人間を自然と異なるとするこの人間中心主義的なヒューマニズムこそ，人間を自然の支配者とする近代の自然観の起点となったのである。

近代の自然観はこうして自然に神秘的な力をみるアリストテレス以来の伝統的な自然理解を退けたが，そのメリットとデメリットはともに大きかったといえる。自然を畏怖の対象から操作の対象とした結果，人間は自然をおのれの欲望充足のため大々的に利用するようになった。そして，それは今や，高度な物質文明を実現するための有益な道具のひとつと見なされるようになったのである。他方，多大の恩恵をもたらしたこの変化は，それ相応の対価を人々に支払わせずにはおれなかった。自然の道具化は人間の無限の欲望を野放しにし，自然の権利や自然に対する人間の義務への意識を希薄化させるとともに，環境問題の深刻化に対する人々の感覚を鈍麻させた。それればかりか，消費を美徳とする物質主義的な「規範」を生じ，自然破壊のリスクを知りつつも開発を止められないメンタリティを現代人に植えつけてしまったのである。今日，「環境の政治」を構想するにあたって問い直されるべきなのは，まさしくこのような事態を引き起こした自然観の妥当性なのだ。

(2) 全体としての自然

近代の自然観への反省は，人間と自然の対立図式を問い直すところから始まる。環境と生物の相互作用を考察する**エコロジー**（生態学）の見地からすれば，人間も自然を構成する一ファクターにすぎず，その地位は他の生物と変わらないのである。たとえば，この種の議論の草分けとなったシンガーの動物解放論などはその点を大いに強調している。世界の満足の総量を最大化するという功利原理のもと，シンガーは動物をも権利の主体と見なす主張を展開し，人間中心主義的なヒューマニズムの相対化を図った。人間の生命と動物の生命をひとしく尊重するべきとするそのスタンスは，科学的というよりはむしろ倫理学的だが，議論の軸をこのようなかたちで規範の領域にまで拡大したことの意義は大きい。自然固有の権利を容認するということは，こうして単に事実の問題のみならず倫理の問題としての含みをもつようになったのである。

シンガーの主張は近代の人間中心主義的なヒューマニズムの部分的修正を企図していたが，ネスの**ディープ・エコロジー**はその全面的否定を意図している。ネスは人間や動物に限らず自然のすべてを等価とし，生命圏ばかりでなく生態圏全体を尊重するべきとした（生態圏平等主義）。そして，近代的な自然観にもとづく人間の自己利益確保のための環境保護活動をシャロー・エコロジーとして拒絶し，自然環境の保護そのものを目的視するディープなプログラムを実現するよう訴えたのである。その際，ネスは人間と動物を相互に依存しあう存在とし，自然＝生態圏を相互依存のネットワークの総体たる「全体的な場」として描き出す。そして，この「場」の発展こそが個々の存在の自己実現のための唯一の条件であると喝破し，自然との同一性の深化によってのみ，今失われつつあるものを回復しうると主張した。それによって，ネスは近代の自然観の背後にある個人主義の考え方をも峻拒する自然観を提示してみせたのである。

もっとも，このような主張には，危うい落とし穴があるといわざるをえまい。ブクチンのいうように，これでは環境問題の社会的根源はかぎりなく曖昧にされてしまうし，結果として現実の問題に的確に対応できなくなるおそれがある。のみならず，こうした極端な自然愛護主義的な考え方は，フェリの指摘をまつまでもなく，ナチズムや文化極左主義を思わせるところがあるといわざるをえないであろう。全体を優先させて個人を蔑ろにし，自然の価値を文明に対置するということは，ナチズムが「血と大地」の神話で人間（個人）に対する自然（民族）の優位を強調したこと，さらにレイシズム的政策をもって文明に対する「自然の復讐」（ホルクハイマー）を企てたことに一定の親縁性をもっている。他方，一方的に近代的価値の無効を断じる姿勢は，極端な反資本主義革命に固執して現実に着地点を見出しえない左翼の理想主義的な主張と（内容はともかく）性質のうえでほとんど変わるところがない。そう考えてみるならば，昨日と明日しかないこのようなロマン主義的な言説に今日の問題を担わせるわけにはいくまい。それは過激な環境保護活動のイデオロギーたりうるとしても，「環境の政治」をリードする自然観にはなりえないのである。

（3）環世界としての自然

では，ここで追求するべき自然観とはどのようなものか。この問いに生産的にアプローチするには，自然という概念そのものがそもそも人間の産物であるがゆえに，自然への愛が実際には自己愛の一形態でしかないということを認め，今一度ヒューマニズム的な視点に立ち返って考える必要がある。といっても，その作業はもちろん自然に対する人間の責務を明確化するものでなければならないであろう。人間精神を高度に発達した「自然の表面現象」とするヨナスの責任倫理学をはじめ，自然における人間の特別な責務への自覚を促すマイヤー＝アービッヒらの環境倫理学は，その点で有力な指針たりうる。デカルトと違って人間を自然の一部にして卓越した能力（知性）を有する存在と定義することによって，これらの議論は，単に自然を利用して欲望充足をはかるばかりの近代の人間像に大幅な修正を迫るモデルを提示している。近代の人間中心主義的なヒューマニズムは今や，自然との共生を課題とするロジックのもとに再構成されるべき時期にさしかかっているのである。

自然はここでは単なる道具ではないし，かといって，過度に理想視されるべき存在でもない。むしろ人間が自己本位に生活する「場」にして目配りを要する「他者」とされるべきであろうが，そうした観点はユクスキュルの環世界論のうちに論理的表現を見出すことができよう。すべての生物が異なる感覚機能を有する点に注目したこの生物学者は，ハエと人間が同一の景色を別様に眺めていると主張した。そして，すべての生物がおのれをとりまく事物との関係をそれぞれ独自のやり方で構成し，その関係性のネットワークのなかを生きているとしたのである。こうして自然を主観的に構成されたネットワーク＝**環世界**の総体とすることによって，ユクスキュルは自然環境を，自身を主人公としつつ他の生物と併存する世界として定義しなおす道を開いたのだ。してみれば，人間は自身の環世界を知りうるのみであり，デカルトやネスのように自然を第三者的に把握しようとすることじたい，思い上がりであるというほかあるまい。人間にとっての自然とは自分自身の環世界でしかないし，それはつまり各人の日常世界にほかならない。ただ，生物がみなひとしくそれぞれの環世界を生きている以上，人間は「われわれの自然」を，環世界の多様性を尊重したうえで引き受けるのでなければならないのである。

以上から，「環境の政治」の定位するべき視座はもはや明らかであろう。今日求められていることは，近代か反近代かという原理的な二者択一ではない。むしろ，自然を第三者的視点から抽象化する両者に共通の視座こそ克服されるべきであり，各人の関与する日常世界＝環世界を「われわれの自然」とするところから出発せねばならないのである。自然への愛――自己愛から出発しつつも人間以外の環世界への尊重，すなわち多様な生態系の尊重を前提とする点で，かつてのヒューマニズムとは異なったヒューマニズム的自然観が求められているのだ。「われわれの自然」を維持し発展させて将来へと引き継ぐことは，今や他の生物の環世界との共生のうえで実現されねばならないのであって，**持続可能性**という言葉は，実にこのような意味において来るべき「環境の政治」の指針とされるのでなければならないのである。

3　「環境の政治」の条件

(1) 権力の持続可能性？

では，「環境の政治」とは何か。政治的な次元で「われわれの自然」の持続可能性を探求するには何が必要となるのか。この問いはまず，社会を誘導するファクターとしての**権力**の存在をクローズアップすることになる。このことは，逆に外的権力の排除を志向する市場原理的なやり方がこの問題に対してどれほどのことをなしうるのかを勘案するならば，おのずから理解されよう。温室効果ガスの排出権取引が大気の所有権を事実上一部の大資本に譲り渡すことになったように，**市場原理**のもとにすべてをビジネス化することは，こと環境問題についていえば，メリットよりもデメリットのほうがはるかに大きい。それは環境をめぐる社会的不平等を助長し，負担するべき義務を金銭によって他者に転嫁するモラル・ハザードを生じるばかりではない。そこから生じる格差の増大と資源の争奪戦は，たしかに短期的な利益を確保するかもしれないが，この問題に必要な息の長い取組みを結果として阻害することになるといわざるをえないのである。問題は個別利益の追求を抑制し監督する公益性の高い事業を担う力を必要としているのだ。

もっとも，そうした力を担う主体はさまざまであろう。**非政府組織**（NGO）や**非営利組織**（NPO），**世論**の圧力の存在はもちろん欠かせない。ただ，グローバル化とともに昂進する市場主義の暴走に対抗し，強制力を伴う是正措置を合法的に執行するには，やはり**国家権力**の存在が無視できないだろう（☞第3章・グローバリズム）。短期的収益にとらわれず，政策プログラムを長期的に立案し実施するとなると，行政**官僚**による統治機構のコミットメントがぜひとも欠かせないのである。実際，**国家**の役割は今日，政治と経済の両面でかえって増大しているし，「われわれの自然」の持続可能性の探求がつねに具体的な政策日

キーワード 13　官僚

広義には，比較的大きな組織を維持・運営するための職能集団を指す。その歴史は古く，古代エジプトにはすでに複雑な官僚組織が構築されていた。今日では，行政上の巨大な合理的システムを管理・支配するための組織のことをいう場合が多い。今日の官僚は効率的な規則のもとで非人格的に組織され，職務も部門ごとに専門分化しており，各部門が協力して組織を運営する集団であるが，この分業体制が官僚主義の象徴と揶揄されるなど，その存在感と影響力の大きさがそのまま政治問題化することも多い。

標とされるべきである以上，国家権力の役割を根拠なく否定するのは生産的ではない。専門的見地から問題の解決方法を考察するばかりでなく，そのためのスケジュールと優先順位とを公正に付与したプランを実行する公共機関の存在は，この問題においては必須なのである。

とはいえ，「環境の政治」の危うさは，実はこうして国家権力の必要性を説かねばならないところにあるというべきなのかもしれない。環境問題がいったん行政の手に委ねられると，規制，介入権限，新規徴税などの実施をとおして，官僚機構はこの問題を権能拡大の正当化の根拠として利用するようになる。そして，組織の肥大化とともに権限の維持拡張が自己目的化すると，環境問題は手段化され，権力のための環境政策という倒錯した事態が生じることになるのである。その意味では，権力を追求することと環境の持続可能性を探求することには内在的な結びつきがあるとするラートカウの指摘は，傾聴に値するというべきであろう。「環境の政治」は権力が権力を再生産するロジックに絡め取られてしまう危険性をつねにはらんでいる。というより，かかるロジックの呼び水になって，それじたいが権力追求のコンセプトに変質するおそれすらある。持続可能性を探求する試みには，つねにこのようなリスクが内在しているのである。

（2）民主主義の持続可能性

近すぎると利用され，遠すぎると成果が上がらない――権力をめぐるこのジレンマは，国家権力との不即不離の関係の構築が「環境の政治」のための必要条件であることを示している。要するに国家の力を引き出しつつ制御することが求められているわけだが，そのような要求を満たすには，やはり権力分立を志向する民主的な政治体制の構築が欠かせない。そもそも非政府組織，非営利組織，世論が国家権力を相対化する力たりうるのもかかる体制あってのことであり，実に批判的公衆の主導する活発な**市民社会**こそが，環境政策の効果的な実施の前提となっているのである。そこでは行政主導の環境政策の有効性が客観的にチェックされるし，行政に見落とされがちな問題がより積極的に提起されるようになるであろう。こうして国家権力と国家外の力とが牽制しあい，協力しあうことによって，社会全体が行動を促す活動的なエネルギーを有するとき，環境保護の取組みは組織上の問題を解決できるようになる。**民主主義**（☞第1章・デモクラシー）はそのための潤滑油となっているのである。

もっとも，環境政策が各人にライフ・スタイルの変更を迫る価値の問題でもある以上，「環境の政治」と民主主義との結びつきは規範的要請でもあるといえる。今日，「われわれの自然」の持続可能性を問うことは，個々人や社会全体のあるべき姿を問い直すことを意味しており，ことは各人の自己決定の権利にかかわる問題になっているのである。誰もがこの問題に発言する権利と義務とを負っているわけで，民主的な意思決定と政策運営はそうした側面からも欠かせなくなっているのだ。実際，**持続可能な開発**の必要性を説いたブルントラント報告（1987年）以降，環境問題への実効ある市民参加とそのための政治システム確立が求められるようになっているが，こうした動きの広がりは，環境問題が自身の生き方を選び取る問題として浸透しつつあることのあらわれであるといえよう。もっとも，今日の環境政策がかなりの部分で個人の自発的な同意と参加に依存している（たとえば，ごみの分別からしてそうだが）以上，問題は今や各人に**当事者意識**を共有するよう求めるところにまで立ち至っているといわざるをえまい。かかる意識を各人に平等に行き渡らせる民主主義的なモティーフは，その意味でも必要とされるようになっているのである。

してみれば，「環境の政治」は，現実の課題に対処するために，民主主義の精神と制度とを絶えず再活性化させる必要に迫られているというべきであろう。ドライゼクやジェイコブスらのいうように，それゆえ，ここでは対話による承認が規範に妥当性を与えるとする**熟議民主主義**のモデルが参考になるといえる。というのも，コミュニケーションによる当事者間の社会的学習を重視するこのモデルは，価値の非調和性や通約不可能性を議論の前提として肯定視し，多様な批判精神の再生産を鼓舞し続けることによって，民主主義の絶えざる活性化を企図しているからだ。のみならず，このプロセス重視のモデルは，環境問題のように慢性的かつ柔軟な対応が求められる課題にとっては，試行錯誤を重ねて粘り強く対応し続けるためにも望ましいといえる。そう考えてみるならば，「環境の政治」を実現させるには，より多くの民主主義の必要が，いいかえれば，代議制を基礎とする**間接民主主義**以上に多様な声を反映させる民主主義の枠組みを新たに構築する必要があるといえよう。少数者による排他的な意思決定と政策の硬直化による民主主義の形骸化を回避し，民主主義の持続可能性を追求し続けることこそ，ここで取り組むべき喫緊の課題になっているのである。

(3) 政治の持続可能性

以上の見地に立つ「環境の政治」は，ひとつの価値に執着するイデオロギー的政治モデルやシュミット流の友敵二分化の政治モデルとは対極にある。熟議民主主義はなるほど多様な価値の対立を奨励しているが，それは環境問題の解決という目的を共有するかぎりにおいてであって，対立のための対立を許容しているわけでは決してない。この問題においては，一般的に，当事者の意見の一致がほとんどみられないという「現実」に，解決に広範な同意と参加を要するという「事実」をともに見据えねばならず，ものごとを善悪へと単純に二分化する態度は厳に慎まなければならないのである。にもかかわらず，環境問題を権力闘争の手段とし，ことを人間と環境の関係から人間と人間の対立にすり替えるならば，解決のための方途はその緒すら見出せなくなるであろう。思慮と抑制なしに無益な闘争を煽るかのような場違いなアプローチは，ここでは意識的に退けられるのでなければならないのである。

そうである以上，「環境の政治」の「環境の政治」たるゆえんは，かかる事態をつとめて回避するところにある。政治の本質を権力闘争とするヴェーバー的なテーゼに抗して，何ごとも安易に決めつけない政治のあり方を模索することこそ，ここで探究するべき課題なのである。それゆえ，政策決定の過程で数の力にたのんで残された少数者を作り出し，不利益を少数者に押しつけるがごときは，その方向に反するといわなければならない。非生産的な対立の火種となること，民主主義を**多数者の専制**へと変質させることは，どのような事情にせよ決して許容してはならないのである。そもそも環境政策が新たな問題となるリスク――かつて問題解決の切り札とされた原子力発電の運命をみよ（☞第8章・原発）――を負っている以上，問題解決のための方策は一義的には固定しえないし，それこそ安易な決めつけにはなじまないというべきであろう。むしろ，要らぬ対立を引き起こしかねないそうした頑なな態度は，事実にもとづく判断を可能にする議論の「理性化」［ラートカウ，2012］に道を譲らなければなるまい。ここでは，他者と協働して現時点で最善とされる政策を柔軟に実施する姿勢を確保し続けることが，何にもまして求められているのである。

そう考えてみるならば，環境問題において最終的に問題になっているのは，政治そのものの可能性であるといえよう。権力との関係，民主的な意思決定のあり方，過度の対立の回避と柔軟な政策遂行の必要性など，以上にみた「環境の政治」の条件は，政治規範の今後のあり方を示唆する格好の事例になっている。「われわれの自然」の持続可能性を探求するということは，その意味では，政治という社会の共通利害を追求する営みの持続可能性を規範的側面から問い質すことに結びついているのである。それは人間に共有する欲求にもとづくがゆえにグローバルに政治的な性質を帯びつつも，地域によってそれぞれのかたちで対応するよう求められている地球規模の問題になっているのだ。では，その現実はどうか。次に環境政党の姿を通して，「環境の政治」の現実と課題についてみていくことにしよう。

4　「環境の政治」の現実

(1)「緑の人びと」の歩み

「環境の政治」のための取組みは，現在さまざまな方面からなされている。この分野では非政府組織や非営利団体のイニシアティヴが目立っているが，そ

キーワード 14　**政党**

政治的主張を共有する構成員からなる集団。かつて議会や選挙の存在しないところでは体制変革や革命を企てる集団ともなったが，今日の立憲体制下では立法府における政策実現を目指す政策集団としての性格が強くなっている。立法府の権能や選挙制度のあり方によってその性質は大きく変わってくるが，たとえば，権力を一手に掌握するヘゲモニー政党，特定のイズムは大きく奉じるイデオロギー政党，特定の階級を支持者とする階級政党，逆に不特定の階級の支持を広範囲に集める大衆政党，さらにはネット上で作られたネット政党などがその具体的なあり方としてあげられよう。

の現実と課題を幅広く検討するには，国家とこれらの団体とのあいだに立つ**環境政党**である**緑の党**に注目する必要がある。1972年にオーストラリアで初めて結成された緑の党は，その後，欧州を中心に多くの国々で組織され，今日では日本を含め世界中にみられるようになった。2001年には国際組織**グローバル・グリーンズ**が，2004年には汎欧州政党・欧州緑の党が設立され，その規模と影響力は近年ますます広域化しつつある。これらの環境政党の基本的なスタンスは，グローバル・グリーン憲章の6原則「エコロジーの知識，社会正義，参加民主主義，非暴力，持続可能性，多様性の尊重」のうちに端的に表現されているといえよう。以上にみた「環境の政治」の論点は，今や環境政党をとおして現実政治の文脈で語られているのである。

なかでも，「環境の政治」の現実と課題を示すには，もっとも成功した環境政党とされるドイツの緑の党（正式名称「同盟90／緑の党」〔Bündnis 90/Die Grünen〕，Die Grünenは直訳で「**緑の人びと**」）がその格好の事例になっている。もっとも，「緑の人びと」は，その来歴からすると，政党というにはあまりに特異でポレミカルな存在であるといえる。自然保護が郷土保護と同一視されていたこの国で，1979年に「人びと」の設立を準備したのはエコロジー保守派と呼ばれる人たちであった。ところが，連邦政党の名乗りをあげた1980年以降，党勢拡大のために新左翼系グループを取り込むと，党の性格は一変する。右派と左派の劇的なバランスの逆転は，結果として前者の脱落と党是の急速な左傾化をもたらした。反原発，反核兵器，反消費社会，反NATOという従前の主張に，反移民規制，反・反中絶，反ナショナリズムを加えることによって，彼らはサブカルチャーの前衛を自認し，既存の政治体制の克服を目指す**オルタナティヴ運動**としての立場を明確化したのである。直接行動をも辞さないその活動ぶりは，「反政党的政党」（ケリー）と呼ぶにふさわしいラディカルさに彩られていた。

他方，ブレーメン州議会への進出を皮切りに，「人びと」は議会内活動を活発化させ，1983年には既成政党への批判票を取り込んで連邦議会に進出，チェルノブイリ原発事故（1987年）翌年には42議席を獲得した。その後，ドイツ再統一（1990年）に反対したため一時的に後退したが，インテリ若年層を中心に支持を拡大し，しだいにドイツ政治社会を形成する一ファクターとしての地位を確保していく。結党以来，さまざまな意味で野党たらんとしてきた（州レベルでは1985年に政権参加）が，1998年にドイツ社会民主党と連立政権を樹立し，副首相兼外相，環境相，保健相を輩出する与党となった。シュレーダー政権下，彼らは**エコロジー的近代化**を推進して，環境税導入や原子力発電所の段階的廃止を決定させるなど，いくつかの点で特筆するべき成果を収めている。同政権崩壊（2005年）後下野したが，福島原発事故（2011年）直後のバーデン・ヴュルテンブルク州議会選挙で第一党となるなど，その存在感は今なお減じていない。では，この党の何が問題なのか。

（2）戦略のジレンマ

表面上の成功の一方，「緑の人びと」の歩みは苦難の連続でもあった。そもそも保守系のイニシアティヴに新左翼系の運動家たちが相乗りするという結党時の状況からして，この党が矛盾含みの存在だったであろうことは容易に想像がつこう。もっとも，環境問題が「守らんがために変革する」ことを要し，保守と革新のモメントを同時に探求する以上，左派が右派にアプローチする理由はないわけではなかった。それどころか，「**右でも左でもなく前へ進む**政党」（グルール）という声があったように，政治的に新しい地平を切り拓くには，まずは右派や左派のような典型的な二項対立を克服するのでなければならなかったのである。それだけに，この「前に進む」試みは環境政党そのものの試金石でもあったが，彼らのその後の歩みは，お世辞にも後進の模範たりうるとはいい難い。先述のとおり，この呉越同舟は激烈な路線対立と主導権争いを引き起こし，右派の離脱という事態を招来してしまった。その結果，彼らは皮肉にも，連邦政党のなかでもっとも左右の対立を意識せざるをえない存在となってしまったのである。

この成り行きは，「環境の政治」の目指す熟議民主主義を実現することの難しさを示唆している。なるほど，「人びと」は全党員を同権の参加者とし，党執行部を党員意思（党大会決議）の忠実な実行機関とする**底辺民主主義**を事実上の党是としていた。ところが，最初の綱領にこのことを明記できなかったように，党内には当初から，多様な見地を互いに尊重する民主主義的なベースをめぐる同意が形成されていたとはいい難い。右派と左派のあいだには旧態依然たる勢力争いこそあれ，互いの異質性を見据えた討議の作法はついぞ確立されなかったのである。結党じたいが常識を超えようとする試みだったにもかかわらず，党員の多くが民主主義の原則を確認する前に互いの政治的出自を攻撃しあうことによって，この試みはもっぱら常識を超えることの困難を示すばかりとなってしまったのだ。その結果，彼らのいう底辺民主主義は，既存秩序への反対に賛成する「**原理的反対主義**」（フィッシャー）に同意するかぎりでの多様性を確保するにとどまった。少数者としてアンチに徹することによって，彼らは表面上の融和よりもラディカルな問題提起を是とする民主主義を強調するに至ったのである。

もっとも，それはそれで無理からぬことでもあった。既得権益に縛られて環境問題を等閑視してきたドイツ社会に問題を認知させるには，まずは日常世界そのものを思い切り相対化する必要があった。硬直化した**議会制民主主義**を揺さぶって既存の政治文化にオルタナティヴ・モデルを対置するには，センセーショナルな議論と行動が戦略的にもっとも近道だったのである。とはいえ，問題を抉りだすと同時に曖昧化するおそれのあるこのショック療法が，望ましからざる結果をもたらすこともまた事実であろう。度が過ぎると独善的になっていたずらに対立を内外に煽り立ててしまい，肝心の問題解決がかえって等閑になってしまうのである。つまり，問題提起が問題解決を妨げるわけだが，逆に前者なくしては後者もない以上，ここには戦略上のジレンマがあるといえる。「守らんがために変革する」には劇的な問題提起はたしかに必要だが，問題解決のためには広範な合意を形成する工夫と努力がそれにもまして欠かせないのだ。このジレンマに対応して，熟議民主主義を実現させるための取組みは，「人びと」のみならず，環境政党や「環境の政治」の今後を占う重要な課題であるというべきであろう。

（3）運動のジレンマ

「人びと」の直面している困難はこれだけではない。議会政治へのコミットが本格化すると，彼ら自身が変革を迫られたのである。議会内会派としての活動は，彼らに社会を挑発するばかりでなく，問題解決の具体的プログラムを提示するよう迫った。そのため，政策立案能力向上と党中央の集権化が愁眉の急を要する課題として急浮上したのである。かかる**議会政党**への転換が，彼らにとって，にわかに決しがたいオルタナティヴ（二者択一）であったことは想像に難くあるまい。見えざる圧力に屈して専門家化し行政化すれば，議会内団体としての能力はたしかに向上するが，それでは既成政党のオルタナティヴ（代替物）の提供という年来の主張を裏切ることになり，党のアイデンティティを否定することになりかねない。とはいえ，逆に原理原則に固執して議会政党への脱皮を拒絶すれば，現実への無策は有権者の怒りを買うであろうし，これまでに切り拓いてきた現実政治への道をみずから閉ざすことになるであろう。制度的権力へのコミットメントによって，彼らは社会運動にありがちな理念と現実のジレンマに陥ってしまったのである。

実際，党役員の議員兼職禁止や党役員と議員のローテーション制など，底辺民主主義のための制度の存立が問われるに及んで，この「運動のジレンマ」（ラシュケ）は党の路線対立となって表面化した。得票率を追求せず，議院外活動によって既存政党の対極に立つべきとする原理派に，議院内活動をとおしてグリーン・プログラムを実現するべきとする現実派が対峙する事態となったのである。原理派が底辺民主主義を議会制民主主義のオルタナティヴとする一方，現実派は前者を後者の補完物にすぎないとするなど，両者の抗争は原理原則をめぐる対立にまで発展した。基本的立場がここまで違えば，彼らの体質からして共通了解など見出せようはずもなかったが，1980年代後半になると事態はさらにエスカレートし，党内セクトの利益を最優先する本末転倒の状態にまで陥ってしまったのである。1988年党大会での原理派執行部の再選失敗から，彼らは現実派路線に転じたものの，ドイツ再統一後，この対立は旧西ドイツの党員と旧東ドイツの党内とのあいだの相克を加えてくすぶり続けることになった。その結果，党内対立はより複雑な様相を呈するようになったのである。

1998年の政権参画は，その意味では，党機構を整理し困難を打開するチャンスだったが，残念ながらそのチャンスは有効に活かされたとはいい難い。「人びと」はここでたしかに制度内政党化したものの，党役員が分権志向の強い個々のセクションの調整役以上の権限を行使する体制を結局は構築できなかった。そのため，政策決定の心臓部を欠き，移民法改正や狂牛病対応のような「得意分野」でさえ，党論が一致せず優柔不断な態度を脱しえなかったのである。他方，政権参加は彼らに過重な妥協——NATO域外へのドイツ国防軍派遣（1999年）賛成やアメリカ主導のアフガン戦争（2001年）支持など——を強いることになり，原理派ばかりか現実派からも激しい反発を引き起こし，畢竟党内の路線対立を激化させた。のみならず，これらの妥協は権力を手にした彼らの変節と現実への屈服を印象づけ，現状の政治的枠組みの打破を願う多くの支持者の怒りを買うことになったのである。こうして既存政党化が進行し，逆に他党が彼らに劣らず環境政策に取り組むようになった結果，運動のジレンマは彼らの存在意義をあらためて問い質すようになっている。「右でも左でもなく前に進む政党」は今，そのあり方が根本的に問われているのである。

5　「環境の政治」の行方

（1）政治の論理とグローバル化と

環境問題に向かいあうということは，人間と自然の関係を問い直し，社会や政治のあるべき姿を深奥から再検討する作業を含んでいる。その意味では，今日の政治の文脈で，この問題ほど包括的な問題提起をなしうるファクターはほかにないといっても決して過言ではないであろう。各人のライフ・スタイルの問い直しというミクロの次元での取組みから，環境問題に対応するための社会規範や政治システムの構築というマクロの次元での取組みに至るまで，今なすべきことはきわめて多岐にわたっているのである。これに対して，「人びと」の事例が示していることは，政治の世界において環境について語ること，「環境の政治」の難しさであったといえよう。近代の自然観の変革から出発したこの取組みは，これまでの政治のあり方全般に変革を迫っているが，目下のところでは，環境問題が政治を変革するというより，むしろ政治が環境問題を自分のフィールドにひきずりこんで都合よく消費し処理しているかのような観すらある。実際，気候変動に対処する京都議定書（1997年）が現実政治において骨抜きにされてしまっているように，政治は環境問題をも権力のための道具にし，問題の核心を骨抜きにする狡猾ささえみせているのである。そうである以上，「環境の政治」のこれからを語るには，かかる事実を踏まえたうえで，実のある成果をあげるための方途を探求していくのでなければなるまい。政治から安易に手を引くのではなく，かといって，政治の深みに足をとられない道の究明が，愁眉の急を要する課題になっているのだ。

もっとも，もう少し具体的にいえば，それは「われわれの自然」の持続可能性を政治の次元でどう探究するべきかという問いに行きつく。この，終わりのない問いに応えるには，息の長いプログラムとそのための政治的工夫が求められるわけだが，IT 化され効率最優先の時間感覚が社会全体を覆い尽くしている今日の状況では，そのような企てを実現するのは決して容易なことではない。情報技術の加速度的な進歩に合致する経営感覚を是とし，短期間で利益を最大化するよう要求される昨今のエートスでは，長期的スパンを必要としつつも必ずしも成果が明確とはいえない問題に対応するということは，時流に反する行動原理をあえて打ち立てるということを意味しているのである。つまり，近視眼的な利益追求に抗しつつ，長期的な要求を満たす選択肢をその時々で考え抜く覚悟が求められているわけだが，では，その覚悟をどう形成するべきなのか。また，そこから長期的な問題解決のための方策をどう確保するべきなのか。これらの問いに応えるには，たとえば，エコロジーとエコノミーを一致させるなどの取組みが欠かせないが，こうした問題点の一つひとつを現実に即して検討する作業こそ，今後の課題であるといえよう。

（2）待ち受ける現実

その際，もうひとつ留意しておくべきことがある。環境問題の性質がここ半世紀で著しく変容しているのである。この問題の火付け役となったカーソンの『沈黙の春』（1962年）が上梓されたころ，環境問題とは，要は**公害**問題のことであった。カーソンの告発した残留農薬問題をはじめ，日本の四大公害（水俣病，新潟水俣病，四日市ぜんそく，イタイイタイ病）がそうであったように，公害は人間の生産活動によって排出された有害物質が引き起こした現象であり，問題の原因（物質）と結果（病理）の因果関係を特定することはそれほど難しくなかった。そして何より，必要な対策もはっきりしていた。ところが，原発事故に伴う放射能汚染，遺伝子組み換え食品の健康被害，温暖化効果ガスによる地球温暖化など，昨今のグローバルな環境問題なるものは，明らかにこの種の公害とは性質を異にしている。後者は前者とは比較にならないほど被害領域が大きく，原因と結果とが必ずしも一義的に説明しうるとはいい難い。実際，放射能や遺伝子組み換え食品の人体への影響については，諸説あって明確な因果関係を証明できない場合も多く，引き起こされるであろう「被害」も大半が仮説上のリスク計算の域を出ていない。環境問題は今やそれだけ複雑化し，的確で効果的な取り組みを打つことが困難になっているのである。

しかも，これらの問題が長期的に多大の被害をもたらすと推測されているにもかかわらず，その被害がみえないところで緩慢に進行する性質をしていることもまた，持続的な取組みの阻害要因になっている。こうしたステルス的性質は，社会全体が共有するべき問題意識を弛緩させ，問題への切迫感を霧消させてしまう。そればかりか，対策の必要性への懐疑を生じ，必要な取組みを短期的な利害関係の犠牲に供する事態へと発展させかねないのだ。2011年の東日本大震災以降，原発のリスクを否応なく自覚せざるをえなくなったわが国では，まさにこのような心配と向きあうよう迫られているといえようが（☞第8章・原発），それこそ持続的な対策が必要な問題であるというのでなければなるまい。環境問題を睨みながら持続可能性を探求し続けるには，仮説上の被害リスクをも問題化し，情報共有するための場を組織し維持するよう取り組まねばならない。そして，そのためには，つねに自分自身の意識のもち方を反省し，自身の行動を状況に応じて柔軟に変えていく行動規範を画定する必要があろう。すべてを成り行きに任せ自然の力に従って生きることは，自然治癒能力が十全に機能していた前近代においては有効だったのかもしれない。しかし，かかる治癒力による回復が望めない今日，そうしたやり方は逆に問題を深刻化させる道でしかない。そうした惰性に抗して問題に立ち向かおうとするのであれば，われわれはつねに「守らんがために変革する」意識と行動を示さねばならないのである。

コラム◆7　ミナマタの影・古くて新しい問題

1950年代から熊本県の水俣湾周辺地域で猫やカラスの不審死が発生するようになり，特異な神経症状を訴え死亡する人々が現れ始めた（最初の発症事例確認は1956年）。漁師部落を中心に広がったこの「奇病」は，やがて日本の公害史上の「原点」として記憶されることになる。水俣病である。新日本窒素肥料（現チッソ）水俣工場から排出されたメチル水銀が食物連鎖によって人体に摂取されたことが原因であったが，企業と行政の対応が鈍かったため被害は拡大，原因物資の公式認定までに実に12年（1968年），国および熊本県の法的責任が最高裁判決によって認められるまでになんと48年（2004年）もの月日を要した。しかも，救済と補償を求める訴訟は今なお係争中であり，この問題はいまだ法的に「解決」をみていない。

水俣病がたどった経過は，今なお，というより今だからこそ，現代のわれわれに多くのことを示唆している。問題の過小評価，社会の無理解と偏見，いわれなき風評被害，国と業界（企業・労働組合）の癒着，被害者数の極端な絞り込み，そして多くの御用学者の存在……今日の原発問題で問題視されているテーマの多くは，実はすでに水俣病という文脈の中で語られてきたことばかりなのである。その意味では，この国では，過去の環境問題の事例に学ぶことが，意外なほど多くの点で「今・ここ」の問題を考えることに直結しているといえる。行政の惰性的性格と事なかれ主義に抗して問題を提起しつづけるには，われわれはこの分野でもまた，過去から大いに学ぼうとするのでなければならないというべきであろう。

参考文献

レイチェル・カーソン（青樹簗一訳）『沈黙の春――生と死の妙薬』（新潮文庫，新潮社，1974年）
化学薬品の乱用が生態系破壊につながることを告発した環境問題のパイオニア的著作。農薬をはじめとする化学物質が当時以上に氾濫している今日の状況を考えれば，その記述は半世紀以上前のものとはいえきわめて示唆に富んでいる。

マレイ・ブクチン（藤堂麻理子・萩原なつ子・戸田清訳）『エコロジーと社会』（白水社，1996年）
ディープ・エコロジー的な環境運動を無責任と退け，ソーシャル・エコロジーのもとで現実的な社会構造変革を提唱している著作。自然と人間の関係を社会的観点から把握している点で参照するべき点が多い。

ヨアヒム・ラートカウ（海老根剛・森田直子訳）『自然と権力――環境の世界史』（みす

ず書房，2012年）

自然環境と人間との関係をめぐる歴史的叙述。環境問題が人類の文明に並走する問題であることを指摘しつつ，多彩な資料を駆使して環境問題と政治との関係性を指摘している。この問題と権力についての言及も多い。

デレク・ウォール（白井和宏訳）『緑の政治ガイドブック――公正で持続可能な社会をつくる』（ちくま新書，筑摩書房，2012年）

グリーン・レフトの立場から「緑の政治」や環境政党の役割についてコンパクトにまとめた著作。グローバル資本主義の問題性を整理し，緑の政治の必要性を確認する入門書として有用。

石牟礼道子『苦海浄土』（『池澤夏樹＝個人編集　世界文学全集』第3集，河出書房新社，2011年）

水俣病を文明の病と捉え，患者の苦しみや訴えを赤裸々に描き出したドキュメント。公害によって何重にも苦痛を加えられた人々の「声なき声」の記述は，今なお現在のわれわれのあり方を根本的に問い直す凄みをもっている。

第8章　原　発

リスク社会のデモクラシーを問う

1　原発問題とは何か

2011年3月11日に発生した**東京電力福島第一原子力発電所事故**（**福島原発事故**）は，国内外で原発の是非やエネルギーのあり方を問い直すほどの大きな衝撃を与えた。国内では，脱原発への支持が過半数を超え，事故前とは世論が一変した。ドイツやスイス，イタリアでは，原発への批判が強まり，全原発の廃止や建設計画の中止を決めた。

安倍晋三政権は，2014年4月に「**エネルギー基本計画**」の改訂において，原発を電力安定供給で基礎的な役割を果たす「重要なベースロード電源」と位置づけ，原発再稼働を明言した。2013年7月の「**新規制基準**」を世界最高レベルの安全規制と位置づけて，これをクリアすれば「世界最高水準の安全性」を達成できるとしている。原発依存度を「可能な限り低減させる」と書かれているが，民主党政権の「革新的エネルギー・環境戦略」（2012年9月）で，「2030年代に原発稼働ゼロを可能とするよう，あらゆる政策資源を投入する」という「原発ゼロ」方針は跡形もなく消し去られた。そして，2015年7月に「**長期エネルギー需給見通し**」の改訂において，2030年の原発による発電量は総発電量の20〜22％を占めるとされた（2010年度実績は24.9％）。この原発による発電量は，原発稼働60年（20年延長），新規稼働とリプレイスを前提としており，福島原発事故前の原発推進と同じである。

原発は，放射能汚染による巨大なリスクを抱える技術システムである。**原発のリスク**は，①運転時の事故（安全な避難と日常生活の破壊），②放射性廃棄物の処理（十万年の安全，福島原発事故の処理，核燃料サイクル），③ウラン採掘（公害輸出）の3つに大別される。原発事故は，スリーマイル島原発事故（1979年）やチェルノブイリ原発事故（1986年），福島原発事故のように，広大な地域に長期間深刻な放射能汚染を引き起こしてきた。そのため，原発は事故や不祥事が起きるたびに社会での信頼が低下してきた。科学・技術の進歩は豊かで利便な社会をつくってきたが，原発に代表される巨大技術システムは今や人類が制御できない生産力（生産能力）となった。全国の自治体では，脱原発（＝原発ゼロ）を目指す条例や自治体のエネルギー計画が次々と策定されている。このまま不完全な技術システムを使い続けるのか，あるいは放棄・撤退するのかを国民的論議で判断していく必要がある。

また，**気候変動問題（地球温暖化問題）**もエネルギーの重大なリスク問題である（☞第7章・環境）。地球温暖化問題は，欧州では甚大な被害をもたらす現在進行中の環境問題と認識されている。欧州連合（EU）は，2014年1月に，2030年の温室効果ガス排出を1990年比で40％削減し，総エネルギー消費量に占める再生可能エネルギーの割合を27％に引き上げる目標を提示している。EUの温暖化対策には原発推進は含まれない。

さらに，石油などの化石燃料の高騰やエネルギー資源の有限性の問題がある。2000年代に国際市場での石油価格が高騰し，エネルギー資源を他国に依存している国はエネルギー安全保障の脆弱性に直面している。日本のエネルギー資源輸入額は毎年約20～30兆円である。エネルギー価格の高騰は，エネルギー輸入に依存していれば，国民生活や経済活動に大きな打撃を与えかねない。これらの課題を同時に解消するためには，エネルギー消費を大きく減らし，再生可能エネルギーへ転換していくエネルギー戦略しか選択肢はない。ドイツなどのEU諸国は，まさにこの代替策に取り組んでいるところである。

本章では，日本で原発がどのように推進されてきたのか，福島原発事故によってエネルギー政策がどのように変わろうとしているのか，**地方自治**という観点から今後のエネルギー政策のあり方を検討したい（☞第9章・地方自治）。

2　なぜ原発推進のエネルギー政策が行われてきたのか

（1）原発推進の理由

政府や電力会社は，エネルギー政策について，安全性（Safety）を前提として，エネルギーの安定供給（Energy Security），最小の経済負担（Economic Efficiency），環境負荷の抑制（Environment）という「3E＋S」を実現することが重要としている。そして，「3E」を同時に達成できるエネルギー供給方法は原発以外にないとする。原発推進の根拠とされた「3E」は，これまでも国のエネルギー政策である「長期エネルギー需給見通し」や「エネルギー基本計画」で繰り返し述べられてきた。また，日本の原発は，安全対策が万全であり事故の発生確率が極めて低く，原発事故が発生しても多重防護システムによって安全性が確保されているという「**原発安全神話**」が前提とされてきた。

しかし，福島原発事故の発生によって，原発安全神話が崩れ去った。さらに原発のメリットとされた3Eはむしろデメリットとみることもできる。すなわち，①不安定なエネルギー供給（設備利用率の低下と原発稼働ゼロ），②事故費用や放射性廃棄物の処理費用などが莫大であり発電コストが高い，③甚大な放射能汚染で環境破壊を引き起こすという問題が顕在化した。実は福島原発事故以前より，①エネルギー安全保障，②原発の経済性，③環境影響，④安全性，⑤放射性廃棄物の処理については専門家の間でも見解が分かれてきた（**資料1**）。

これまでのエネルギー政策の大きな問題は，原発のメリットばかりを強調してデメリットへの合理的な回答や解決方法を明示しないままに原発推進が行われてきたことである。政策決定プロセスの問題についてはあとで検討するが，原発推進の理由や背景として主に次の3つが挙げられる。

第1に，1970年代のオイルショックを契機に脱石油化がエネルギー政策の重要な課題となったが，石炭と天然ガスの供給拡大とともに，新たな電源として原発依存を高めることで，エネルギーリスクの分散が図られた。日本のエネルギー供給は，石油，石炭・天然ガス，原発で賄う「**エネルギーのベストミックス**」によって，エネルギー安全保障の安定化を目指した。国内のエネルギー用

資料1　原発の論点比較

論　点	メリット（原発推進派の主張）	デメリット（脱原発派の主張）
エネルギー供給	・石油，石炭・天然ガス，原子力という「ベストミックス」でエネルギーリスクを分散して安定供給 ・ウラン資源は政情安定国から輸入でき，エネルギー安全保障に適う	・福島原発事故以前より，東京電力などの事故隠蔽や事故発生で原発停止が相次ぎ，設備利用率が低く，エネルギー源として不安定 ・ウランは枯渇性資源であり，いつかは撤退せざるをえない電源
原発の経済性	・他の電源に比べて発電コストが安価 ・原発が停止すると，企業の国際競争力が弱まる	・福島原発事故の補償や除染費用などが甚大 ・放射性廃棄物処理費用や核燃料サイクル開発費用が莫大
環境影響	・発電時にCO_2排出がない	・事故時の放射能汚染は甚大で長期間継続
安全性	・徹底した安全対策を実施 ・多重防護システムで放射能汚染を防止 ・避難計画通りに安全に避難可能	・完璧な安全対策はなく，事故リスクが大きい ・事故は技術の欠陥だけでなく人的ミスなどでも起こるため，防止できない ・避難計画通りの安全な避難は机上の空論
放射性廃棄物の処理	・核燃料サイクルでプルトニウムを有効利用でき，放射性廃棄物を減量化	・十万年以上も安全管理ができない ・処理技術や核燃料サイクルの実用化の見込みがたたず，最終処分地も未定

（出所）筆者作成

資料2　原発の発電量と一次エネルギー供給のシェア

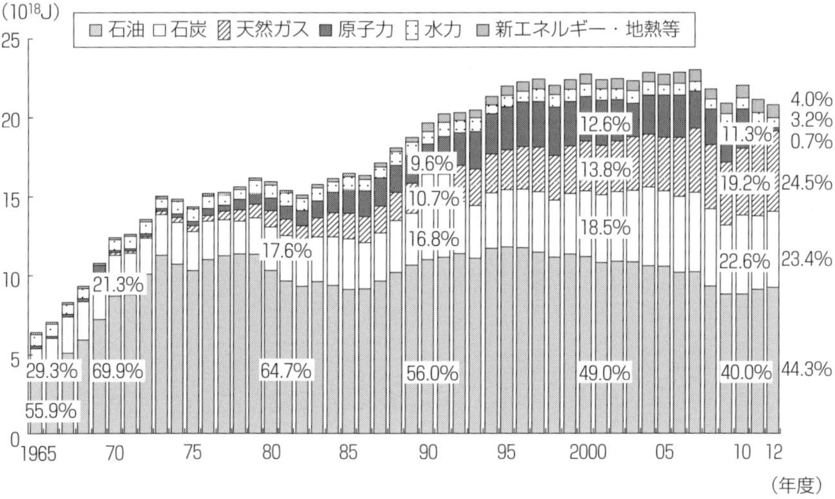

（注）資源エネルギー庁「総合エネルギー統計」では，1990年度以降の数値について算出方法が変更されている。

（出所）資源エネルギー庁「エネルギー白書2014」（2014年）

途は，全体の50％が熱利用，電力と輸送燃料が25％ずつである。原発の発電量は，石油や石炭などを含む一次エネルギー供給全体の最大でも１割強を占めたにすぎない（**資料２**）。福島原発事故以降，すべての原発停止が続いても，国内でエネルギー不足が起きないのは，節電対策による電力需要量の減少と他の電源へのシフトで原発の発電量を補填できているからである。

第２に，**原発利益共同体**の巨大な利権構造である。原発１基当たりの建設費用は4000億円を超え，その経済波及効果は大きいといわれる。国の電源開発計画に位置づけられると，「二度と止まらない」公共土木事業と同じで必ず着工・稼働されてきた。受注企業にとれば，国の保証を受けた100％安全な事業であり，事故対策といえば単価を引き上げて莫大な利益を得ることができる。原発関連産業は，原子炉のプラントメーカー，土木建築，鉄鋼や化学製品などのメーカー，銀行や保険会社などの金融機関，輸送関連企業など裾野が広い。そこに原発立地の都道府県や市町村，選出の国家議員や自治体議員の政治家，地方の有力者という限られた人が原発の恩恵を受け取る構図となってきた。こうした利権構造が反対意見を押しのけて原発を推進してきたのは間違いないだろう。

第３に，アメリカとのかかわりである。1954年にアイゼンハワー・アメリカ大統領は，国連演説で原子力開発を「平和利用」と宣言したが，原爆などの核兵器とエネルギー発生の原理は同一であり，軍事利用にも転用できる。核エネルギーは，第二次世界大戦中に原子力潜水艦の動力源として原発技術が開発され，副産物のプルトニウムを敵地で放射能汚染を引き起こす兵器として開発が進められた経緯がある。日本は，1960年の日米安全保障条約（☞第５章・憲法改正）の締結でアメリカの安全保障の傘下となったが，原発燃料のウランと副産物のプルトニウムはアメリカの厳しい管理を受けている。核拡散防止のためにも，原発稼働で増え続けるプルトニウムを減らすことが求められており，日本は核燃料サイクル開発とプルサーマル計画を進めている。また，アメリカはスリーマイル島原発事故を契機に原子力メーカーをリストラしており，その穴を埋めるためにも日本メーカーが不可欠のパートナーとなったのである。

（2）密室の審議会政治

「長期エネルギー需給見通し」は，日本の最重要なエネルギー政策であるにもかかわらず，国会での審議もなく，経済産業省（旧通商産業省）の審議会や委員会で決定された方針や計画がそのまま国策となる。このため，審議会や委員会の選出委員は審議内容に大きな影響を与えることになる。委員は，学識経験者，産業界，関係自治体，政府関係者などから構成されるが，原発に何らかの恩恵を受ける立場の代表者が集められており，原発に反対の立場を示す者は排除されてきた。このような原発利権者で構成される産官学の社会的集団は「**原子力ムラ**」と飯田哲也（エネルギー学者）らから批判されている。

本来，エネルギー政策は，社会情勢やさまざまな制約を踏まえてエネルギーの需要と供給を予測しながら，発電所の設置・廃止や施策を決定・実施する。しかし，日本のエネルギー計画は人口減少が始まり，右肩上がりの経済成長が終焉した現在も，エネルギーや電力需要予測が増えることになっている。これは原発利益共同体のビジネスを生み出すために，過剰なエネルギー・電力需要が見込まれるように策定されているからである。このように，日本のエネルギー政策は利益享受者で決定されており，不透明性，恣意性，癒着という密室の**審議会政治**で策定されてきた。

原発推進のエネルギー計画は，未解決の技術問題を抱えたまま原発を稼働させて問題を先送りしてきた。また，リスク説明が不完全でデモクラシー的な合意形成がされていない。原発立地自治体は，利益誘導が強いために原発撤退を

キーワード 15　審議会政治

審議会は重要な政策の策定を目的とし，日本の政治決定で大きな役割を担う。事務局は国や自治体の官僚機構が担うが，事務局の意向に沿った委員が人選され，結論ありきの議事が進められる場合が多い。その結果，賛否が分かれる内容でも充分な検証が行われずに事務局原案で承認されてしまい，民意が反映されていないと批判されている。また，肝心の具体策は玉虫色で先送りされ，問題点が棚上げされて解消されない。審議会政治は，客観的な事実に基づいて議論と社会的合意を積み重ねる熟議デモクラシーとは対極の政治決定方式といえる。

選択することが不可能に近い。そして，事故責任の所在が欠落しているために，巨大事故への責任が誰一人問われることがない。

（3）利益誘導システム

原発は典型的な **NIMBY** と呼ばれる**迷惑施設**である。政府が原発の必要性を訴えても，金銭的な見返りがなければ誘致を認める自治体はないだろう。そこで，政府と電力会社は迷惑料として莫大な金額を支払ってきた。政府は，**電源立地交付金**によるメリットを電源地域地元に還元して，発電所の建設が促進されるよう，1974年から電源地域に対して**電源三法**（「電源開発促進税法」，「特別会計に関する法律〔旧電源開発促進対策特別会計法〕」，「発電用施設周辺地域整備法」）を制定して原発マネーの税財政システムを作り上げた。電源三法の交付金は，道路や港湾，公共用施設などのハコモノ建設に使途が限定されていたが，施設の維持費用が莫大となって財政悪化を招くことになった。そこで，2003 年に交付金の使途は地場産業振興，福祉サービス提供事業，人材育成などのソフト事業にも認められ，立地自治体の欠かせない財源となった。これらの原発推進の財源の一部は，**電源開発促進税**として電気料金からも徴収される。現在，再生可能エネルギーの普及の財源として固定価格買取制度が批判されているが，その費用とは桁違いに大きい電気料金の**総括原価方式**が原発推進の一翼を担っている。

利益誘導システムとは，住民や地域社会から強い反対が出る施設を多額のカネで買収する方法である。これは極めて異端なやり方であり，欧米諸国ではほとんどみることがない。ドイツでは，2011年にすべての原発が2022年までに廃止されることが決定された際に，立地自治体からは大きな反発がなかったという。それは，日本のような電源三法の交付金制度がないためであり，廃炉決定後に風力発電や太陽光発電の工場を誘致した自治体もある。

原発のリスクと引き替えに立地自治体に巨額の交付金を与える「**犠牲のシステム**」は，地域社会の正常な判断を阻害させるものであり，直ちに解消される必要がある。このような利権構造が崩れない理由として，マスメディアの責任も大きい。新聞やテレビは広告料を大きな収入源としており，電力会社や原発受注企業が大手スポンサーとなっている。さまざまな事故や事件が起こると，表面上の報道はしても，問題の本質を明らかにする分析や批判はあまりにも少ない。逆に，原発事故の被害者や不利益者を逆批判につなげる報道もたびたび起こっており，マスメディアと一体となった言論統制・誘導は大きな問題である。

3　福島原発事故以降のエネルギー政策のあり方

(1) 福島原発事故で露呈した諸問題

2011年12月，野田首相（当時）は，福島第一原発の1～3号機が冷温停止（100℃以内）状態にあり，放射性物質の新たな放出を大幅に抑制しており，安定状態を達成したとして，原発事故の収束を宣言した。そして，東京電力は，使用済燃料の取り出しや事故を起こした1～4号機の廃炉措置などを40年間で完了するロードマップ（工程表）を発表した。しかし，この**事故収束宣言**は原発の安全を確保するものではなく，廃炉措置についても事故原因のメカニズムや炉の状態が不明確であり，計画通りに達成できないという批判が出された。何よりも，福島県の自治体首長や被災者の多くは，この宣言について「何をもって収束と呼ぶのか」，「事故は現在進行中で継続している」と怒りを表していた。

被災者にとって，福島原発事故は今も収束していない。その理由として，第1に，安倍首相は2013年に東京オリンピック招致のプレゼンにおいて「福島原発事故を完全にコントロールしている」と発言したが，現実には放射能汚染を全く制御できていない。政府は，放射能で汚染された広大な住宅地や農地などの「除染」作業に取り組んでいるが，複雑で手間のかかる作業内容や莫大な費用負担，汚染土の保管場所の選定の遅れなどにより，作業が遅々として進んでいない。また，2012年7月の参議院選挙の直後に，東京電力は福島第一原発より高濃度の放射能汚染水が海洋流出していると発表した。東京電力は高濃度汚染水から放射性物質を除去する多核種除去設備（ALPS）の改良や，凍土遮水壁設置などの対策に取り組んだが，今も大量の汚染水の漏出を防げていない。

第2に，原発災害の被害者や被害事業者に対する補償や再建支援が極めて不十分な状態である。原発事故による避難者数は12万人であり（2015年3月現在），失業や一家離散，健康状態の悪化など実害を受けた人が多い。被災者は，生活関連の新たな費用負担や医療費などが発生しても全額補償されるわけではなく，被害者の泣き寝入りというケースが少なくない。また，東京電力は加害者であるにもかかわらず，賠償ルールが曖昧であるために基準を厳格に適用して補償を打ち切るケースが相次いでいる。政府は，原子力損害賠償支援機構を通じて東京電力への資金支援枠を9兆円に拡大したが，いったん経営破綻させて株主や債権者に経営責任を負わせるべきだという批判がある。復興庁や自治体は，避難者の生活再建や事業活動の支援に取り組んでいるが，高齢の被災者が多く，新たな住宅整備や新規事業支援が進んでいない。地震や津波などの災害と異なり，原発災害は立ち入り制限が長期間続くために復興計画や事業を展開できない。

第3に，甲状腺ガン発症などの長期的な健康への影響が懸念されている。**低線量被爆**の健康への影響や因果関係は十分に解明されていない。福島県は「県民健康管理調査」によって住民の健康調査を行っているが，この調査は検査データの改ざんや隠蔽が行われ，健康被害をできるだけ小さく見せているという日野行介（毎日新聞社会部記者）の指摘がある。被爆による健康影響は始まったばかりであり，詳細な調査を数十年間継続していく必要があるとともに，ガンなどの発症に対しては適切な治療方法の確立と患者への支援制度の拡充が求められる。

加害者の東京電力や政府・自治体は，これらの福島原発事故に対して責任を果たしているといえるのだろうか。放射能汚染は継続し，被災者への**被害補償**や救済は不十分なままである。一般に事故や不祥事を起こした場合，経営者や行政責任者は何らかの刑罰や処分が下されるが，福島原発事故では東京電力や経済産業省の誰一人として民事および刑事責任が問われていない。このような**無責任体制**がまかり通るようであれば，原発を稼働して事故が繰り返されても原発問題はいつまでも終わらない。

（2）誰がリスク判断するのか

エネルギーのあり方は，安全，環境，地域社会，経済，エネルギー需給など多角的な観点から検討されなければならない。原発を稼働する場合，少なくとも次のリスクを乗り越える必要があるだろう。それは，原発の安全性の確保，立地地域住民の実効性のある避難計画の策定，放射性廃棄物の処理問題の決着である。これらの課題を検討し，解決策を提案するためには高度の専門性が必要とされるが，原子力工学やエンジニアなどの専門家だけで複雑で複合的なリスクを適正に評価できるわけではない。

この問題を複雑にするのは，犠牲を被る自治体も原発利益享受者となるからである。再稼働を画策している原発立地の知事や首長は，「原発の安全性は国の責任で判断し，確保されるべき」という「**国任せ**」の立場を表明し，自治体として独自判断しないという責任逃れに終始している。国策であっても，**地方自治**の観点から自治体が異論や反対を判断することは可能である。福島県知事を務めた佐藤栄佐久氏は，2003年の東京電力のトラブル隠しに不信を感じて県独自の専門部署を設置し，検討を重ねた結果，原発の運転継続に疑問の声をあげた。新潟県の泉田裕彦知事も，柏崎刈羽原発の再稼働について福島原発事故の検証なしには再稼働の議論はしないと安全審査に反対の立場を表明している。2012年の知事選挙では，泉田知事の原発問題への対応が県民に支持されて再選している。

物理学者スティーヴン・ワインバーグは，原発事故や放射線障害などの問題について「科学に問うことはできるが，科学だけでは答えることができない問題群」を**トランス・サイエンス**（科学を超えた問題）の領域と呼んだ。原発・エ

キーワード 16

トランス・サイエンス

トランス・サイエンス問題は，科学・技術に関わる政策判断で「科学だけでは答えが出ない」とされ，有害化学物質や原発事故のリスクが典型例である。これらは，複雑性に絡む不確実な科学知しか得られず，反倫理性（＝犠牲のシステム）を内包する問題であり，科学の限界に直面する。そのため，科学とは別の論理として，予防原則や被害者の意見尊重などによる公共倫理の構築が必要となる。技術は，リスクや有用性などの社会的価値判断で選択されるものであり，科学・技術への社会的意志決定で市民参加と専門家の役割が一層重要となっている。

資料3　原発の世論調査

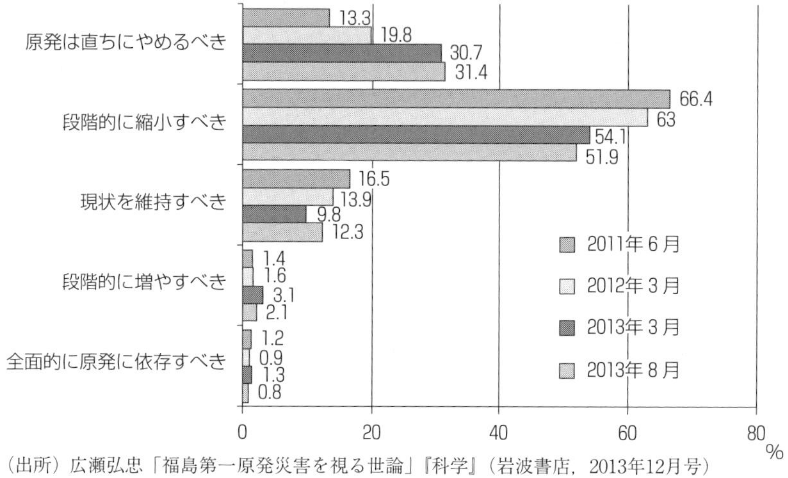

（出所）広瀬弘忠「福島第一原発災害を視る世論」『科学』（岩波書店，2013年12月号）

ネルギー政策は巨大なリスクを与えるため，策定プロセスにおいて，批判・反対者も審議・検討の場に加え，あらゆる情報を作成・公開して客観的で公平・公正な議論を行う**熟議デモクラシー**の実践が不可欠である（☞第1章・デモクラシー）。原発問題というトランス・サイエンス問題を決着するためには，政府は原発のメリットやデメリット，代替策の可能性などに関する客観的なデータや情報を包み隠さずに示して，国民や住民に十分に思考して議論する時間や機会を与えて，最終判断を委ねることが求められる。

（3）脱原発の高まり

2011～13年に実施された原発への意識調査によると，脱原発支持は8割を占めている（**資料3**）。しかも，2013年8月の調査では，「直ちにやめるべき」が30%を超え，「段階的に縮小すべき」を合わせると脱原発が83%を占めており，国策と民意の間に大きな乖離が生じている。

原発立地自治体でも，脱原発支持の方が原発稼働支持よりも多い。静岡県牧之原市は，自治体の住民アンケートのなかで，浜岡原発の稼働の是非を聞いたところ，2011～2013年ともに稼働反対が50%を超え，稼働賛成の20%を大きく上回っている。島根県松江市では，筆者らが実施した2012年6月の意識調査によると，島根原発の稼働について半数以上が稼働反対と答えている。これまで原発立地地域は，多額の原発交付金や固定資産税などで財政が潤うことから原発反対が少ないと考えられていたが，福島原発事故以降は原発のリスクやデメリットを重視する人が増加している。それゆえに，原発立地自治体では原発を争点としないように選挙運動が取り組まれる傾向がある。

それでは，原発を直ちに廃止することはできるのか，原発は必要悪でしばらくは使わざるをえないという意見が出てくるだろう。この点については次節で検討しよう。

4　エネルギー政策と地方自治

(1) 原発立地と地方自治の矛盾

政府は，原発再稼働に向けて立地の都道府県と30キロ圏内の市町村に対して，原子力災害に備える**地域防災計画**と**避難計画**を策定させた。しかし，30キロ圏の全住民を避難させるための時間は，十数時間から6日以上かかると試算した上岡直見（環境経済研究所代表）の研究があり，その間に被爆することから安全な避難計画とは到底いえない。しかも，幹線道路や橋などが機能することを前提に試算されており，避難計画は机上の空論であると批判されている。

鹿児島県知事は，2014年11月に九州電力川内原発の再稼働に同意したが，**原子力規制委員会**が再稼働の**安全審査**を新規制基準に適合と判断してから2か月弱の短期間でスピード決着させた。川内原発の安全対策や避難計画は，住民説明会などで多くの問題点や不備が指摘され，再稼働反対や廃炉を求めた意見書が提出されてもすべて無視された。万一，事故が発生すれば甚大な被害をもたらすにもかかわらず，経済産業大臣が「国が責任をもつ」と表明したことを受けて，知事は原発再稼働という結論ありきで民意も介在せずに判断したと批判されている。

原発は地域社会を発展させると宣伝されてきたが，原発稼働後の人口は減少している自治体の方が多い（**資料4**）。2010年の大熊町，富岡町，東海村，敦賀

資料4　原発立地自治体の人口推移

事業者	原発名	所在地		人口（人）			人口変化率（%）	
		道県	市町村	1975年	2000年	2010年	2010/2000年	2010/1975年
北海道電力	泊	北海道	泊村	3.031	2.040	1.883	−7.7%	−37.9%
東北電力・東京電力	東通	青森	東通村	10.174	7.975	7.252	−9.1%	−28.7%
東北電力	女川	宮城	女川町	16.945	11.814	10.051	−14.9%	−40.7%
			旧 石巻市	80.833	119.818	112.683	−6.0%	39.4%
東京電力	福島第一	福島	双葉町	7.602	7.647	6.932	−9.4%	−8.8%
			大熊町	8.190	10.803	11.515	6.6%	40.6%
	福島第二		富岡町	12.770	16.173	16.001	−1.1%	25.3%
			楢葉町	7.884	8.380	7.700	−8.1%	−2.3%
	柏崎刈羽	新潟	旧 柏崎市	31.915	88.418	83.587	−5.5%	161.9%
			刈羽村	5.139	5.028	4.800	−4.5%	−6.6%
日本原子力発電	東海第二	茨城	東海村	25.151	34.333	37.438	9.0%	48.9%
	敦賀	福井	敦賀市	60.205	68.145	67.760	−0.6%	12.5%
中部電力	浜岡	静岡	旧 浜岡町	18.621	24.490	23.954	−2.2%	28.6%
関西電力	高浜	福井	高浜町	11.577	12.119	11.062	−8.7%	−4.4%
	大飯		旧 大飯町	6.055	7.032	6.046	−14.0%	−0.1%
	美浜		美浜町	13.092	11.630	10.563	−9.2%	−19.3%
北陸電力	志賀	石川	旧 志賀町	17.407	15.681	14.153	−9.7%	−18.7%
中国電力	島根	島根	旧 鹿島町	9.184	8.414	7.761	−7.8%	−15.5%
四国電力	伊方	愛媛	旧 伊方町	8.965	6.569	5.553	−15.5%	−38.1%
九州電力	玄海	佐賀	玄海町	7.427	6.986	6.379	−8.7%	−14.1%
	川内	鹿児島	旧 川内市	61.788	73.236	71.917	−1.8%	16.4%

（注）旧石巻市，旧柏崎市，旧浜岡町，旧大飯町，旧志賀町，旧鹿島町，旧伊方町，旧川内市は平成の合併前の人口を示している。

（出所）総務省統計局「国勢調査」（1975年・2000年・2010年版）より作成

市，旧浜岡町，旧川内市の人口は，1975年比では増加しているが，2000年比では大熊町と東海村以外すべてが減少している。旧石巻市と旧柏崎市の人口増加は，仙台市と新潟市とのベッドタウン化の影響が大きい。日本創成会議のレポートによると，2040年の人口予測では，原発立地17自治体のうち12が「消滅」するという。

原発は高度な技術が必要であり，部品はよそで製造されて現地で組み立てるだけである。建設や検査時に土木関連の仕事が生まれ，その労働者の受け入れで賃貸アパートや旅館，飲食業，タクシーの売上げは伸びるが，立地地域に先進技術をもつ工場や企業が新規進出しないため，原発関連事業の地域への経済波及効果が乏しい。むしろ，農業や漁業などの地場産業が衰退するため，労働人口が流出して過疎・高齢化が進む悪循環に陥っている。

（2）地方からの脱原発

原発建設計画が撤回または未着工の地点は全国で50か所ある。さらに再処理工場の立地拒否が14か所，放射性廃棄物持ち込み拒否条例制定の自治体が16か所あり，合計で80か所が原発関連施設を立地できていない。現在の原発立地が19地点であることを鑑みると，立地拒否の方が圧倒的に多い。原発拒否の住民運動は，土地共有，漁業補償，**住民投票**（☞第９章・地方自治），首長選挙に大別される。

地方選挙では，福島県南相馬市などで脱原発派の首長が相次いで当選している。地方議会では，脱原発の意見書を455議会が採択している（全国自治体の４分の１が採択）。

脱原発に向けた住民による**直接請求運動**も生まれている。2012年に東京都，大阪市，新潟県，静岡県で住民団体が脱原発を求める住民投票を請求した（いずれも議会否決）。2013年に島根県で，エネルギー自立地域推進基本条例の制定を求めた直接請求（地方自治法74条に基づく）が行われ，有権者の８万３千人が請求に同意署名した。県有権者の14％が賛同したが，県議会は条例案の内容を実質的に審議することもなく，賛成少数で否決した。

原発の稼働差し止めを求める裁判が全国で提起されてきたが，ほとんどが原告敗訴の判決であった。そうしたなか，2014年５月に住民が関西電力大飯原発の稼働差し止めを求めた裁判において，福井地裁は人格権を根拠として差し止めを認める判決を下した。また，函館市は対岸の大間原発の稼働差し止めを求める裁判を提起した。同市は30キロ圏内に位置するにもかかわらず，原発計画に一切口を挟むことができず，安全性を保障できないために自治体が原発訴訟を提起する異例の事態となった。

福島原発事故以降，いくつもの自治体が脱原発と温暖化対策を追求する**エネルギー計画**を策定している。例として，「福島県再生可能エネルギー推進ビジョン（改訂版）」，「山形県エネルギー戦略」，「長野県環境エネルギー戦略」などがある。また，「神奈川県再生可能エネルギーの導入などの促進に関する条例」や「飯田市再生可能エネルギーの導入による持続可能な地域づくりに関する条例」などの**条例**も制定されている。国の方針とは異なる自治体独自の環境・エネルギー政策が増えている。

（３）エネルギー自立地域づくり

ドイツやスイス，オーストリアなどでは，エネルギー自立地域づくりが進められている。**エネルギー自立**とは，省エネでエネルギー需要を大きく減らし，再生可能エネルギーで100％エネルギーを供給することと，この省エネと再生可能エネルギー普及の取組みが事業と雇用を創出することで，地域経済を活性化させることの２つの意味がある。エネルギー自立の諸効果として，①産業や雇用創出，②地域レベルでの経済発展，③一次産業の維持・発展，④過疎化・高齢化対策，⑤農山村の多面的公益機能の維持，⑥エネルギー安全保障の強化などがあげられる。これらは現行のエネルギーシステムでは十分に得られない効果である。エネルギー自立は地域社会の経済主権の確立につながる重要な取組みともいえる。このような地域づくりは，北海道下川町や長野県飯田市などで取り組まれている。

「エネルギー自立」は，域外資本が建てる大型風力発電やメガソーラー，バイオマス発電を誘致することを目的とはしない。これらの再生可能エネルギー事業は，地域社会にほとんど利益を還元しない「**外来型開発**」と同じである。

そうではなく，住民・地域事業者主体の**市民・地域共同発電所**や地域密着の省エネ事業を数多くつくり出して地域社会に経済波及させる「**内発的発展**」を目指さなければならない。気候ネットワークの調査報告によると，2014年9月現在，全国に500を超える市民・地域共同発電所が設置されている。建物・住宅の屋根や休耕地などに太陽光パネルを設置し，その初期費用は主に地域住民・事業者による共同出資や寄付でまかなっているケースが多い。売電で得られる収益は，出資者に直接還元し，地域社会のための事業の運営資金に使うこともある。資金管理は信用金庫や地銀などの地域金融が担うことで，地域内で資金が循環して経済効果を幾重にも波及させることができる。市民，NPO，自治体，地域企業，各種協同組合などの地域主体は，これからの再生可能エネルギーの普及のカギを握っている。

そのためには，市町村単位の詳細な再生可能エネルギーや省エネのポテンシャル調査と経済分析を行い，戦略的な事業計画の策定と遂行が不可欠である。自治体は，市民・地域共同発電所の設置などエネルギー自立の意義を踏まえてエネルギー政策を実施すべきであり，それが地方自治の姿である。

コラム◆8　リスク社会

「リスク社会」とは，ドイツの社会学者のウルリッヒ・ベックが『危険社会』(1986年) において提起した概念である。技術進歩による工業化は富の生産を飛躍的に拡大させたが，現代社会は，原発事故やダイオキシンなどの致命的な環境破壊をもたらすリスクに対して真摯に反省する「再帰的・反省的近代 (第二の近代)」にいると警鐘を鳴らした。リスクは科学・技術の進歩や経済成長などによって生産され，リスクの生産と分配が重大な社会的論争となる。リスクは，あらゆる人権を侵害する可能性があるため，個人の価値観や倫理などとも深い関わりをもち，科学的合理性と社会的合理性が対立するトランス・サイエンス問題となる。

リスクのない技術はないと言われる。当該技術の採否や使い方は経済性や安全性などの条件に優先順位をつけて決められるため，価値の問題となる。リスク論は，様々なリスクを発生確率で比較して政策適用するため，事業中止という選択肢が含まれる予防原則を軽視してきたと批判される。福島原発事故直後に，ドイツは「安全なエネルギー供給に関する倫理委員会」の報告を受けて脱原発を決定した。委員は原発の専門家が含まれず，哲学・政治学・社会学・経済学者，宗教関係者，政治家，実業家などで構成された。原発というトランス・サイエンス問題は倫理や哲学という学問横断的な普遍性で判断されたのであり，リスク社会への対峙のあり方として評価されよう。

参考文献

大島堅一『原発のコスト――エネルギー転換への視点』(岩波新書，岩波書店，2011年)

「原発は安い」といわれてきたが，原発は社会的費用や放射性廃棄物の処分費用など不確実で莫大なコストが必要であり，「原発は高い」ことを経済学的に明らかにしている。

上岡直見『原発避難計画の検証――このままでは，住民の安全は保障できない』(合同出版，2014年)

交通工学的な観点から全原発の避難計画を検証した結果，原発30キロ圏内の全住民が被爆せずに安全で速やかに避難することは現実的に不可能であることが検証されている。

高橋哲哉『犠牲のシステム 福島・沖縄』(集英社新書，集英社，2012年)

原発や軍事基地は迷惑施設の代表格であり，経済成長や安全保障という共同体全体の利益のために一部の地域が「犠牲」を強いられる社会的矛盾を哲学の観点から指摘している。

滝川薫編著『100％再生可能へ！　欧州のエネルギー自立地域』(学芸出版社，2012年)

欧州で脱原発が進むのは，省エネと再エネ普及によるエネルギー自立を地域戦略として取り組む社会運動が活発だからである。現地在住者が各国の先進例を詳細に紹介している。

本田宏・堀江孝司編著『脱原発の比較政治学』(法政大学出版局，2014年)

福島原発事故以降の原発問題をデモクラシーへの挑戦と捉え，日本国内や海外の動きを比較政治学の観点から分析し，脱原発に向けた論点と課題を提示している。

吉岡斉『脱原子力国家への道』(岩波書店，2012年)

日本が原子力国家となった経緯を科学技術史の観点から検証し，原発と核の軍事利用を縮小させる「脱原子力国家」を実現するための課題とシナリオを示している。

第9章　地方自治

地方議会は不要か

1　地方議会の危機

地方にはいま多くの課題がある。急激な人口減少，空き屋，買い物難民，インフラの老朽化，犯罪，災害など，枚挙にいとまがない（☞第7章・環境，第8章・原発，第10章・格差／貧困）。あわせて深刻な状況にあるのは，こういった課題の解決にあたるべき地方議会であろう。「**住民自治**の根幹」（地方制度調査会）といわれながら，その任を果たしていないようにみえる。特に2014年は，号泣，セクハラ，ヤジ，ドラッグ，恫喝など，実に醜聞が目立った。私たちは，大いに憤り厳しく糾弾すべきであろう。健全な懐疑や批判はデモクラシーを機能させるための必須要件である（☞第1章・デモクラシー）。

だが，ここで危惧されるのは，その不信や不満が諦めや絶望にまで堕することである。その兆候はすでにみられる。いわゆる「**劇場型首長**」への熱狂，安直な議員定数削減，すぐ後にみる投票率の低下やなり手不足などである。「少しの**シニシズム**は健全であるが，過剰なシニシズムは政治を腐食させる」［ストーカー，2006］。行き過ぎた冷笑は，何ら建設的なところがない。それどころか，権力に対するチェックを放棄し体制の温存に荷担さえする。本章は，かかる認識のもと，地方議会について論じるものである。

具体的には，地方議会の危機的な状況を確認した上で，次の3点をみていく。第1に，その危機は決して逃れられないものではないこと，すなわち，機能不全の主たる要因は「制度」にあるのであって，それゆえ改革の可能性は常に開かれていること，第2に，実際，自ら改革に取り組む議会もみられるように，地方議会もそう捨てたものではないこと，第3に，われわれにもなす術がないわけではないこと，裏を返せば，市民もまた大きな力をもつこと，である。

（1）低下する投票率

まずは，統一地方選挙における投票率の推移を概観しておこう。都道府県であれ市町村であれ，議員選挙の投票率は昭和20年代をピークに右肩下がり，平成23年には50％を切ってしまう。この低下傾向は首長選挙も同様ではあるものの，特に都道府県については知事選が平成に入ってからほぼ横ばいであることに比べると，議会の低下ぶりが目立っている。

では，なぜ人は投票に行かないのか。2011（平成23）年の道府県議選について**棄権**理由をみてみると，回答の多い順に，「選挙にあまり関心がなかったから」（32.7％），「仕事があったから」（24.6％），「適当な候補者がいなかったから」（16.5％），「政策や候補者の人物などについて，事情がよく分からなかったから」（14.8％）となっている（明るい選挙推進協会「第17回 統一地方選挙全国意識調査」2012年）。ちなみに，知事選では，１位「仕事」（29.5％），２位「無関心」（23.9％）と逆になっており，ここでも議会に対する無関心が相対的に高いことがわかる。いずれにせよ，投票率の問題は，実践的にも政治学上も重要な論点ではあるが，ここではさしあたり，それが地方議会への深い不信に根ざしているであろうこと，それゆえ，投票所に足を運ばせるだけの，よくみる「啓発」活動では本質的な問題の解決にはならないことを確認しておけば十分であろう。極論，投票率を上げるためだけなら「宝くじ」付き投票券でも導入すればよいのである。

キーワード 17　**選挙**

選挙とは，組織や集団の代表や役員等を選び出す行為である。一般的には，国会議員，知事・市町村長，地方議員などの公職者を有権者の投票により選出することをいう。選挙にかかわるルールは，主に「公職選挙法」に規定されている。「民主政治の健全な発達」（１条）という重要な目的を掲げる法律であるが，「べからず集」とも呼ばれるように禁止事項が多く批判も少なくない。選挙にかかわる昨今のトピックとしては，選挙権年齢の引き下げ，一票の格差，選挙制度改革，低投票率などがある。

(2) なり手不足

2014年5月，NHKが「人口減少議会」なる特集を組んでいた。議員のなり手がおらず，**無投票**や欠員が目立つというのである。実際，2011（平成23）年の島根県議会議員議挙で筆者は，有権者の資格も投票意欲もありながら一票を投じることができなかった。10人定数の松江選挙区に10人しか立候補がなかったからである。これは松江に限られたことではなかった。島根全体の無投票当選者率（定数に占める無投票当選者数の割合）は，何と約70％にも達していたのである。そしてまたこれは，ひとり島根だけの話でもなかった。その時全国では，およそ5～6人に1人が無投票で議員になっていたのである。

町村もまた深刻である。資料5をみれば，いくらか上下しつつも無投票傾向が強くなっていることがわかる。このグラフにはないが，2013（平成25）年では，補欠選挙および再選挙を含め，町村議会議員選挙の実施件数222件のうち無投票当選は52件，率にすれば23.4％となる。「**平成の大合併**」が一段落した2007（平成19）年と比べると，ほぼ倍である。しかも，高齢化も進む。その年の町村議会議員の平均年齢は62.4歳，早晩，「議会消滅自治体」が出てくるかもしれない。なお，2013（平成25）年末で定員割れしている議会は6つである。

では，なぜ人は立候補しないのか。この問いに答えるのは容易ではない。職業選択一般がそうであるように，複雑な要因が絡んでいるからである。けれども，さほど「おいしい」仕事ではない，とはいってよいだろう。特に町村議会議員の給与は，激務ともされる仕事にしては十分とはいえない。平成25年の平均報酬月額は約21万円，人口が少ないところでは約18万円である。実際，議員の半数以上も「低い」と考えている（今後の町村議会のあり方と自治制度に関する研究会「町村議会議員の活動実態と意識」2013年）。とある離島の議員が「現実問題，島の自分の暮らしに精一杯というのが候補者が出ない原因のひとつなのかな」（NHK「クローズアップ現代」2014年9月24日放映）と嘆息するのも無理もなかろう。それでもなお住民からの報酬削減圧力は容赦ない。

そもそも，議員という職は，いわば4年間の任期付き非正規雇用であり，失業のリスクも小さくない。地方議員の年金制度も2011年に廃止された。無論，それを補うだけの別の誘因があれば別である。しかし，すぐ後にみる通り，社

資料5　統一地方選挙における無投票当選者率の推移

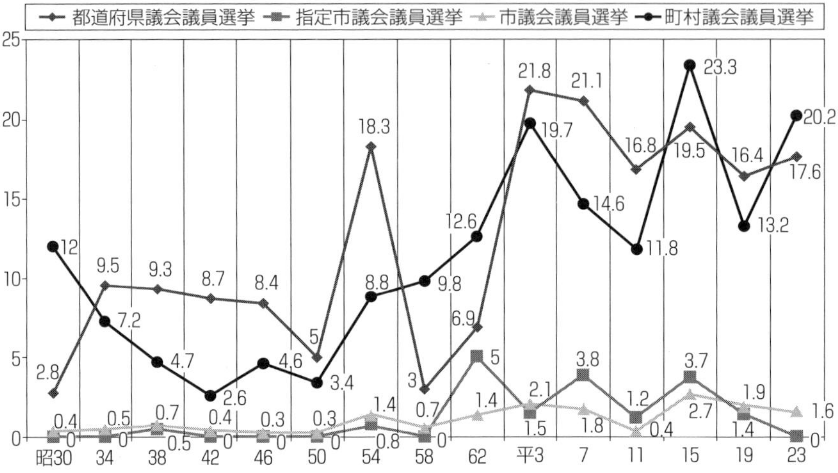

（出所）総務省「地方議会のあり方に関する研究会報告書（関係資料）」（2014年）

会的威信も信頼も地に落ちている。また，議員は自治体の重要な意思決定に参加する権限を持っているが，昨今の潮流（たとえば，行政への市民参加の拡大，**住民投票**の盛り上がり，**地域内分権**の進展等）をみる限り，その「おいしさ」は低減しているのかもしれない。「ブラック議会」とはいい過ぎであろうが，いかにも濃いグレーという印象である。

キーワード 18

住民投票

住民投票とは，一定の事項について住民が直接投票によりその意思を表明する制度である。法定された制度としては，１つの自治体にのみ適用される特別法の制定に必要な憲法上の住民投票，自治体の長・議会の解職請求や議会の解散請求にかかる地方自治法上のもの等がある。加えて，条例により自治体が独自に定める住民投票もある。投票対象は，原発，基地，ゴミ処理場など住民生活に深くかかわるものが多い。その結果には法的拘束力はないとされるが，吉野川可動堰建設中止のように，事実上，政策決定に対して大きな力をもつこともある。

（３）議会不信と機能不全

いうまでもなく，以上の背景には議員・議会への強い不信がある。あらためてデータで確認しておこう。「第20回政治山調査」（2014年７月）によれば，都道府県，市区町村ともに，議員を信頼できるとした有権者は10％に満たない。逆に不信感を抱く者は半数に上ぼる。また，地方議員に対する印象については，いくらか肯定的な意見もみられるものの，過半数が「何をしているかわからない」と答え，実に30％強の有権者が「いてもいなくても同じだ」としている。また，別の調査によれば，約65％の回答者が，地方議員の定数を減らした方がいいと答えており，不信ないし不満の表れと理解していいだろう（前掲・明るい選挙推進協会）。

では，なぜ人は信頼しないのか。一般論としては，政治という営みそれ自体に対する**新自由主義**の仮借なき攻撃（☞第２章・リベラリズム），**グローバリズム**を背景とした統治能力の減退（☞第３章・グローバリズム），マスメディア等の偏った報道などが指摘されてきた。地方議会への幻滅が拡がる背景ないし遠因もここにあるといえよう。また，その機能不全を示すより直接的な事実もある。一例として，朝日新聞のいう「**３ない議会**」を取り上げてみよう。１つ目の「ない」は，首長提案に対する修正・否決である。逆にいえば，「**丸のみ議会**」となる。2013年では，80～90％の議会がそうである。２つ目は，議員提案による政策条例が「ない」ことを指す。これまた，およそ90％の議会が該当している。３つ目に「ない」のは，「議案に関する議員の賛否」の公表である。2013年でこそ約半数の議会が公表するようになっているが，５年前には90％以上が非公表であった。なお，朝日新聞の調査時点（2011年）では，全国の３分の１の議会が「３ない」“すべて”を満たしていたという。

なるほど「**議会不要論**」が唱えられるのも無理はない。けれども，冒頭でふれた通り，その矛先が，いまの議員や現行の仕組みを越えて，議会の存在そのものの否定にまで向けられるとすれば，にわかには同意できない。安易に否定しさる前に，その機能と実態を冷静に眺めてみる必要がある。次節では，そういった視点から地方議会にかかわる「制度」を扱う。

2　制度の二面性

たかが制度，されど制度……。議員・議会は各種の制度を創設・改廃しうる立場にもあれば，また逆に制度の影響も受ける存在でもある。以下では，地方議会を素材にその二面性をみていこう。

(1) 制約としての制度

日本の自治体では，首長・議員ともに直接選挙で選ばれる。これを「**二元代表制**」という。２つの機関がそれぞれの民主的正統性をバックに抑制・均衡を図る側面を強調して，「**機関競争（対立）主義**」と呼ぶこともある。しかし，この競争・対立の条件は等しくできていない。法制度は，議会よりも首長に優位な立場を認めているのである。この点では「**（強い）首長主義**」とも「**不完全な大統領制**」ともいわれる。主たる根拠をみておこう。

まず，首長同様，議会にも条例提案権は認められているが，予算については首長のみである。議会は，それに減額修正を加えることはできるけれども，「長の予算の提出の権限を侵す」（自治法97条２項）ような大幅な増額修正はできない。次に，首長は，世にいう「拒否権」，法律にいう**「再議」権**をもっている。つまり，条例や予算などに関する議会の議決に異議がある場合，審議のやり直しを求めることができるのである。再議権を行使されても，あらためて議会で可決すればその意思が通るが，それには出席議員の３分の２以上の賛成が必要で，一般議案より成立要件が厳しくなっている。そして，議会は首長に対する**不信任**の議決権をもっているものの，これまたそのハードルは高く，可決には３分の２以上の出席，４分の３以上の同意が必要である。そのうえ，首長は不信任議決に対抗して議会を**解散**させることもできる。議会にとって「制度」の足かせは，いかにも重い。

では，実態はどうか。実は，日本の政治学界は長らくこれに対する十分な回答を持ちあわせていなかった。そもそも日本では地方の「自治」が極めて限定的であるとされていた。つまり，地域にとって重要な政策でも中央政府，なかでも行政官僚制が決定しており，自治体はそれに従属する存在であると認識されていたのである。そんな中での「(強い) 首長主義」的な制度理解である。“弱い”地方議会に関心が向くはずもなかった。あるいは，半ば先験的な議会無力論が通説とされてきた。すなわち，地方自治研究は地方“行政”研究だったのである。

この学界状況に一石を投じたのが，1980年代以降の村松岐夫（ら）であった。旧来の見方を「**垂直的行政統制モデル**」と名づけ，その視座の偏りを批判，実証研究を通じて，中央と地方の関係は一方的な上下・主従の関係にあるわけではない，と喝破したのである。つまり，中央政府の側も特に政策“実施”を地方に依存していれば，地方の側も地元選出国会議員等との「政治ルート」等を通じて中央政府に影響力を及ぼしている，と。これらを「**水平的政治競争モデル**」ないし「**相互依存モデル**」という。そしてまた，自治体の内部でも「地方議会の影響力が少なくともかなりのもの」であることが明らかにされた。たとえば，先にみた「丸のみ」も必ずしも議会の無力さを証明するものではないという。良し悪しはともかく，議会の意向は，議会審議“前”手続におけるインフォーマルな交渉，いわば「密室での根回し」によって伝達・反映されているというのである。

そして，この問題関心を引き継ぐ**地方“政治”研究**は，特に2000年頃から計量分析を駆使する気鋭の研究者の手により本格化される。そこで得られた知見は概ね以下の２点である。第１に，地方政府においては，中央—地方関係や社会経済環境などに制約を受けつつも，それぞれの諸事情，たとえば，首長の政治的経歴，議会内の会派構成，首長と議会との党派的関係，他の自治体との関係等により“独自の”政策選択がなされていること。第２に，そんななか地方議員・議会も必ずしも首長に従属しているわけではないこと，たとえば，常に「丸のみ」しているのではなく，「与党」体制にある時ですら修正・否決がそれなりに見られること。なお，以上のような実証研究は緒に就いたばかりであり，その対象も都道府県への偏りがみられる。今後は特に市町村レベルでの分析が求められよう。

いずれにせよ，ここでは次のことを確認しておかねばならない。首長主義的な制度は議会の“制約”要因とはなるものの，行動すべてを規定する“決定”要因ではない。いわば「ゲームのルール」の１つ，「たかが制度」なのである。

（２）可能性としての制度

「されど制度」……。スポーツをイメージすればすぐに了解できるように，ルール・制度は，行動や結果のすべてを決定するわけではないけれども，それなりに大きな影響力をもつ。すなわち，制度には現状を変える力がある。以下，地方議会，特に「代表」の側面にかかわる主要な制度をみてみよう。

まずは，**選挙制度**。自治体の種類により選挙区の有無や定数に違いはあるものの，日本の地方議会議員選挙では，概して，１つの選挙区から複数人が選ばれる。その最たる特徴は，得票率がさほど高くなくても当選できる，ということである。たとえば，かの「号泣議員」（元兵庫県議会議員Ｎ氏）が2011（平成23）年の選挙で獲得した票数は１万1291票，有権者数で割れば8.1％となる。筆者の住む松江市では市議選の当選ラインは約2000票，得票率にして1.2％にすぎない。したがって，この制度の下で当選だけを狙うのであれば，地域全体の「公益」よりも一定の支持層にかかわる「特殊利益」を追求した方が得策となる。また，同じ政党に属していても選挙時には互いに競争関係にあることから，議会内で強固な多数派を形成する誘因も乏しく，首長との関係も個人プレーに走る傾向にある。すなわち，“議会として”首長と対峙するより，個別に交渉し支持者たちの「特殊利益」を引き出す行動をとりがちなのである。以上からして，現行選挙制度は，地方議会・議員に負の影響を与えているといっていいだろう。裏を返せば，制度改革により議員行動を変えられる余地がある。近年，選挙制度を独立変数の１つとして実証研究を行っている政治学者から特に，選挙制度改革の必要性を訴える声があがっているのも，決して偶然ではないのである。

次いで，議員構成の偏りも制度の変更・創設により修正できる余地がある。町村議員の多くは兼業である。その要因の１つは先にみた議員報酬の低さにある。それだけでは生活困難な人を排除する一因となっているのである。「**ボランティア化**」を唱える向きもあるが，筆者も含め学界でも異論もあるうえ，町村議員の約8割も現実的であるとは考えていない（「町村議会議員の活動実態と意識」2013年）。これに加え，各種の労働法制（休職制度，復職制度，兼業制度等）の整備や「**クォータ制**」の導入がなされれば，サラリーマン，公務員，女性などのなり手も増えるであろう。世代ごとに議席数を定める「**年齢別選挙区**」制度は，若者の議員を増やすのみならず，投票率の向上にも資するかもしれない。加えて，一部の論者が指摘するように，そもそも「**公職選挙法**」なる制度自体が「普通の人を締め出す」根本的な原因であるとするならば，その廃止ないし抜本的改革は，政治参加の促進に寄与するところ大である。

このように，制度は制約であると同時に現状を変えるポテンシャルをももつ。いまの制度の前で座視して諦めるのは早い。もちろん，現実には制度改革は容易ではないし，必ずしもそれなくして現状の改善ができないわけでもない。現に，既存の制度の枠内で取り組んでいる，あるいは，自ら制度を生み出しながら改革に挑戦している議会もある。次節ではそういった議会内発的な改革の動きを追う。

3　議会改革の動き

手始めに中学校「公民」の教科書（東京書籍）を開いてみよう。「栗山町の議会制度改革」と題したコラムに次のようにある。「2006年に議会基本条例を全国ではじめて制定するなど，町議会を住民にとっていっそう身近な存在とするために，さまざまな取り組みが進められています」。いまやこのような動きは栗山町にとどまらない。2013年時点で何らかの改革に取り組んでいる議会は7割を超え，2014年9月現在では約3割の議会がくだんの「条例」をもっている。以下では，体験的エピソードを交えつつ先進的な事例や主たる論点をみていく。

（1）対市民

2014年8月，境港市のとある公民館で開かれた「市民と議会の懇談会」に出かけた。担当の市議から3月・6月定例議会の報告と策定中の「政治倫理条例（案）」に関する説明がなされた後，参加者との意見交換が行われた。住民からは概ね好評だったようである。このような議会主催の「**対話の場**」は，2013年には４割を超える議会で実施されている。５年前に１割にすぎなかったことを考えれば，着実に拡がっているといっていいだろう。

こういった場には，大きく３つの意義ないし可能性がある。第１に，「何をしているかわからない」議員・議会との距離が多少なりとも縮まる。境港では「議会の活動状況がわかった」,「各議員の顔が見えました」といった感想に加え，「(次は) 傍聴しようと思いました」との声までみられたところである。さらに，栗山町には，**議会報告会**に参加したことが直接的なきっかけで議員になった新人までいるという。第２に，議員にとっては，格好の研修となる。従来からあった議員“個人”主催の会を「ホーム」と呼ぶならば，この場はまさしく「アウェー」である。参加者は，支持者とは限らない。当然，予期せぬ質問，厳しい意見も浴びせられる。某所で某議員が近隣の議会報告会を視察した際，こう漏らしたそうである。「こういう質問に（行政職員がいないなかで）議員だけで答えるのはとても大変だ。でもこれを繰り返していたら，議員は相当鍛えられるに違いない」。第３に，議会改革“全般”のエンジンともなりうる。ある研究によれば，「対話の場」は，行政監視や政策形成などにとって「最も基層的な力」となっているという。事実，改革先進地といわれる議会ではほぼもれなく，この場にとりわけ重要な位置づけを与えているのである。

もっとも，課題もある。境港では「特に女性の参加が少ない」,「若い世代でも気軽に参加できるような懇談会に……」といった声があった。全国最多の開催数を誇る鳥羽市議会でも，「参加者の固定化や，８割以上が高齢者で20～30歳代の子育て世代がほとんどいないといった悩み」が解消できていないという。大幅な参加者アップに成功した永平寺町議会等のように，実施回数，会場，呼び掛け方法，テーマ設定，事後報告の仕方などに工夫をこらしていく必要があるだろう。ただし，それでもさまざまな事情から会場に足を運べない住民もいる。他方，「意見交換」程度では物足りなさを感じる者もいるであろう。要するに，より良好な対市民関係を築くには，「対話の場」のみならず，多様かつ重層的なチャネルやツール（議会広報，テレビ・インターネット中継，SNS，議会モニター，傍聴，議員インターンなど）を整備，活用していかねばならないのである。

（2）対首長

数年前，学生とともに松江市議会を傍聴した際，当時市が導入を計画していたLRT（次世代型路面電車システム）に関して，次のようなやりとりをみた。

議員が問う▷「**総合計画**」を議会が議決した時点では，LRTについては一言もなかった。突然の導入計画は，議会軽視ではないか。

市長が答える▷議会の承認を得たのは総合計画のなかでも最上位の「基本構想」である。通常，より具体的な「基本計画」や「実施計画」は行政の側で詰める。LRTもそのなかで整合性を図ればよい。

つまり，市長は裁量の範囲内というのである。本ケースの是非はともかく，このように，通常，首長・行政はその仕事を行政のなかで完結させたがる傾向にある。議会はそれにどう対処すべきだろうか。万能薬はない。**PDCAサイクル**（計画→実施→評価・改善）それぞれの局面で，地道に，しかし巧く，関与するほかない。

まずは計画の局面。行政は総合計画はじめ各種の計画をつくる。そのうち重要なものについては，地方自治法96条2項に基づき，議会の議決事件に加えるとよい。実際，この条項の活用は広がりをみせ，5年前には1割程度であったものが，2013年時点では半数に迫っている。追加された議決対象として最も一般的なのは，やはり総合計画の「基本構想」である。かつては地方自治法上の義務であったが，2011年に廃止されたことがこの背景にある。なお，先述した松江市のようなケースに対処するには，「基本構想」だけでは十分ではない。せめて「基本計画」は対象に含める必要がある。ただし，行政に必要とされる裁量との関係からどこまでを議決対象とすべきかは，十分吟味すべき論点ではある。

もちろん，議決対象を拡大しても，安易に追認するだけでは意味がない。必要に応じて修正・否決も辞さない，真剣かつ実質的な審議が求められる。そのためには，十分な情報が必要である。少なくとも首長から政策形成過程の情報を得ることは必須といえよう。その点，「栗山町議会基本条例」6条は参考になる。政策等の発生源，検討した他の政策案等の内容，他の自治体の類似する政策との比較検討など重要な情報7項目を町長に提出するよう求めているのである。あわせて議会独自の情報源も拡充しなければならない。たとえば，先述した「対話の場」，審議過程での**公聴会・参考人**制度（自治法115条の２），**専門的知見の活用**（同100条の２），**パブリック・コメント**など，である。

次に，執行段階。「言論の府」たる議会の基本的な武器は「発言」である。なかでもここでは「**質問**」に注目したい。たしかに現実には批判が多い。答弁のみならず質問まで行政職員につくらせている，会議ではそれを棒読みするだけ，中身もただの事実確認や地区の要望にすぎない等々。片山善博慶応大学教授（元総務大臣）が，「八百長」や「学芸会（のちに，朗読会と修正）」と揶揄したことはあまりに有名である。けれども，本来，「質問」のもつ意味は大きい。議会手続上の似た用語に「**質疑**」があるが，これは，特定の議案に限定された疑義の解明を意味する。おまけに議員個人の意見を述べることもできないとされている。対して，「質問」は行財政全般を対象として，自らの関心に基づき首長の所見を求めるものである。結果的に，政策の是正や変更，新規政策の採用につながることもありうる。「最もはなやかで意義のある発言の場」とも「議員の能力を最大限に発揮できる場」ともいわれる所以であろう。

ただ，そうはいっても，質問は「個人戦」である。巨大なシンクタンクたる公務員集団を抱える首長と闘うには分が悪い。首長の「**反問権**」がなかなか認められないのも，議会側の弱腰に原因があるのだろう。議会としては，後述する「**議員間討議**」などを充実させ，必要があれば，**検査・検閲権**（自治法98条１項），**監査請求権**（同２項），いわゆる「**100条調査権**」等を行使するなど，いわば「チーム議会」として「団体戦」に臨むことが求められる。

そして，評価・改善。1990年代半ば以降，行政自らが評価に取り組む例が増えてきた。ただし，いまなお，その過半数は“自己”評価，対象も，政策・施策ではなく事務事業にとどまっている（総務省「地方公共団体における行政評価の取組状況等に関する調査結果」2014年）。この間隙に議会の出番を期待したい。いや，そもそも議会は自治法により毎年の**決算**審査を課せられているのであって，その前提たる**行政評価**もまた当然，議会の中心的な責任であるというべきであろう。

とはいえ，決算自体，不認定でも法的効果がないとされていることもあり，実務上は軽んじられる傾向にあった。主体的に行政評価に取り組んでいる議会も，2013年時点でもなお５％に満たない。そんななか，意欲的な試みも散見されるようになってきた。たとえば，飯田市議会は，各常任委員会で調査・審議した行政評価の結果を提言にまとめ，それを本会議において決算審査の付帯意見として決議している。また，常陸大宮市議会や鹿沼市議会等のように，かつて民主党政権下で一世を風靡した「**事業仕分け**」を，議員自らが仕分人となって特別委員会等で実施している議会もある。今後一層の進展が望まれる。

（３）対議会

島根県には，NPO 活動の促進や協働の推進を目的とした「県民いきいき活動促進条例」がある。このきっかけを作ったのは，当時の島根大学生たちである。2004年９月，自ら一言一句書き上げた条例案と逐条解説を携え島根県議会に「陳情」，それを12月議会で審議し「採択」した議会があらためて議員提案としてその年度末に成就させたのであった。しかしすでにみた通り，こういった「**議員立法**」は普通はほとんどない。政策形成は，首長・行政への監視機能と並んで，議会の根幹をなす機能であるにもかかわらず，である。議会は，行政の「PDCA サイクル」に関与するのみならず，自らの政策サイクルも確立させていかねばなるまい。そのためには何が必要か。大きく３点，チェック項目風に整理してみよう。

第１に，必要な情報を十分にインプットできているかどうか。繰り返すまでもなく，議会独自の多様なチャンネルやツールが活用されていることは大前提である。ここには当然，たびたび話題となる「**政務活動費**」の有効活用も含まれる。あわせて，議会の側に住民の声をどれほど重く受け止める構えがあるのかも問いたい。具体的には，陳情や請願が「条例」の中で「政策提言」として明確に位置づけられているかどうか，希望すれば議場での発言が認められるかどうか，などである。もっとも，情報は広く集めるだけでは十分ではない。それらを仕分け，集約し，課題発見へとつなげていく作業が必要である。会津若松市の「広報広聴委員会」のように，それに特化した機関が設けられているかどうかも１つの着眼点となろう。

第２に，十分な議論がなされているかどうか。周知の通り，日本の地方議会は長らくこれに不慣れであった。「質疑」であれ「質問」であれ，基本的には対首長・行政との間でなされるものであった。議案審議に「**討論**」という名の手続はあるものの，それは，実のところ，賛成・反対それぞれの意見を述べるだけの「意見表明」にすぎなかった。このような状況を打開すべく近年取り組まれているのが「**議員間討議（自由討議）**」である。その名の通り，議員同士が直接，自由に議論する場にほかならない。議会によっては，「政策検討会議」や「政策討論会」等と呼ばれる特別の機関を設けるところもある。加えて，市民の声や専門的知見を活かすための「サポーター制度」を設けたり，大学との連携協定を結んだりしている議会もみられる。とはいえ，それでも「議員間討議」を実施しているのは２割程度にとどまる（2013年）。そもそも議会は，憲法上も「**議事機関（deliverative organ）**」として位置づけられていることを今一度強く認識すべきであろう。ここにいう「deliverative」は，元来，「熟考」と「討議」という２つの意味を含んでいる。近年，代議制とは別個の回路として，市民社会を舞台とした「熟議デモクラシー」が注目を集めているが，もとより議会も「**熟議**」すべき機関なのである（☞第１章・デモクラシー）。

第３に，明確なアウトプットがあるかどうか。条例，意見書，決議など具体的な形はさまざまであろうが，いずれにせよ一定の実績を求めたい。その点，徳島県議会の取組みは参考になる。「議会改革行動計画」を定め，「議員提案政策条例」の検討数および制定数という数値目標を掲げているのである。もっとも，数字のみを追求することにはいくらか注意が必要であろう。実際，「議員立法」は散見されるようになってきたが，中身が伴ってないとの批判も聞かれるところである。目に見える結果のみならず，討議のプロセスも大事にしたい。栗山町議会基本条例の前文がいう通り，「自由かっ達な討議をとおして，これら論点，争点を発見，公開することは討論の広場である議会の第一の使命」なのである。

4　市民の可能性

冒頭，シニシズムに警鐘を鳴らした。しかし，それが杞憂に思えるような動きもみられる。いわゆる「**ソーシャル**」流行りである。通常「社会的」と直訳されるこの言葉は，昨今の使われ方や実態に鑑みるに，「社会貢献」や「人と人とのつながり」といったポジティブな要素を含意しているように思われる。以下，その一端を確認し，政治や議会との接点を探ってみたい。

（1）ソーシャル

「日頃，社会の一員として，何か社会のために役立ちたいと思っている」人はどれくらいいるであろうか。内閣府（「社会意識に関する世論調査」2014年）によれば，およそ3人に2人である。30年ほど前は約半分，若干の変動はあるにせよ右肩上がりの傾向にある。別の設問では，「社会志向」（「国や社会のことにもっと目を向けるべきだ」49.5%）が「個人志向」（「個人生活の充実をもっと重視すべきだ」39.1%））を上回っている。学界では**ソーシャルキャピタル論**や**市民社会論**が興隆し，大学では地域貢献やソーシャル・ラーニングといった言葉が溢れ，そしてまた企業では社会的責任（CSR）が強調されているのも，かかる文脈で理解できよう。

もっとも，「政治」の領域に目をやれば，様相はやや異なるようである。たとえば，この1年で何らかの政治的活動（たとえば，デモ，署名運動，マスコミへの投書など）を行った人は3割に満たない（NHK「日本人の意識調査」2013年）。また，内閣府の平成25年度「我が国と諸外国の若者の意識に関する調査」によれば，「将来の国や地域の担い手として積極的に政策決定に参加したい」と考える若者は3人に1人程度，消極派は実に半数を占める。韓国，アメリカなど比較対象全7か国中，肯定派の方が下回るのは日本だけである。なるほど，アメリカ政治学界の泰斗スコチポルが言うように，「みんなでボウリング」しても政治参加にはつながらないのかもしれない。ソーシャルとポリティカルとの接続は，学問的にも実践的にも1つの大きな課題なのである。

けれども，「なり手」問題に限定していえば，その溝はさほど深くはないのではないか。たしかに一方で，社会起業家として著名な駒崎弘樹は言う。「出馬しないのかとよく訊かれるのですが，僕は今のポジションが社会変革には一番プラスになると思っているんです」。事実彼は，その立場で，**アドボカシー（政策提言）**ないし**ロビーイング**を通じ，成果も上げている。他方，次のように立候補の動機を語る市議兼 NPO 法人代表もいる。「本気で社会を変えるには，民間の立場では限界がある。政策を立案し，決定・実行する，その中枢に入り込まなければ，つまり政治家にならなければ，既存のしくみを変えることは難しい」。実際，経験的にも（特に女性議員から）「もともと議員志望であったわけではない。○○や△△といった市民活動（運動）をしていて，結果としてそうなった」との声をよく聞く。ある調査によっても，議員の9割以上は「以前から議員になりたかった」わけではないという。動機・きっかけで最も多かった回答は，「自分の住んでいる町村をよくしたかった」（61.4％）であった（「町村議会議員の実態調査と意識」2013年）。要するに，社会起業家も議員も同根なのである。どんな条件があれば転身が起こるのか定かではないものの，しかし，“ソーシャル系”は議員候補の宝庫であることは確かなように思われる。

（2）シビック・パワー

さて，政府のパフォーマンスを高めるには，政治エリートに対して，適切な支持，批判，監視等を行う力（＝**シビック・パワー**）と，その担い手「**活動する市民**」が欠かせない，とする政治学の研究成果がある。たしかに議会改革も，そういった市民の力に牽引されてきたところがある。たとえば，川崎市では「議会基本条例」のパブリック・コメントを契機に「川崎市議会を語る会」が結成され「市民による川崎市議会白書」の発行等が行われている。長岡京市の「市政まるごとしわけ隊！」は，議会改革そのものを「仕分け」した。学生の動きも見逃せない。境港の「議会基本条例」策定にあたって，島根大学生たちは「境港市議会を勝手に応援する会」を結成し，議会設置の「市民検討会議」への参加，「市民が議会を変える！」と題したワークショップの開催，条例案に対する意見書の提出など，積極的にコミットしたのであった。

ところで，議会改革ブーム“以前に”胎動がみられ，いまなお各地でみられる「シビック・パワー」として「**議会ウオッチ**」なる動きがある。市民が，主に傍聴を通じて議員を評価し，その結果を公表するものである。たとえば，「先駆」とされる「相模原市議会をよくする会」（1999年設立）は，「４年間勤務評価の無い職場」（同代表）に緊張感をもたせるべく，2003年から４年ごとに「通信簿」を作成，公にしている。ほかにも，「ウオッチング多摩の会」，「議会ウオッチャー・仙台」，各地の「市民オンブズマン」などの活動が目を引く。本章を締めるにあたり，とりわけ中心的な読者層であろう大学生に対して，この「議会ウオッチ」をオススメしておきたい。理由は大きく３つある。

第１に，比較的手軽で，かつ，楽しめそうである。議会・定例会は通常３の倍数の月もしくはその前月に開かれている。まずは議事日程を調べ，近くの議場へ足を運んでみよう。いくらか通えば，議員と顔見知りにもなれるかもしれない。現に相模原では「休憩中に『さっきの私の発言の意味は……』と話しかけてくる議員もいた」という。こういったことがあるからでもあろう，経験者は「だれもが楽しいと口を揃える」そうである。

第２に，自身の学びになる。ただ“傍”らで“聴”くだけでも多くの知見が得られようが，それをこえて「評価」するには一定の勉強が欠かせない。とりわけ，項目，指標，基準といった評価の**モノサシ**（資料６）づくりは腕の見せ所である。思いつきでも間に合わせられないことはないが，大学生であればそれなりの理屈や根拠が欲しい。そもそも「代表」とは何を意味するのか，地方議会の基本的な使命とは何か，「政策提言力」とはどのような力なのか等。デモクラシー論からロジカル・シンキングまで学ぶべきことは多い。

第３に，鍛えられるのは狭義の学力にとどまらない。その活動が注目を集めれば集めるほど，おそらく反発も大きくなるであろう。現に，ある市議団から次のような抗議を受けたところもある。「勝手な判断で議員の質問を『評価』して公表する権限は，どなたにもない」と。ほかにも，モノサシについて，「一面的」，「居眠りや質問回数だけを数えて『評価』したと言われるのは納得できない」，「評価の基準が表面的で主観的」など，実に多くの批判がみられるところである。しかし，臆することはない。極端にいえば，評価とはそんなものな

資料6　評価のモノサシ（抜粋）

相模原市議会をよくする会	多摩市議会ウオッチングの会	議会ウオッチャー・仙台
1．基礎的能力（24点） 2．質問の内容（８点） 3．公約言及度（８点） 4．議場内の態度（16点） 5．改革意欲・問題意識（16点） 6．議会報告（12点） 7．政務調査費（４点） 8．人格（８点） 9．好感度（４点）	1．政策提言度（５点） 2．行政チェック力（５点） 3．知識・調査力（５点） 4．意欲・態度（５点） 5．説明・説得力（５点）	1．議員の態度 ①離席（回数） ②居眠り（回数） ③私語（回数） 2．質問内容 ①事前・現場調査（４点） ②他都市との比較（２点） ③改善案（３点）

（出所）各団体の資料をもとに筆者作成

のである。つまり，どんなモノサシが妥当かという議論は，本質的に神学論争に属する。なぜか。基本的にそれは，あるべき議会・議員像から導かれるものだからである。当然その理想像は，１つではないし多様で構わない。モノサシに特定の「正答」はないのである。だとしたら，自由に評価したらよいし，反発があれば堂々と議論したらよい。より一般化していえば，いろいろな立場の者が多様な関心・価値観からさまざまに評価した「通信簿」が出回っている，そういった「**評価のマーケット**」が存することが重要なのである。いずれにせよ，丁々発止の議論は，世に溢れる下手なコミュニケーション講座なるものより，力がつくこと請け合いである。このような「シビック・パワー」があちこちでみられる限り，地方議会ないし政治が絶望されることはないだろう。

コラム◆9　地方創生

地方創生とは，安倍政権が重点をおく少子化対策や地域振興策等の総称である。その評価についてはさまざまな見解がある。ここでは，既視感すらあるこの政策がもともと「地方」への関心の薄かった政権下でなぜ採られたのか，考えてみたい。「政策の窓」モデル（キングダン）を頼りにすれば，３つの流れ（①問題，②政策，③政治）が「合流」したからといえそうである。

まず，地方創生における「問題」とは人口減にほかならない。なるほど国がこの問題を認知してからすでに20年も経つ。今回あらためて注目を集めるきっかけとなったのが，いわゆる「増田レポート」（2014年５月）である。曰く，30年後には約半数の自治体が消滅する可能性があると。かくして，人口減少は一気に喫緊の課題となった。次に，地方創生「政策」は，「まち・ひと・しごと創生総合戦略」（2014年12月）なる文書にまとめてある。その１つひとつは決して新しくはない。けれども，その革袋は違う。安倍政権は，これまで別立てであった少子化対策と地域振興策とをパッケージ化することで新たな装いを与えたのである。そして最後に「政治」。たしかに「アベノミクス」は一定の景気回復効果をもった。しかし，地方はその恩恵に与っていないとの批判も根強かった。その翌年（2015年）には統一地方選も控えている。時の政権が選挙対策に腰を上げるのも至極当然であろう。地方創生はこのような顔をももつのである。

参考文献

公益財団法人明るい選挙推進協会『Voters』（隔月）

諸外国の選挙事情や若者の政治活動に関する事例紹介等に加え，毎号特定のテーマに沿って政治学者や実践者たちがその知見をわかりやすく披露している。ネット上で読める。

江藤俊昭『図解　地方議会改革――実践のポイント100』（学陽書房，2008年）

タイトル通り，地方議会改革をわかりやすく図解したもの。が，ただの入門書ではない。実践的にも学問的にも重要な論点が示されており，ビギナーでなくとも読み応えがある。

村松岐夫『地方自治』（東京大学出版会，1988年）

通説であった「垂直的統制行政モデル」等に対して，アンケートや面接調査等に基づき反論，新しい理論（「相互依存モデル」）を提起した。地方政治研究史上，画期をなす。

ジェリー・ストーカー（山口二郎訳）『政治をあきらめない理由――民主主義で世の中を変えるいくつかの方法』（岩波書店，2013年）

訳者によれば「イギリスには，懐疑主義を内包した二枚腰の理想主義という知的伝統がある」（312頁）。この本はそれを見事に体現した名著である。

廣瀬克哉・自治体議会改革フォーラム編『議会改革白書（2009年版～2015年版）』（生活社）

議会改革に関するさまざまな情報が載っている。本章で扱った事例の多くも，また，出典を明示していないデータのほとんども，この「白書」を参照したものである。

第10章 格差／貧困

福祉国家再考

1　格差と貧困をめぐる歴史的背景

1980年代は一般に日本社会が「総中流化」したとされた。これは，貧富の格差は社会問題化するほど大きなものではなく，生活に困窮するような貧困層は少数になった，という解釈ともいえた。しかし，現実には所得などの面で一定の格差は存在していたのであって，ただ見えにくくなっていただけである。しかし，90年代のバブル景気後の不況，2008年の世界的な金融危機に伴う景気低迷など，この四半世紀に起こった経済的な危機は，そのたびに日本社会に内在していた問題を可視化させた。格差や貧困がふたたび社会で議論されるようになったのである。

第二次世界大戦直後の日本では，戦前から存在していた格差の是正，戦後の混乱に伴う国民の生活困窮に対応するため，各種の社会保障制度（たとえば年金，医療，失業にかかわる社会保険制度など）を導入，充実させるように努めてきた。これは，国民の要望に政府が単に応えただけでなく，政府自身も社会の安定のために必要な施策と判断したからである。米ソ冷戦に伴う社会主義陣営のプロパガンダに対抗する必要があったことも忘れてはならない。

しかし，1980年代には米英を中心に**新自由主義**（ネオリベラリズム）の考え方に基づく経済政策が採用されるようになり，90年代初頭には社会主義陣営の崩壊によって自由主義陣営の勝利が確定した。そして，新自由主義的な見解に基づく**グローバル化**，**グローバル経済**が称揚されることとなった。日本もこの大きな流れの中にあって，経済・社会政策も変容を遂げることとなる。たとえば，国有企業の民営化（国鉄からJRへ），社会福祉分野への市場原理の一部導入（介護保険制度），経済面での規制緩和（派遣労働の本格的な容認）など枚挙にいとまがない。もちろん，これらは行政の非効率，社会の変化などに対応した施策であることは間違いないが，国内では経済界，国外ではアメリカといった貿易相手国の要望も汲んだことも事実である。

しかし，この流れは日本だけのものではなかった。1980年代ごろから自由主義陣営諸国でも，経済社会への不満は国民に鬱積していた。他の先進国と比べて経済が好調であった日本では，それが表に出るほどではなかっただけともいえる。たとえば，製造業の不振や海外移転に伴う国内雇用の減少など，そのまま失業率の上昇に直結する問題は，80年代以降の欧米諸国を苦しめたが，90年代以降の日本でも起きたのである。

格差や貧困といった問題は，欧米でも第二次世界大戦後は一時的に見えにくくなったものである。しかし，経済社会情勢の変化が日本より一足先に欧米諸国では起こったことにより，これらの問題を認識することも早かった。格差や貧困は，日本だけで生じた問題というよりも，社会主義陣営に勝利したはずの自由主義陣営で共通に生じた現象ともいえる。

2　格差／貧困とは何か

格差とは，同類のものとの間での価格や資格，水準などの差を意味する言葉である。つまり，本章の冒頭で述べた「貧富の格差」の場合，日本国内で暮らす人々の間での所得や生活水準における差ということになる。ある地域や国民の間での所得格差の把握に利用される指標の代表例が，**ジニ係数**である。これは，ある国や地域の所得の平等あるいは不平等の度合いを示す指標である。その値は０から１，完全に平等な社会では０，したがって１に近づくほど不平等な社会ということになる。

一億総中流の言説が流布していた1980年代だが，国際比較の観点から**OECD（経済協力開発機構）**のデータを見てみると，1985年の所得再分配前のジニ係数は0.345，所得再分配後は0.304となっていた（全年齢の場合）。2009年データでは所得再分配後のジニ係数は0.336となっている（資料７参照）。

資料７　日本のジニ係数の推移

年	1985	1995	2000	2003	2006	2009
日　本	0.304	0.323	0.337	0.321	0.329	0.336
(再分配前)	(0.345)	(0.403)	(0.432)	(0.443)	(0.462)	(0.488)

（出所）OECD Income Distribution and Poverty より筆者作成（https://stats.oecd.org/Index.aspx?DataSetCode=IDD）（2015年４月16日アクセス）

資料８　ジニ係数の国際比較（2009年から2012年の調査結果）

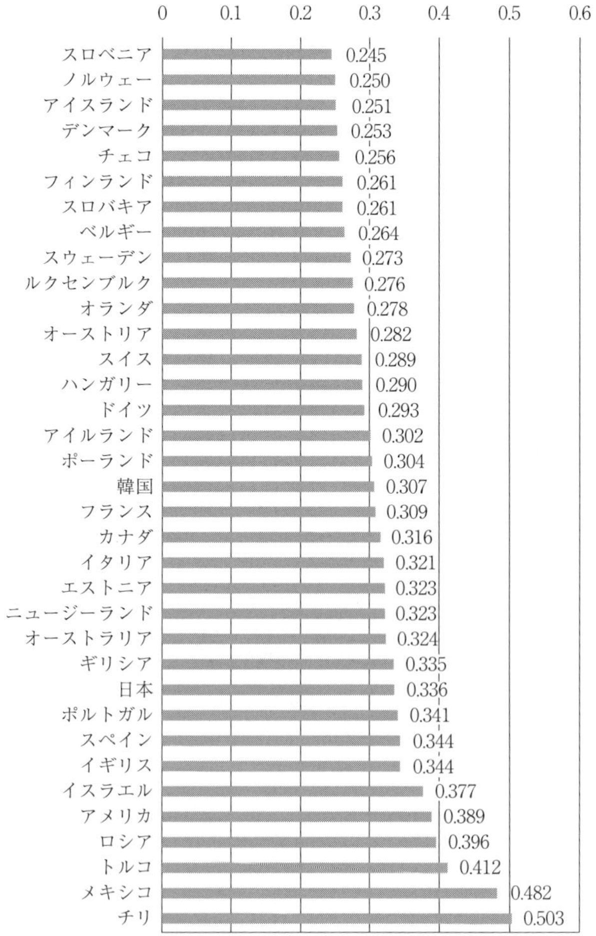

（出所）資料７の出所に同じ

2009年から12年のOECDによる調査対象35か国中で日本は係数の高い方から10位であり，比較的格差の大きいグループに属しているといえる（**資料8参照**）。所得再分配前の数値は，1995年調査から0.4を超えており，同じ2009年データでは0.488である。格差の小さいとされる北欧諸国（デンマークやスウェーデンなど）においても所得再分配前は0.4を超えるが，再分配により0.3以下に縮めている。日本は再分配機能がうまく働かず，徐々に格差が広がっているといえる（ただし，データの取り方によって数値が変わるため注意が必要〈筆者注〉）。個人的な感覚やメディア報道だけでなく，格差の拡大というのは数字としても確認できるのである。

日本国内の貧富の格差は，かつては大きなものではなかったかもしれない。それがここ20年で拡大しており，社会の安定のために是正しなければならないという主張は，多くの人から受け入れやすいであろう。しかし，格差が縮小していた時期にも存在し，今や格差以上に（悪い意味で）脚光を浴びている言葉がある。それが「貧困」である。

貧困の問題を考える際に，「発展途上国の貧しい人たちの厳しい環境と比べれば，日本には貧困はない」といった意見をもっている人は一定数いると考えられる。しかし，これは比較の対象や仕方を混同したがゆえに生じた誤解である。重要なのは，比較の対象は何か，どのような状況かを明確に分けて論じることである。たとえば，生活苦がそのまま当事者の生死にかかわるケースと，ある地域や国で必要最低限とされている生活水準に達していないがゆえに生活が苦しいとするケースは，似て非なるものである。たとえば，発展途上国で食事も十分にできず栄養失調で苦しむ人と，先進国で国内の平均所得よりも低く生活が苦しいと感じる人を単純に比較するのは無理がある。前者はその国で生きていくのに必要な食料を手に入れることができない状態であり，後者は他の家庭と比べて相対的に貧しいということを意味しているからである。しかも，発展途上国と先進国の経済力の違いも考慮に入れていない。

この相違が，いわゆる「**絶対的貧困**」と「**相対的貧困**」の違いである。絶対的貧困とは，人間として最低限の生活すら送ることができない状況，たとえば慢性的な栄養不良，衣服も不十分，住居も不衛生といった人間らしい生活を営むことができないような貧困状態を指すものである。国や地域によって経済力が異なるため，最低限の生活水準（いわゆる**貧困線**）もそのままでは異なることになる。したがって，国際比較を可能にするために，世界銀行の定義が一般に用いられている。これによると，１日の所得が1.25ドル以下（2005年の購買力平価に基づく）の者が絶対的貧困層とされる。世界銀行の2010年のデータによると，世界全体で貧困率は20.6％，約12億人と推計されている。

おそらく，この絶対的貧困が「日本には貧困はない」と考える人たちの貧困のイメージであろう。もちろん，グローバル化が進む現在の世界において，絶対的貧困の放置は好ましいことではない。人道的な面で対応することはもちろん重要だが，それだけではない。発展途上国での貧困の問題が改善し，経済が順調に発展するのであれば，生活苦から職を求めて先進国へ心ならずも移住するといった状況を改善できる可能性があるからである。

しかし，上記のような絶対的貧困は先進国に暮らしていると想起しづらい。理由は簡単である。発展途上国とは異なり，先進国では社会保障制度が整備されているからである。では，先進国に貧困は存在しないのであろうか。

ここで相対的貧困の概念が重要となる。相対的貧困とは，ある国や地域での最低限の生活水準（貧困線）に達しない場合に，それを貧困と呼ぶものである。つまり，発展途上国と比べると豊かな先進国においても，一定の水準以下の世帯や個人は貧困層と定義できる概念ということである。一般に利用されるOECDの相対的貧困の定義では，全国民の所得の中央値（厳密には，世帯の可処分所得を世帯の人数の平方根で割って算出された等価可処分所得を用いる）の半分未満の世帯員を貧困層とする。その国民に占める割合のことを**相対的貧困率**と呼ぶ。

相対的貧困は，絶対的貧困のようにイメージしにくい面がある。たとえば，テレビの画面で餓死寸前の発展途上国の子ども，ひどい身なりのストリートチルドレンを見た時，多くの人はそこに「貧困」があると認識できる。しかし，先進国ではそのような事象を頻繁に目にすることがないため，「貧困はない（あっても特殊なことだ）」と思いがちである。しかし，もし周囲の人がごく普通に持っている商品を購入できない（たとえば携帯電話を経済的理由で持てない），

資料9　日本の貧困率の推移

年	1985	1988	1991	1994	1997	2000	2003	2006	2009	2012
相対的貧困率（%）	12.0	13.2	13.5	13.7	14.6	15.3	14.9	15.7	16.0	16.1
子どもの貧困率（%）	10.9	12.9	12.8	12.1	13.4	14.5	13.7	14.2	15.7	16.3
中央値（万円）	216	227	270	289	297	274	260	254	250	244
貧困線（万円）	108	114	135	144	149	137	130	127	125	122

（出所）厚生労働省「平成25年度国民生活基礎調査」（2014年）18頁より（一部改変）

あるいは金銭的な事情で進学ができない（たとえば進学希望でも高校に行けない）といった場合，人は周囲の友人，知人との環境の違い，つまり生活面での格差を実感するだろう。これが，相対的貧困ということである。

具体的な数字をあげておこう。厚生労働省が2014年７月に公表した「平成25年度国民生活基礎調査」によると，2012年度の貧困線（中央値の半分未満）は122万円（名目値），相対的貧困率は16.1%，子どもの貧困率は16.3%であった。およそ７人に１人が「貧困」というのが，現在の日本の状況ということである。注意してほしいのは，**資料9**からもわかるように，1985年以降，2003年を除き貧困率が一貫して上昇しているということである。

他国との比較においても，OECDは日本の相対的貧困率が加盟34か国中29位（2010年データ）としており，日本よりも高いのは，アメリカ，チリ，トルコ，メキシコ，イスラエルと報告している（子どもの貧困率では25位）。一億総中流の幻想はかき消されたといってよいであろう。

この相対的貧困と関連するものとして，「**デプリベーション（相対的剝奪）**」という重要な概念がある。これは，イギリスの社会学者ピーター・タウンゼントの提唱したものであり，人々が生活資源を奪われた「状態」とそこから生じる閉塞感という「感情」によって構成される貧困概念のことである。貧困を測定する際に，所得のみを基準とはしないのである。ある国や地域で通常は入手できる，あるいは一般的に認められる食事，衣服，住環境，教育，労働条件など複数の生活資源の有無や水準について測定し，それによって個人や世帯の置かれている貧困状況を多面的に把握しようとするものである。

実際，イギリス政府はこの相対的な剝奪という観点から，IMD（複合的デプリベーション指数）というものを用いて数値化し，貧困層がどの地域に集中しているかを明らかにして政策的に対応してきた。この指数では，他の地区の人たちよりもどれだけ貧困（あるいは剥奪されている）かについて，所得，雇用，健康，教育・職業訓練，住宅，治安，生活環境の７領域から分析するものである。分析の基本単位は，基礎自治体内の小地域である。つまり，貧困は個人レベルの問題で生じるだけでなく，その人の生育環境に左右されると捉えているのである。したがって，個人よりも集合（この場合は地域）を単位として対応するということである。

イギリス政府は，この数値を基礎自治体内の小地域レベル，自治体レベルに順位づけを行い，地域再生にかかわる事業に活用してきた。このイギリスの事例からわかるのは，格差や貧困といった問題は一般的なイメージ，たとえば個人の資質や経験だけで判断できるものではないということである。また，対策も同様に個人レベルではなく社会的な課題（イギリスの場合は地域社会の課題）として取り組む必要があるという点であろう。

3　社会的排除と社会的包摂

格差や貧困は個人的な問題にだけ限定できるものではなく，その人の属性（居住地や民族など）に大きく左右されるものであると指摘した。そこから，人が貧困に陥る要因を探る際に，近年は**社会的排除**という専門用語が頻繁に使われるようになっている。

社会的排除という言葉は，一般的にはフランスで生まれたとされる。第二次世界大戦後，フランスも他の先進国と同様に高度経済成長と福祉国家体制を整えたことにより，豊かな社会を築いたはずであった。しかし，1960年代半ばにはその豊かな社会から排除された人たちの存在が一部で指摘されていた。経済成長と福祉国家の恩恵の届かない状況を「排除」という言葉で表していたのである［福原，2007］。

1980年代に入ると，フランスでは不況により若年層の長期失業率が跳ね上がった。新卒時に就職に失敗すると，当時の若年層は社会保障制度の給付の対象として扱われなかったため，深刻な社会問題と化したのである。ここで「排除」という言葉はより大きな広がりをもったのである。彼らが社会に「参入」するにはどのような対策が必要なのかが議論されることとなり，具体的には，雇用や社会参加の機会をつくり出すことが政策的な課題となったのである。さらに，若年層の長期失業という問題は，他のヨーロッパ諸国でもこの時期には社会問題化しており，EU 全体で対処すべき政策課題とも捉えられるようになった。フランスで生まれた「排除」と「参入」という言葉が，「社会的排除」と「**社会的包摂**」という言葉に変化し，EU の社会政策において重要な位置を占めるようになったのである［岩田，2008］。

そのひとつの成果が，1992年の欧州委員会の政策文書「連帯の欧州をめざして――社会的排除に対する闘いを強め統合を促す」における社会的排除の定義であろう。同文書によると，社会的排除とは，「プロセスと結果としての状態の双方を指すダイナミックな概念」であり，「もっぱら所得と関連付けて理解されている貧困の概念よりも明確に，……個人や集団が社会での交流から排除されるメカニズムが持つ多次元的な性質」を明らかにするものとされる。また，「低所得だけを意味するものでもなく，労働への参加をも超えるもの」であり，「住宅，保健，サービスへのアクセスといった領域でも」現れるものとする。

つまり，社会的排除とは，貧困や基礎的な能力の欠如，あるいは差別など何らかの原因により社会での他者との交流の機会を失い，周縁化されてしまうことを意味するものになる。この状況を若年時に経験した場合，教育や就労の機

キーワード 19　**福祉国家**

一般には，社会保障制度の充実と完全雇用の実現によって国民生活の安定を図る国家のことを指す。福祉国家構想の源流とされる「ベヴァリッジ報告」（1942年イギリス）では，「窮乏・疾病・無知・不潔・怠惰」の５大悪から国民を解放するため，政府が包括的な社会保障制度を導入すべきと提案した。第二次世界大戦後には，この考えに基づいて欧米や日本などでは福祉国家化が進められた。しかし，1970年代以降，社会保障費の増大に伴う財政悪化やネオリベラリズムの台頭によって見直しが主張され，現在でもそのあり方ついて活発に議論されている。

会を失うことが理解できるであろう。このような不利な状況に置かれた人は，貧困に陥りやすいであろうし，容易に抜け出せないことも多い。そして，貧困が次世代へと受け継がれる可能性は極めて高くなる。

社会的排除と従来からの貧困の議論との違いだが，貧困が所得といった経済的指標を主たる基準に判断されるのに対して，社会的排除は人が貧困に陥る複合的な要因を分析し，また人が社会から排除される動的プロセスを明らかにしようと試みるものといえる。しかし，前節で取り上げたイギリスのデプリベーションの議論でも，社会への参加の欠如を問題と認識しており，必ずしも社会的排除論のみが取り上げてきた視点ではない。とはいえ，従来の貧困の概念よりも広い観点に立って社会から「排除」されている人たちの状況を把握しようとする言葉であるため，概念そのものは貧困論の立場の研究者にも受け入れられるようになっている。

社会的排除という言葉が普及した経緯にEUが深くかかわっていることからもわかるように，この言葉は極めて政策的な面をもつ。まず対象であるが，上述の定義を簡単にまとめるなら，失業や差別などを理由として社会への参加ができない人たちということになる。人は何らかの形で自分たちが暮らす社会にかかわり，貢献を果たす。このかかわり方，貢献の仕方は人さまざまであろうが，たとえば生産年齢にある人たちの場合，仕事に就き，労働を介して社会とかかわることは，「参加」の代表例のひとつであることは間違いない。

とはいえ，単に失業者や障害者だから社会的に排除されているということではない。何らかの目的があって一時的に離職した者もいるであろうし，安定した職を得て周囲と良好な関係を築いている障害者もいるであろう。重要なのは，社会の主要な制度にアクセスできない，そこでの意思決定に参加できないという点である。単に状況が不利なだけでなく，その人が暮らす社会とのかかわりが希薄あるいは断ち切られている点に着目する必要があるということである。

たとえば，EUでは各国が多くの移民を受け入れているため，さまざまな民族，文化，宗教的な背景をもつ移民が数多く暮らしている。移民は自民族のコミュニティ内で疎外感を覚えることは少ないかもしれない。しかし，社会全体ではどうであろうか。白人でキリスト教徒が社会の中心を占める国において，たとえばアラブ系のイスラム教徒にとって，文化的，宗教的な違いは大きな壁となることが想像できる。そのような状況で長期失業あるいは就業すらもできていない若者は，社会の中心となる層との宗教的，民族的違いを日常的に感じ，さらには雇用を通じた「参加」の機会すらも逸しているのである。これは，現在のEUにおける社会的排除の代表例のひとつといえるかもしれない。

日本の場合，移民や若年失業といった問題がEUほどは顕在化していないため，上記の例では社会的排除をイメージしづらいかもしれない。そこで考えられる具体例は，ホームレスであろう。人がホームレスとなるにはさまざまな理由がある。失業により離婚となって家庭が崩壊したため，肉体労働を続けてきた人が高齢あるいは傷病などで仕事ができなくなったためなどである。若年層でも仕事も収入もなく，頼るべき家族や親族，友人もいなければ同様の境遇に陥る。多くのケースに共通しているのは自分の「定点」を失い，社会関係から引き剥がされたという点である［岩田，2008］。

外国で生まれた用語であるから，移民の問題など社会状況が異なるから，日本ではそれほど重要な問題ではないと考えるのは早計である。人がホームレスとなったきっかけには，失業，倒産，離婚，家庭崩壊など，ありとあらゆる理由がある。これは，誰もがそのリスクを負っていることを意味する。可能性の有無というよりは，確率の問題と捉えることができる。つまり，何らかの問題が生じても，そのダメージを吸収できるマージンがあるかないか，ということである。なければ，一気に事態が悪化するのである。日本においても，一度社会保障制度の網の目から零れ落ちてしまえば，社会的排除を受ける可能性がある人が一定数いることを忘れてはならないのである。

では，社会的排除がどの国でも起こりうる現象とした場合，社会全体としてどのように対応すべきであろうか。上述したように，社会的排除の対語として登場した社会的包摂を検討することが重要であろう。

社会的包摂は社会的排除の対語であるから，もっとも簡単な定義は「社会的排除のない社会＝非・排除社会」を実現することであろう。「参加」の平等を多くの人に確保し，「定点」の喪失を防ぐことといえる［岩田，2008］。また社会的排除への取組みそれ自体が，社会的包摂を目指す戦略，政策と捉えることもできるため，EU や各国政府の政策文書なども社会的包摂を考える際に有用である。たとえば，2000年の欧州委員会の「ヨーロッパにおける包摂社会の構築へ向けて」では次のように社会的包摂の目的を定義している。

「社会的包摂への包括的かつ整合性のとれたアプローチは，経済や社会の変革から取り残された人たちに受動的な給付（失業給付，生活保護費など〈著者注〉）を支払うといった方法で豊かさを再分配することにとどまるべきものではない。再分配を高めるのではなく，すべての人が社会に完全に参加し，質の高い生活を送れるといった可能性を最大限引き出すような方法で私たちの経済や社会を運営することが，この試みなのである。」

従来型の社会保障給付で社会的排除に直面している人たちの生活を支えることだけが目的ではないのである。労働や人間関係の回復などを通じて社会への参加を促し，彼らの生活をあらゆる面で安定させることが目的なのである。引用からもわかるように，これは社会的排除に陥っている人たちだけに向けられたものではない。社会そのものをどのように安定させ，統治するかといった極めて政治的な含意をもつ。したがって，社会的包摂を考慮する際には，具体的な政策を検討する必要がある。

たとえば，社会的排除状態にある人たちへの社会参加の機会の提供，経済的自立の支援が考えられる。貧困層であれば，職業紹介や職業訓練といった就労支援サービスが具体的な支援策としてイメージできるであろう。また，障害者など一般的な就労が困難な人たちには，就労にだけとらわれず，地域でのボランティア活動なども含めたさまざまな社会活動への参加の機会を提供し，社会との結び付きを深めてもらうことも考えられる。もちろん，先ほどのホームレスの紹介からもわかるように，これは特定の層にだけ向けられるものではなく，リスクを抱えた人すべてを対象とするのでなければ，真の社会的包摂とはならないであろう［宮本，2013］。

まとめるならば，就労だけではなく，社会参加も，つまり社会との関係を断ち切られた人たち，排除されている人たちと社会とをふたたび結ぶ回路をつくり，その存在を認め，包摂することが目的なのである。しかし，生活困窮者，移民，障害者，ホームレス，元受刑者，性的少数者など，社会的包摂政策の対象となる人たちは多岐にわたる。また，これらの人たちの抱える問題は多様であるため，一律的な包摂政策はなじまない性格を有する。そこで本章では，あらゆる人たち，分野に適用できる普遍的な社会的包摂政策を追求するのではなく，「就労」という分野に焦点を当てる。

4　ひとつの可能性としての「社会的企業」

雇用の問題における政府の役割については，すでに触れた（☞第2章・リベラリズム）。本章との関係でいえば，「福祉国家」化によりさまざまな分野への国家の政策的な介入が増加し，失業や貧困，福祉といった社会保障関係が公共政策の重要な一分野として扱われるようになった点をあらためて指摘しておく。しかし，繰り返しになるが，この「大きな政府」は新自由主義と「小さな政府」論から批判を浴び，その結果，社会保障分野は公共支出削減の際の主たる対象となった。

同じ時期には，政府は効率的に公共政策を遂行できないのではないかとの疑念も強まっていた。政府や公営企業は公費（税金）で事業が支えられているために費用対効果への関心が低く，無駄な事業を行うといった非効率さがあるとして批判されたのである。さらに，政府は公平性を旨とするため，必ずしも柔

キーワード 20　**公共政策**

一般には，国や地方自治体といった政府が公権力を行使して実施する多様な施策のことを指す。具体的には，「公園の設置やゴミ収集や道路の整備のような身近なものから，地域活性化政策，経済政策や外交政策などにいたるまで，さまざまなレベル」（日本公共政策学会 HP より）がある。つまり，民間部門だけでは解決が困難な社会全体の問題について，政府主導で対処するための基本方針と捉えることができる。ただし，具体的なサービスの提供については，政府の直接供給だけでなく，民間部門に委託するケースもあり，この点でも多様である。

軟かつ機動的に問題に対処できるわけではない点も批判された。この問題への解決策として，各国で公共サービスの提供を民間事業者へ委託，あるいは公営企業そのものを民営化するといった手法が採用されたのである。

とはいえ，民営化によって公共サービスの提供を市場の原理にすべて委ねることも現実的ではない。公共サービスは納税額と関係なく，ある地域に暮らす人たちへ提供される生活上不可欠なサービスである。サービス提供を民間委託あるいは民営化するとしても，政府が全く無関係ということにはならない性質がある。しかも，営利企業への委託の場合，利用料などを支払うことが困難な貧困層へのサービス提供が停止される恐れもあった。

そこで，政府でも営利企業でもない別のセクターに期待する機運が高まったのである。その代表格が非営利組織，いわゆるNPOである。現在では，新しい社会問題に柔軟かつ機動的に対応し，ときには公共サービスの担い手としても活動するセクターとして以前よりも存在感をもつに至っている。

ここで本章の主題である格差や貧困，社会的排除の問題に立ち返ろう。まず，これらの問題の解決を営利企業にのみ任せられないことは確認しておきたい。可能であるならば，そもそも福祉国家化は生じなかったはずである。一方，政府も従来よりも手厚い支援を行うことは政治的に困難である。失業給付や公的扶助などは，むしろ削減対象とさえなっている。したがって，政府の役割も限定的にならざるをえない。ところが，民間の非営利組織には，政府が福祉国家化する前の18，19世紀の近代社会において貧困問題に積極的に取り組んできた歴史があった。つまり，福祉国家の再編と現代的な問題の浮上とともに，非営利組織はふたたび表舞台に立つことになったともいえる。

しかし，近年は従来からの非営利組織の範疇に収まらない新しい事業体も台頭している。それが，本節で取り上げる「**社会的企業（ソーシャル・エンタープライズ）**」である。**ソーシャル・ビジネス，社会起業家（ソーシャル・アントレプレナー）**など，類義語といってよい言葉が多数あるため，読者もこのいずれかをどこかで見聞きしたことがあるであろう。とりわけ，ソーシャル・ビジネスはノーベル平和賞の受賞者であるムハマド・ユヌスが定義していることもあって知名度は高い。ユヌスによるとソーシャル・ビジネスとは，「社会的目標の実現のみに専念する「損失なし，配当なしの会社」」であり，「社会問題を根絶するための利他的なビジネス」，もしくは「貧しい人々が所有する営利会社」とされる［ユヌス，2010］。

ユヌスは，母国バングラデシュの貧困層の女性に少額の事業資金を低利，無担保で貸し付け，彼女たちの経済的自立を促す「グラミン銀行」を創設した人物である。グラミン銀行の事業は慈善事業ではなく，起業支援の融資であり，あくまでビジネスなのである。そしてグラミン銀行自体も，貧しい人たちが所有し，預金者かつ顧客であるとする。したがって，ユヌスの言うソーシャル・ビジネスは，社会問題（貧困など）の克服のために当事者がビジネス活動を行う事業体，あるいはビジネス活動で生じた利益を投資家に配当せず（投資額は回収可能），事業の拡大や改善のためにのみ利用する事業体ということになる。

一方，先進国も相対的な貧困あるいは社会的排除といったさまざまな社会問題を抱えていた。しかし，政府や営利企業では柔軟に対応しにくい面があった。また，非営利組織の多くは財源を補助金や寄付金に依存しているため，欧米などの先進国の政府はよりビジネス志向の事業組織の登場を望んでいた。補助金などに頼らず，自らの事業であげる収益で活動する組織が社会問題に取り組むのであれば，公費を抑えることも可能だからである。先進国において社会的企業が注目されるようになった背景には，福祉国家見直し論の台頭による公共サービスへの市場原理の浸透もあることは間違いない。

ところで，この「社会的企業」という言葉だが，言葉自体は1970年代には登場したとされる。類義語といえる社会起業家は，1980年代ごろからアメリカで使われるようになっていた。一方でヨーロッパでも，社会的な問題に取り組む協同組合に関する研究がさかんに行われていた。欧米での動きが広がり，従来の非営利組織とは区別するかたちで社会的企業という言葉が普及するようになったのである。

たとえば，イギリスでは，「社会的目的あるいは環境目的，またはその双方を目的として事業」を行い，「社会的ミッション」を明確にもつ組織を社会的企業とする全国的な中間支援組織の定義が有名である。この定義であれば，社会的企業は法人格に捉われない存在となる。一方で，イギリス政府はコミュニティ利益会社（CIC）という社会的企業に特化した法人格を創設しており，社会的目的をもった事業体が他の事業体との差別化を図れるように政策的に誘導している。CICは，その資産や利益をコミュニティのために利用する組織と定義され，その資産も売却などで散逸しないように防止策が導入されている。地域コミュニティに資する組織という立場が前面に出ている。

またイタリアでは，障害者を中心とする社会的排除状態にある人たちの雇用を促進するため，当事者と病院関係者などが「社会的協同組合」と呼称される協同組合組織を設立し，地方政府も優先的に公共事業などを委託するといったことが行われている。さらに現在では，別個に「社会的企業法」が制定され，独自の法人格が付与されるようになっている。同法1条によれば，「社会全体に利益のある財やサービスの生産および分配を目的として，恒久的および基本的に経済活動を行う非営利民間組織」が社会的企業とされた。

各国の法制度により相違はあるものの，共通するのは，組織のミッション（使命）は社会問題への取組みが第一義的であり，利益の分配に一定の制約を課している点であろう。また，EUの国際的な社会的企業研究グループ（EMES）は，これらに加えて事業体を所有の観点から再検討すべきとし，事業体は株主だけのものではなく，従業員や利用者・顧客も含めた利害関係者を考慮すべきと主張している。ユヌスのソーシャル・ビジネスの定義にも共通する論点が浮かび上がっている。

したがって，本章では社会的企業とは，ある特定の社会問題にビジネスの手法を用いて取り組むが（グローバル，国，地域コミュニティを問わず），利益の分配に一定の制約を課し，かつ事業体の運営に複数の利害関係者の関与を保証する組織とする。では，この事業組織が就労支援にどのようにかかわっているであろうか。

この点について，上記のEMESは「**労働統合型社会的企業（WISE）**」の存在を指摘した。社会的排除状態にある人たちの雇用，あるいは職業訓練サービスの提供などを行うことで，彼らを社会的に包摂しようという動きを「労働統合」と呼び，この問題に取り組んでいる事業体を特にWISEと定義したのである。WISEは以下の4タイプに分類できる。

①長期的な「補助金」に支えられて障害者などに雇用を提供するタイプ，②労働市場で不利な立場の人たちに中期的に安定した職を提供するが，採算性の圧力が強いタイプ，③精神的，社会的に深刻な問題を抱える労働者や障害者を対象とし，ボランティア活動も重要とするもので，生産活動を通じて人々を社会化することを目的とするタイプ，④主流の労働市場へ労働者を早期に再統合することを目的とし，暫定的な雇用を提供するタイプ，である。③のケースからもわかるように，労働統合とは一般の労働市場への再統合だけを目的としているわけではないことに注意が必要である。

各タイプが完全に独立しているわけではなく，重なり合って活動をしているとする。特徴的なのは，WISEの就労へのかかわりを幅広く捉えている点であろう。①や②のタイプでは主に障害者の雇用にかかわる事業体が中心とされるが，③や④のタイプは社会的排除状態に陥っている人の就労や社会参加の支援全般を対象としているといえる。①や②の場合，イタリアの社会的協同組合，日本であれば障害者の雇用と自立支援で著名なスワンベーカリー（株式会社スワン，ヤマト運輸の特例子会社）も存在する。④のケースであれば，元受刑者や長期失業者に職業訓練コースを提供し，そのまま会社で雇用している社会的企業がイギリスに複数存在する。

当事者の抱える問題の多様性を考慮すれば，明確な線引き（たとえば対象をニートや長期失業者に限定），目標の単純化（たとえば通常の正規雇用への就職率）といったことは望ましくないといえる。同じ若年の生活困窮者でも，教育機会の欠如からくる貧困が原因であれば，職業訓練の提供などでその人は正規雇用への道が開ける可能性はある。一方で何らかの障害，たとえば精神障害を患ったため離職し，生活に困窮するようになった人もいるであろう。このような場合であれば，先ほどの③のタイプように，ボランティアなどの活動によって社会とのつながりの回復を優先させ，そこからアルバイトなど仕事の幅を徐々に広げる方が好ましいかもしれない。

日本においても，社会的排除状態に陥っている人たちの就労問題にかかわる用語として，近年「**中間的就労**」という言葉が使われることがある。たとえば，生活困窮者自立支援法に基づく就労訓練事業は「中間的就労」と呼ばれる。その就労形態は，雇用契約を締結せず，訓練として就労を体験する段階と，雇用契約を締結した上で，支援付きの就労を行う段階の２段階がありえると想定する。この生活困窮者に就労の機会を提供する事業を「就労訓練事業」とするのである（厚生労働省「生活困窮者自立支援法に基づく就労訓練事業のモデル事業実施に関するガイドライン〔平成26年度〕」）。政府は，NPO 法人や社会福祉法人だけでなく，社会的企業にも期待を寄せている。

もちろん，政府の定義する「中間的就労」の前段階にあるボランティアなどの社会参加の機会も必要であることは間違いない。政府の定義よりも適用範囲を広げた方が，この支援事業の対象者の実態に即していると考えられる。生活困窮者がその苦境に陥った原因や背景も踏まえた支援が求められるということである。これは，社会的排除／包摂の視点から不可欠であると考える。

格差や貧困，社会的排除への対抗，新しい働き方の提言など，これらはいずれも近年になってから突然登場したわけではない。近代以降に資本主義経済が世界を席巻するようになってから，それぞれの時代に応じた形で繰り返されてきた対抗の論理の模索の表れといえよう。たとえば，近代であれば協同組合運動などが想起できる。社会的企業はその論理を現代社会において具現化したひとつの例といえるかもしれない。

とはいえ，社会的企業の多くは中小企業あるいは零細企業といってよい規模がほとんどである。できることは限られているのであり，過剰な期待は禁物である。とりわけ，格差の是正やグローバルなレベルでの貧困問題への対処などは，国家や国際機関こそ取り組むべき性質の問題かもしれない。事実，民間では対処できる範囲を超えた時に，政府は福祉国家化したのである。社会全体の安定といった問題を考えれば，政府の果たすべき役割は依然として大きいのである。しかし，福祉国家の再編と変容が後戻りできない段階に至ったと考えるのであれば，社会的企業のような組織について，現代社会が抱える課題の解決の糸口を示唆する存在として，今後も注視することは無駄ではないであろう。

コラム◆10　日本の格差——正規雇用と非正規雇用

日本の格差について，さらに正規雇用と非正規雇用（パート，アルバイト，契約社員など），いわゆる正社員と非正社員の格差の問題を取り上げることもできる。

日本の就業者全体における非正規雇用の就業者の割合は，総務省の「労働力調査」の2014年平均では1962万人，全体の37.4％を占めている。10年前（2004年）では31.4％であり，以降ほぼ一貫して上昇している。非正規雇用で問題となるのは，その賃金の低さである。正規雇用の賃金を100とした場合，非正規雇用の賃金は63である（厚生労働省「平成26年賃金構造基本統計調査」より)。「ワーキング・プア」の問題は，非正規雇用の増加とその賃金の低さが原因なのである。

もちろん，家庭の事情などであえて非正規の働き方を選んでいる場合もあり，非正規雇用の全員がワーキング・プアというわけではない。問題は，正規雇用を希望しながら就けない場合である。非正規雇用から正規雇用への転換は一般に簡単ではないため，一度非正規雇用となった場合，ワーキング・プアの状態から抜け出せない可能性が高まるのである。日本の企業の多くが新卒採用を優先していることは有名である。大学生が就職活動で失敗して卒業し，非正規雇用となった場合，厳しい状況が待ち構えていることが容易に想像できる。だからこそ，学生や親たち，大学も「就活」に力を入れるのである。

参考文献

岩田正美『社会的排除——参加の欠如・不確かな帰属』（有斐閣，2008年）
社会的排除について，研究史や理論だけでなく，ホームレス問題を手がかりにして現代日本の社会問題としても論じており，初学者もこの問題の本質を理解できる。

橋本健二『「格差」の戦後史——階級社会 日本の履歴書』（河出書房新社，2009年）
戦後日本社会における格差の実態について，社会調査のデータを用いてわかりやすく分析しており，格差に関する安易なイメージを修正するきっかけを与えてくれる。

福原宏幸編『社会的排除／包摂と社会政策』（法律文化社，2007年）
社会的排除と包摂の議論に関する論文集である。教育や若者問題など具体的なテーマも取り上げているため，さらに学習を深める際の指針として活用できる。

宮本太郎『社会的包摂の政治学——自立と承認をめぐる政治対抗』（ミネルヴァ書房，2013年）
社会的包摂政策の展開の可能性について，労働市場政策を中心に論じた専門書である。日本における今後の雇用政策のあり方を考える際の示唆を与えてくれる。

ユヌス・ムハマド（岡田昌治監修，千葉敏生訳）『ソーシャル・ビジネス革命——世界の課題を解決する新たな経済システム』（早川書房，2010年）

ソーシャル・ビジネスや社会的企業の定義，経済社会とのかかわり方について，著者自身の実践から得た知見をわかりやすくまとめており，入門書として最適である。

第11章 テロリズム

国際社会の新しい脅威

1　テロリズムとは何か

テロリズムという言葉から何をイメージするだろうか。おそらく，真っ先に2001年のアメリカ同時多発テロ，いわゆる**9・11テロ**を思い浮かべる人も多いことだろう。その衝撃は，マンハッタンの超高層ビルが崩れ落ちる映像とともに記憶されている。3000人以上の命を奪ったこのテロは，たしかに未曾有の残虐行為であった。けれども，中東地域に目を向ければ，パレスチナ勢力の爆弾テロとイスラエル軍の報復は，現在も収束の兆しを見せていない。パレスチナ紛争における死者数は9・11テロを上回り，居場所を失った難民は数百万人にものぼる。また2015年初頭には，フランスの風刺週刊紙シャルリ・エブドがイスラム過激派によって襲撃され，12人が殺害される事件が発生した。ムハンマドの風刺画掲載をめぐって，イスラムへの冒瀆か，表現の自由かという議論が沸き起こったことは記憶に新しい。さらに，いわゆる「イスラム国」の勢力伸張も予断を許さない状況だ。いずれにせよ，テロは今日も世界のどこかで発生し，無辜の一般市民を巻き添えに，流血の惨事を招いているかもしれない。

このように，われわれはテロリズムについて一定のイメージをもっており，その原因や対策についてさまざまな議論を積み重ねてもいる。しかし，そもそも何をもってテロリズムと見なすのか。テロの定義はこれまで100以上提出されているが，いまだに研究者の間で一致した見解はない。その理由の1つに，「テロリズム」や「テロリスト」といった言葉が価値中立的ではなく，あらかじめ価値判断を含んでいるということがある。それは一種の侮蔑語であり，敵対者やその行為に貼り付けるレッテルであって，一般にテロリストを自称する者はいない。そこから，「ある人にとってのテロリストは，ある人にとっては自由の戦士」という相対主義に陥りやすい。たとえば，伊藤博文を暗殺した安重根が韓国では英雄視されているといった具合である。

先進国と発展途上国の間にもテロリズムをめぐる理解の相違がある。一般に，前者は民族解放闘争もテロ行為に含めるのに対して，後者はこれをテロから除外しようとする。テロの主体に関しても，そこに国家を含めて考えるべきかどうかは意見が分かれている。もし**国家テロ**を認定すれば，パレスチナ紛争におけるイスラエルの行為は厳しく断罪されることになるだろう。こうした各国の政治的思惑に左右されると，テロ関連条約の制定に支障をきたす場合もある。あまつさえ，テロリズムの目的，方法，規模は実に多様であり，最も古典的な**暗殺**から近年の**サイバーテロ**に至るまで，その形態は変化し続けている。テロリズムとその隣接概念――刑法上の犯罪，ゲリラ活動，戦争など――との線引きも難しい。すべての事例を包摂するような定義を導くのは容易ではないのである。

ただし，テロリズムという言葉の起源ははっきりしている。それはフランス革命期の「**恐怖政治**」を指す言葉として登場したのであり，最初のテロの事例が革命政権側の国家テロであったことは興味深い。現在，日本語ではテロリズム，テロル，テロという表現が，ほぼ同じような意味合いで使用されている。たとえば広辞苑によれば，テロリズムとは，「①政治目的のために，暴力あるいはその脅威に訴える傾向。また，その行為。暴力主義。テロ。②恐怖政治」とある。たしかにテロリズムのイメージは暴力と結び付いており，建造物の倒壊や流血の惨事を想起させる。けれども実際には，一滴の血が流れずともテロは成立することに留意しておきたい。一例を挙げれば，９・11テロから１週間後，アメリカでテレビ局や出版社に炭疽菌の粉末が入った封筒が送りつけられ，この細菌を吸入した者が死亡するという事件が起こった。これ自体は後述する**生物**（バイオ）**テロ**に分類されるが，続いて世界各地で小麦粉を封入した郵便物を送りつける模倣犯が現れ，社会的パニックを引き起こした。小麦粉でも人々を恐怖に陥れることができるのである。

ここから，テロリズムが単に殺人や破壊ではなく「**心理的暴力**」であるという側面が浮かび上がってくる。多くの場合，人々の恐怖を利用して特定の目的を達成することに，テロリストは主眼をおいている。したがって，ある事件がどのように報道され，どのような社会的反応が惹起されるかによって，テロの成否は決するといってよい。その意味では，**マスメディア**の役割がいかに重大であるかがわかるだろう。

2　テロリズムの歴史

(1) 古代・中世のテロ

先述の通り，テロリズムの語源はフランス革命期にあるが，現象としてのテロの淵源はそれ以前にさかのぼることができる。たとえば『新約聖書』に登場する熱心党シカリ派は，ユダヤ王国の再建に反対する者たちを，衆人環視の下，隠しもった短剣で刺殺したと伝えられている。また前５世紀の古代ギリシアでは，台頭した寡頭派が民主派を代表する指導者を暗殺して，民会を恐怖によって沈黙させたし，ペロポネソス戦争後には30人僭主が市民や政敵を次々に殺害していった。ブルータスによるカエサル暗殺は，こうした歴史の頂点をなすといえるだろう。

暗殺はテロの古典的な手法である。その刃はときに悪しき僭主に向けられることがある。古代から中世にかけてヨーロッパでは，暴君の殺害は許されるか否かという議論が盛んに行われた。たとえば哲学者キケロは，カエサル殺害直

キーワード 21　マスメディア

マスメディアとは，不特定多数の人々に大量の情報を発信する手段のことを指す。20世紀に新聞やラジオが普及すると，ヒトラーもこうしたメディアを利用して大衆動員を図った。やがてテレビが登場すると，視聴者に与える印象が選挙結果をも左右するようになる。インターネット時代を迎えた今日では，政治家や政治団体がホームページを開設するのはもちろん，選挙運動のあり方も変化している。しかし，マスメディアは一定の政治教育機能を果たす一方で，ときに人々を受動的にし，政治的無関心を助長する恐れがあることを忘れてはならないだろう。

後に『義務について』を著し，暴君殺害を肯定した。**暴君放伐論**(モナルコマキ)は，中世において，キケロの影響を受けたソールズベリのジョンによって発展する。カトリック信仰を背景とするその理論によれば，正義と法は神に由来し，それに反する支配は神への背信を意味するのだから，暴君という背信者に抵抗するのは万人の義務とされる。

では，こうした政治的暗殺や暴君殺害は，今日のテロと同一視できるだろうか。古代ギリシア・ローマからフランス革命以降のテロに至る歴史を連続的に捉える見方がある一方で，現代のテロを暴君殺害と区別する研究者も少なくない。その大きな違いの１つは，政治的暗殺や暴君殺害が特定の人物を標的に定めていたのに対して，現代のテロは無差別攻撃を厭わない点にある。高度にシステム化された現代社会では，１人の指導者に圧政の全責任を負わせることはできない以上，テロの標的は無差別化し拡散せざるをえないのである。

ところで，「暗殺者」という言葉の語源になった「**暗殺教団**」(Assasin) の活動は，中世におけるテロの事例としてしばしば言及される。11世紀末，イスラム教イスマーイール派の分裂から生じたニザール派は，勢力拡大のために暗殺という過激な手段を採用し，セルジューク朝や十字軍を恐れさせた。教団の指導者がハシシ（大麻）を用いて若者を惑わせ，暗殺を実行させているというイメージ（「山の老人」伝説）も手伝って，西欧では好奇と恐怖の対象となった。もとより「暗殺教団」については史実の裏づけのない事柄が数多く含まれているが，９・11テロ直後の記者会見で，ブッシュ大統領がテロとの戦いを「十字軍」と表現したことを考え合わせると，この伝説はなお示唆に富むように思われる。

（2）恐怖政治とテロ

「テロリズム」や「テロリスト」という言葉の出現は，フランス革命を直接の契機とする。これらの語彙が辞書に登録されたのは1798年のことで，テロリズムは「恐怖のシステムないし体制」，テロリストは「革命的方策の濫用によって生じた恐怖政治という体制の実行者ないし支持者」と定義されている。「**恐怖政治**」とは，1793年から94年にかけての，ロベスピエールを中心とするジャコバン派の独裁体制のことを指す。つまり近代のテロリズムは，今日の一般的な用法とは逆に，国家／体制側のテロとして出現したのである。恐怖政治の時期を通して，反革命の容疑で逮捕された者は50万人，死刑にされた者は１万6000人，裁判なしで処刑された者を加えると犠牲者は４万人にのぼる。

ロベスピエールの失脚とともに恐怖政治は終わりを迎える。しかし，それは王党派による反革命テロの始まりでもあった。革命政権を防衛するための恐怖政治と，それに対する反体制側のテロの応酬という現象は，フランス革命に限らず体制転換期には多かれ少なかれ繰り返される図式となる。ロシア革命やイラン革命，あるいは第二次世界大戦後に独立した旧植民地でも，体制選択をめぐって夥しい血が流されたのである。

こうして，近代テロは国家／体制側の暴力として始まったが，19世紀にはその主体は反体制側へと移行することになる。国家権力の転覆を目指すテロリストは，警察や議会，政府要人を攻撃対象に定めて，主に爆弾テロを仕掛けた。帝政ロシアでは1860年代から70年代にかけて，ナロードニキと呼ばれる革命運動家たちがテロを開始し，そこから分派した「人民の意志」グループは81年，ついにアレクサンドル２世を暗殺した。こうした一連のテロ活動から影響を受けて，世紀末のフランスではアナキストによる爆弾テロが頻発し，94年にはイタリア人アナキストによって大統領が刺殺される事件も発生している。

(3) 全体主義とテロ

20世紀は「戦争と革命の世紀」といわれるが，見方を変えれば，それは「テロの世紀」でもあった。第一次世界大戦前にはイタリア国王やアメリカ大統領が殺害されているし，そもそも第一次世界大戦のきっかけを作ったのも暗殺であった。

ロシア革命後，カウツキー，レーニン，トロツキーらは，共産主義の実現過程におけるテロリズムの役割をめぐって論争を繰り広げた。レーニンの死後，権力を掌握したスターリンは，政敵や一般民衆に対して粛清を開始するが，これはフランス革命期の国家テロの反復であるといえるだろう。ドイツでは1933年にヒトラーが政権を奪取し，ナチスによる一党独裁体制が確立する。「強制的均質化」と呼ばれる政策によって，各種の団体がナチス支配下の組織へと鋳直される一方，ユダヤ人，同性愛者，障害者といった異分子への迫害や，ナチス内部での粛清も実行された。

哲学者ハンナ・アーレントは『全体主義の起原』の中で，スターリニズムとナチズムをともに「**全体主義**」として分析し，その支配の本質をテロルに求めた。アーレントによれば，専制や革命には常にテロルが付きまとうものだが，全体主義のテロルはこれと性質を異にしている。前者の場合，反対派が絶滅すればテロルは終わるのに対して，全体主義のテロルは，むしろ反対派が絶滅した時点から始まるのである。それは諸個人の具体的行動とは無関係に，人種主義や共産主義のイデオロギーが敵として指名する人々を抹殺対象にする。敵はナチズムではユダヤ人からポーランド人へ，スターリニズムでは支配階級の子孫から富農層へと拡大再生産されていく。次は自分が指名されるかもしれないという恐怖こそ，全体主義的支配の核心なのであった。

3　現代テロの事例

第二次世界大戦後，冷戦の激化に伴って新左翼や反体制過激派がハイジャックや人質事件を繰り返すようになる。米ソ対立を背景にテロも国際化し，しかも背後で特定国家が関与・支援するテロが目立ち始める。冷戦終結後はそうしたテロに代わって，宗教原理主義者によるテロが活発化してくる。以下では，現代テロの歴史の中でいくつかの特徴的な事例を取り上げてみたい。

（1）テルアビブ空港乱射事件

1972年５月30日，イスラエルのテルアビブ空港到着ロビーで銃乱射事件が発生した。一般市民100人以上の死傷者を出したこの事件は，日本人が加害者として関与したテロとして記憶されなければならない。実行犯は20代半ばの青年３人で，うち２人はその場で射殺，岡本公三だけが逮捕され終身刑判決を受けた（その後，岡本は釈放され，レバノンに政治亡命した）。彼らが所属していた組織は後に「**日本赤軍**」を名乗り，世界各地で数々のテロを実行することになる。テルアビブ空港乱射事件は，日本の極左組織と「**パレスチナ解放人民戦線**」

（PFLP）との協力関係を浮かび上がらせ，テロ組織の国際ネットワーク化を世界に印象づけた。これ以降，単発的に点として発生していたテロが，グローバルな人的・物的連携を背景にネットワーク化し，現在ではアルカイダをはじめとする多数の国際テロ組織が存在していることは周知の通りである。これもまたグローバル化の一側面として捉えなければならないだろう（☞第３章・グローバリズム）。

この事件の歴史的重要性はもう１つある。今日われわれは，テロといえば**自爆テロ**（**自殺テロ**）を思い浮かべる。しかし従来のテロ活動は，基本的にテロリストの生還を前提に計画されていた。テロ組織の人的資源は豊かではないからだ。ところが日本赤軍は最初から死ぬつもりでテロを決行している。自らの死を前提にすることで，無差別大量殺戮も可能となる。評論家の立花隆は，この事件のうちに「自分の生命と引きかえなら相手を殺してもよいという日本的テロリストの美学」を読み取っているが，いずれにせよ，これは西洋合理主義には受け入れがたい発想であり，PFLPにも衝撃を与えたという。こうした自殺テロは，神風特攻隊にちなんでカミカゼ・テロと呼ばれ，中東イスラム地域における**殉教テロ**にも影響を与えることになる。

（2）地下鉄サリン事件

1995年３月20日，東京で地下鉄サリン事件が発生した。猛毒サリンが撒布され，12人が死亡，6000人以上が負傷した。身体的・精神的な後遺症を含めると，被害者はさらに多数にのぼる。実行犯は，麻原彰晃を教祖とするオウム真理教の信者であった。オウムはこの事件以外にも，1980年代末から90年代にかけて，坂本弁護士一家殺害事件や松本サリン事件をはじめ，数々の凶悪事件を引き起こしている。にもかかわらず，日本ではオウム現象がある種のサブカルチャーとして消費された面があり，オウム真理教の行為が重大なテロとして，国際的な安全保障問題として認識されることは少なかったように思われる。それに対して海外の研究者の多くは，これを明確にテロ行為として捉え，宗教的暴力のグローバルな台頭という文脈の中に位置づけている。実際，この事件には新しい時代のテロの特徴を見てとることができる。

その１つは，**大量破壊兵器**への執着である。大量破壊兵器とは一般に，化学（Chemical），生物（Biological），放射性物質（Radiological），核（Nuclear）を用いた兵器を指し，頭文字をとって**CBRN（シーバーン）兵器**あるいは**NBC 兵器**と呼ばれる。オウムはサリン以外の化学兵器として，神経剤 VX ガスを製造・使用した殺人事件を起こしている。生物兵器としては，炭疽菌やボツリヌス菌を撒布したことがある。また核については，ウラン鉱石の採取に乗り出していたことが判明しているが，かりに核物質を入手できたとしても，通常のテロ組織がそこから**核兵器**を製造することは技術的に不可能といわれている。ただし，ソ連崩壊後の混乱の中で核関連物質の一部が流出し，核関連技術を売買するネットワーク（**核の闇市場**）の存在が暴露されたことを考えると，テロ組織が核兵器を入手する可能性はゼロではない。さらに21世紀型のテロとして**サイバーテロ**の危険性も指摘されている今日，原子力発電所の制御システムがダウンすれば，事実上，核テロに等しい効果をもつことになるだろう（☞第８章・原発）。

地下鉄サリン事件のもう１つの特徴は，仏教の一派を自称する教団が千年王国的なヴィジョンに依拠して実行した**宗教テロ**であることだ。1980年代後半から90年代かけて，日本ではオウム真理教をはじめとして新興宗教の活動が顕著になる。ここには，グローバル化や政治的・経済的混乱の中で生じたアイデンティティの空虚を，宗教によって充填するというメカニズムが働いているのかもしれない。こうした宗教への回帰は，日本に限らずグローバルに観察される現象である。たとえばアラブ世界では，90年代以降，陰謀史観やオカルト思想

キーワード 22　核兵器

1945年，アメリカが最初に核兵器の開発に成功して以来，冷戦期を通して核保有数は増加し続け，ピーク時には米ソで保有していた核兵器は６万発以上にのぼった。核不拡散条約（NPT）や包括的核実験禁止条約（CTBT）といった核不拡散への取組みや，冷戦後の軍縮の進展によって核保有数は減少してきたが，現在でも約２万発の核兵器が存在する。さらに今日では，テロリストなどの非国家主体が核兵器や放射性物質を入手する危険性が指摘される中で，2004年には，非国家主体への核兵器移転を禁止する国連安保理決議が採択されている。

とも結び付いた「終末論」が流行しているという。実際，湾岸戦争からカイロ地震まで，さまざまな出来事が終末の前兆として宗教的に解釈された。その背景には，とりわけ第三次中東戦争以降のアラブ世界を覆っている閉塞感と焦燥があり，西洋化と世俗化への危機感や反発がある。こうした中で，西洋近代の価値観を拒否し，イスラムに回帰しようとする動きが活性化してくる。その一部は過激化して直接行動に訴え，テロを「**聖戦**（ジハード）」として正当化する集団も存在する。これがいわゆる**イスラム原理主義**であり，９・11テロもこうした文脈の中に位置づけることができるだろう。

（3）アメリカ同時多発テロ

2001年９月11日，アメリカで４機の航空機がハイジャックされた。航空機は世界貿易センタービルと国防総省（ペンタゴン）に突入し，これにより3000人以上が死亡した。テロの首謀者は，オサマ・ビン・ラディン。イスラム過激派の国際テロ組織，アルカイダの指導者であった（ビン・ラディンは2011年５月，パキスタンでアメリカ軍により殺害された）。

それでは，９・11テロの原因，あるいはアルカイダの目的は何だったのだろうか。テロ研究を専門とする加藤朗は，アメリカのパレスチナ政策や湾岸政策，アメリカ軍のサウジアラビア駐留，貧困・抑圧などの「**構造的暴力**」（ガルトゥング）などにテロの原因を求める諸説を紹介しながら，そのどれもが十分納得できるものではなく，結局のところ，これはわれわれの近代合理主義的な価値観を前提とする限り理解できないテロ，すなわち「ニヒリズム・テロ」と呼ぶしかないと述べている。たしかに，冷戦後の世界を規定する共通の価値観を，われわれはまだ見出せないでいるのかもしれない。それゆえ，欧米でもこの事件は世界観にかかわる原理的な考察を喚起することにもなった。

現代ドイツを代表する哲学者ユルゲン・ハーバーマスは，自らが構築してきた「**コミュニケーション的行為の理論**」の観点から，テロはコミュニケーションの欠損から発生すると説明している。ハーバーマスによれば，対話において聞き手は話し手の合理性を前提にする。あらゆる発話行為は少なくとも暗黙裡にそれ自身の普遍的妥当性を主張するものであり，異議申立てに対しては自身の正当化や修正が必要となる。コミュニケーションとは，こうした対話を通して合意に到達する可能性にコミットすることにほかならない。話し手と聞き手は互いに相手の身になって考えることで「地平の融合」に至るのである。逆に，コミュニケーションが不全に陥るとき，暴力が発生する。暴力の連鎖を断つには，理性的なコミュニケーションを回復しなければならない。そのためには，まず物質的条件の改善によって抑圧と不安を取り除き，相互信頼を醸成することが重要であるとハーバーマスは述べている。

一方，フランスの哲学者ジャック・デリダは，9・11テロを「**自己免疫的危機**」として解釈している。もともとソ連のアフガニスタン侵攻に対抗してビン・ラディンらイスラム過激派を支援したのはアメリカであり，ハイジャック犯もアメリカ国内で飛行訓練を受けていた。つまり，脅威は外部からやって来るのではなく，内側から生じているのだ。それは有機体の防衛メカニズムの自己破壊であり，一種の自殺であることを示している。しかも，これでテロが終わったわけではなく，今後いっそう悪いことが起こるのではないかという予感がある。冷戦はある意味で「恐怖の均衡」を実現していたが，その終焉とともに核の脅威が現実性を帯びていることも，こうした不安を助長する要因である。

また，テロ後に展開された一連の軍事行動は，あらためてテロ対応の難しさを教えている。アフガニスタン攻撃からイラク戦争に至る「**対テロ戦争**」については，アメリカ国内からも反対の声があがった。たとえば，対テロ戦争を国家テロとして批判するノーム・チョムスキーは，歴史的にみてアメリカこそ「テロ国家の親玉」であったと非難している。チョムスキーによれば，9・11テロは「犯罪」として裁かれるべき事象であり，むしろ1980年代アメリカのニカラグアへの軍事介入の方が国際法違反のテロ行為である。アメリカは自己都合によってテロの記録を抹消したり，自衛のための行為に書き換えているというのである。

4　テロリズムの原因と対策

(1) 近代世界システムの臨界

加藤朗は，テロを含む国家と非国家の非対称的紛争を「**低強度紛争**」(LIC)として捉えた上で，その原因を「近代世界システムの世界化」に求めている。近代世界システムの世界化とは，①政治領域では近代国民国家による民族共同体の分断化，②経済領域では資本主義経済による周辺部の従属化，③社会領域では西欧近代主義による世界の西欧化を意味している。以下，加藤の整理に依拠しながら，３つの領域における問題状況を確認しよう。

①　一般に，今日の国際システムの原型は，30年戦争（1618～48年）の講和条約であるウェストファリア条約によって形成され，ここに一定の領域内において主権を行使する複数の近代国家が並存する状況が出現したと解されている。しかし，国境線によって画定される政治的共同体（国家）と，民族，言語，宗教などによって規定される文化的共同体は必ずしも一致しない。むしろそれは重ならないのが普通であり，そこから「政治的な単位と文化的な単位の一致」(ゲルナー)を目指す思想・運動としての**ナショナリズム**が発生するのである(☞第４章・ナショナリズム)。「一国家＝一民族＝一文化」を標榜する**国民国家**は，現実には多くの場合，少数派問題を抱えている。民族的・言語的・宗教的少数派は，多数派から同化を迫られたり，抑圧や排除の対象となりやすい。こうした差別的な環境が少数派によるテロの温床となる危険性は大きい。

②　資本主義のグローバルな発展は，地域固有の経済を市場経済の中に吸収していく（☞第３章・グローバリズム)。かつて西洋列強によって植民地化された地域は，一次産品や労働力の供給源として資本主義の周辺部におかれてきたため，政治的には独立を達成した後も，経済的従属から脱することができないことが多い。輸出部門に特化した経済は，自生的な経済発展を阻害し，西欧諸国への従属を固定化する。このような発展途上国では，しばしば経済発展を最優先させるという大義名分の下に強権的な政治支配が正当化され，貧困や人権抑圧といった構造的暴力が発生しやすい。構造的暴力が悪化すると，テロを誘

発する可能性がある（☞第10章・格差／貧困）。

③　今日，西欧化の波に直面して，最も苦悩しているのはイスラム世界である。西欧近代文明の世界観，たとえば物質主義や個人主義といった価値観，**政教分離**や**リベラル・デモクラシー**などの政治理念は，イスラム世界には容易に受け入れがたいものである。西欧文明への１つの反応として，イスラム原理主義の動きがある。すなわち，イスラムの伝統的価値への回帰によって西欧化に対抗しようとする思想であり，原理主義者は世俗的な政権に対して過激なテロを実行した（たとえばエジプトのサダト大統領暗殺）。またイランのように原理主義革命を成功させた国では，反革命分子の弾圧という形で国家テロが行使されたが，これに対しては反体制派もテロで反撃するので，イスラム内部で西欧近代への対応をめぐって激しいテロの応酬を招くのである。

（2）テロ対応の方法と限界

9・11テロの直後，「これは戦争だ」と叫んだブッシュ大統領は，この奇襲に「開戦」で応じたのだった。これは直感的には素朴な反応であろうし，真珠湾攻撃を連想した者も少なくなかった。もしテロを戦争と見なすとすれば，これに対処するには軍事力の行使が避けられない。実際，レーガン政権以降のアメリカは，軍事力による強硬なテロ対策に乗り出している。1986年のリビア爆撃はその典型といえよう。世界各地で対米テロが頻発する中で，ベルリンのディスコ爆破テロをリビアによる国家支援テロと認定し，リビアへの報復と先制攻撃を自衛権の行使として正当化したのである。

しかしながら，軍事力の発動にはいくつかの困難が伴う。第１に，国際法上の問題がある。国連憲章51条は国家の自衛権を定めているが，その行使は「武力攻撃」の発生を前提としている。ディスコ爆破はアメリカへの武力攻撃と見なすことができるだろうか。第２に，軍事力行使は軍事大国にのみ可能な選択であり，国内世論は調達できても国際世論の支持を得られない場合が少なくない。実際，リビア爆撃に反対したフランスは，米軍戦闘機の領空通過すら認めなかった。第３に，テロ支援国家への軍事力行使は，テロそれ自体の抑止にどこまで有効なのか。アメリカはリビア爆撃によって宿敵カダフィ政権を転覆させることはできず，これ以降もリビアのテロへの関与を阻止することはできなかった。軍事力行使は，短期的には一定の効果をあげるとしても，長期的にみれば報復の連鎖を招く恐れも否定できないだろう。

他方，テロは戦争ではなく犯罪であるとの観点に立てば，法的対応をとることになる。テロ活動のグローバル化を背景に，国内法のみならず国際法の整備と国際協力体制の確立は喫緊の課題である。これまでのところ，テロ防止のための国際条約として，「航空機内で行われた犯罪その他ある種の行為に関する条約」(1963年) から「核によるテロリズムの行為の防止に関する国際条約」(2005年) まで，13本の条約が採択されている (日本はすべて締結)。これらは国際情勢の変化や新しいテロの出現に対応するべく，分野別に個別条約を積み重ねる形で整備されてきたものだが，一面においては関係諸国の妥協の産物でもあるから，さまざまな不備が指摘されている。

たとえば，テロリズムを国際犯罪として明確に規定していないため，**国際刑事裁判所** (ICC) 等の国際機関で裁くことができない。犯罪者の処遇は基本的に締約国内の裁判に委ねられており，処罰の義務は自明ではないのである。さらに，国家テロや国家支援テロについても明示されておらず，テロ概念自体に曖昧さを残している。この点は，従来の個別条約を超えるものとしてインドが提案し，国連で検討されている「包括的テロ防止条約」をめぐる主要争点の1つでもある。パレスチナ問題を背景に，西洋諸国はテロ行為の主体から国家を除外するのに対して，イスラム諸国は国家テロの認定を強く要求している。逆に，第三世界諸国は民族自決を大義とした民族解放闘争をテロと区別するよう求めているが，西洋諸国は反対している。テロの定義の困難さはここにも見てとることができる。

(3) セキュリティの政治

テロリズムへの対応に法的根拠が必要なことはいうまでもない。とはいえテロが惹起する混乱と不安の只中では，法体系を逸脱する行動が生じやすいことも事実である。よく知られているように，アメリカによる対テロ戦争の過程で拘束された被疑者たちは，**グアンタナモ収容所**で恒常的に拷問や虐待を受けていた。こうした処遇は，捕虜の保護を定めたジュネーヴ条約違反であると考えられるのに対し，アメリカ政府は同条約が規定するのは国家間の紛争であるから，対テロ戦争のような非対称的な紛争で拘束されたアルカイダやタリバンの関係者は捕虜に該当しないと強弁したのである。

グアンタナモの現実は，先述したアーレントの全体主義論を想起させる。アーレントによれば，立憲主義的統治が法の支配を本質とするのに対して，全体主義の本質はテロルであり，その行き着く先は**強制収容所**であった。刑務所であれば刑法の法的保護体系を前提とするが，強制収容所は端的に「法の外」にある。犯罪者には残されていた人権も，強制収容所の中ではすべて剥奪されるのである。この視点から見ると，テロリスト（その容疑者）をグアンタナモのような「法の外」へと追放することは，もう１つのテロ行為であるともいえよう。テロリズムが法秩序への許しがたい侵犯である一方で，テロ対応が法秩序を踏み外すならば，テロリズムを批判する根拠自体を失うことになる。

たしかに民主的な社会は，ある意味でテロに対して脆弱である。秘密警察網を張りめぐらせた独裁国家よりも，移動の自由や結社の自由が保障された自由民主主義国家の方が，テロリストにとっても活動しやすいだろう。テロリストはリベラル・デモクラシーの価値を最大限に享受しながら，その根幹を脅かすテロを準備し実行するわけだ。このような挑戦に対して，民主的な社会がその価値を手放すことなく対抗することは難しい。リベラル・デモクラシーの価値と国民生活の安全は，ときにトレードオフの関係に陥るからである（☞第１章・デモクラシー，第２章・リベラリズム）。

９・11テロをきっかけとして，世界的に**セキュリティ**（安全・安心）への関心が高まっている。アメリカではテロ直後に愛国者法（USA PATRIOT Act）が成立し，これにより捜査当局には大きな権限が与えられ，令状なしでのテロ容疑者の逮捕，電話の盗聴，Ｅメールの閲覧などが可能になった。日本でもテロ対策の一環として入管法が改正されたり，共謀罪の新設が議論されたりした。こうした監視強化の動きを象徴的に示すものとして，街頭や公園，マンションなど至るところに設置されている監視カメラの存在がある。監視カメラの設置主体は国家や自治体ばかりではなく，商店街や地域住民など市民社会の側が意欲的なケースも少なくない。それだけセキュリティへの感度が鋭敏化しているのだと考えられる。

しかし，監視カメラの有効性については議論の余地がある。それが犯罪者の追跡に一定の役割を果たしていることは事実としても，テロリストのような確信犯に対して，どこまで犯罪抑止効果を期待できるだろうか。また，監視社会化が人権意識の後退を意味しているならば本末転倒であろう。監視カメラは犯罪者かどうかを問わず，個人の行動を逐次モニタリングしているのである。監視社会の住人は**プライバシー**と引き換えに，セキュリティを向上させていることを忘れてはならない。情報技術の発展は，インターネット，GPS機能，生体認証などを組み合わせることで，より高度な監視体制を可能にしつつある。こうした監視システムの恣意的運用からプライバシーを守るには，監視の監視が必要となるかもしれない。いずれにせよ，セキュリティの方程式は，プライバシー，コスト，リスクといった諸要因が複雑に絡み合っており，最適解を見つけるのは容易ではないのである。

コラム◆11　イスラム原理主義

原理主義（fundamentalism）という言葉は，もともとは聖書無謬説や千年王国説に依拠するキリスト教の一派を指していたが，1979年のイラン革命以降，むしろイスラムと結び付けられるようになった。ただし，イスラム原理主義の意味内容は必ずしも明確ではない。たとえばキリスト教原理主義の聖書無謬説をイスラムに当てはめると，コーランが無謬であることはムスリムにとって自明であるから，すべてのムスリムは原理主義者であるという不都合が生じる。しかもマスメディアでは，しばしばイスラム原理主義はテロリズムと同様の蔑称として使用されるので，この言葉の使用に慎重なイスラム研究者も少なくない。

イスラム原理主義を支える理論としては，サイイド・クトゥブの「ジャーヒリーヤ論」がよく知られている。ジャーヒリーヤというアラビア語は「イスラム以前の無知の時代」を意味し，通説ではムハンマドの宣教で克服されたことになっているのに対して，クトゥブは現代のイスラム社会も世俗主義によって再びジャーヒリーヤに堕していると説き，エジプトの世俗的専制支配の打倒を呼びかけた。ナセル政権から危険視されたクトゥブは処刑されたが，その影響を受けた「イスラム集団」や「ジハード団」は，1981年にサダト大統領を暗殺し，97年にはルクソール事件を起こしている。ビン・ラディンもクトゥブ信奉者の１人であったという。

参考文献

加藤朗『現代戦争論——ポストモダンの紛争 LIC』（中公新書，中央公論社，1993年）

著者は，テロを含む国家対非国家の非対称的紛争を低強度紛争（LIC）として捉え，その理論，事例，対策について周到に分析している。

金惠京『テロ防止策の研究——国際法の現状及び将来への提言〔新装版〕』（早稲田大学出版部，2012年）

アメリカ，日本，韓国での研究成果を踏まえたテロ関連国際法に関する研究書。テロリズム防止のために整備されてきた国際法の現状と問題点がわかる。

川崎修『ハンナ・アレント』（講談社学術文庫，講談社，2014年）

ハンナ・アーレントの『全体主義の起原』は全体主義論の古典的名著だが，いきなりこの大部に挑戦するのは難しいかもしれない。入門書として本書をお薦めしておく。

ユルゲン・ハーバーマス／ジャック・デリダ／ジョヴァンナ・ボッラドリ（藤本一勇・澤里岳史訳）『テロルの時代と哲学の使命』（岩波書店，2004年）

９・11テロをめぐって，ハーバーマスとデリダが受けたインタビューの記録。論敵とされた２人の哲学者が，イラク戦争への批判で「共闘」したことは少なからぬ驚きを与えた。

マーク・ユルゲンスマイヤー（立山良司監修，古賀林幸・櫻井元雄訳）『グローバル時代の宗教とテロリズム——いま，なぜ神の名で人の命が奪われるのか』（明石書店，2003年）

「コスミック戦争」という概念を手がかりに，キリスト教，ユダヤ教，イスラムはもちろん，オウム真理教の事件も視野に収めつつ，宗教的テロリズムの台頭を分析している。

第12章 地域統合

“損得勘定”を超えて

1　地域統合の広まり

近接する諸国が，互いに統合しようとする。このような動きが世界的に目立って久しい。ヨーロッパでは，EU と呼ばれる統合組織に28か国が参加する。これらの諸国は，「4つの自由移動」，つまり，物，人，資本およびサービスの4部門において，より移動が容易になるように互いに努めてきた。EU が設立されたのは，そのような試みをはじめ，さまざまな政策分野において共通化と協力を円滑に進めるためである。また，EU ほど統合の深まりや広がりはないものの，似たような動きは他の地域でもみられる。南北アメリカ地域には，アメリカ，カナダおよびメキシコによる北アメリカ自由貿易協定（NAFTA）がある。ブラジルとアルゼンチンをはじめ6か国が加盟する南部共同市場（MERCOSUR）もある。タイ，シンガポール，インドネシアなど東南アジアの10か国は，東南アジア諸国連合（ASEAN）を結成している。南アジアには，インドやパキスタンが入る南アジア地域協力連合（SAARC）がある。中東やアフリカ，あるいは日本が位置するアジア太平洋地域においても，同様の動きがある。

統合の試みが，1地域に1つであるべき理由はない。複数の統合が地理的に重なっているのが，むしろ通常の姿である。北ヨーロッパに位置するデンマークを例にとろう。九州7県とほぼ同じ面積であるこの国が，当時はヨーロッパ共同体（ECs）と呼ばれていた EU に加盟してから40年余りになる。しかしながら，それ以前は，ヨーロッパ自由貿易連合（EFTA）という別組織の一員であった。他方において，北ヨーロッパ理事会（ノルディック・カウンシル）には一貫して加盟している。しかも，EU 諸国と大半の EFTA 諸国が形成するヨーロッパ経済地域（EEA）にも参加している。

他方，デンマークがこれらの組織のあらゆる活動にかかわっているかというと，そうではない。たとえば，EUの加盟国であるにもかかわらず，単一通貨ユーロは導入していない。つまり，自国独自の通貨であるデンマーク・クローネを使い続けている。亡命申請手続の共通化を目指す政策にも，原則として加わっていない。いかなる統合を目指し，あるいはいかにそれにかかわるかは，国家にとって常に悩みのタネとなる。

それにしてもなぜ，このような統合が起こるのか。あるいは，なぜそれが，特定の諸国の間で起こり，しばしば何十年も持続するのか。この章では，まず，地域統合の先駆的な試みと見なされているEUの現状を取り上げる。それによって，地域統合とはいかなる現象であるのかを把握する。次いで，統合を深める原動力について，いくつかの側面から考えることにする。そして最後に，日本が位置するアジア太平洋地域での統合のあり方に目を転じることにしたい。

2　統合のさきがけとしてのEU

（1）統合の目的

地域統合の多くは，経済統合，すなわち経済分野における国家間の統合を主な目的としている。その程度や形態は，統合に参加する諸国の考えを反映してさまざまである。どの範囲の諸国と統合を試みるのか。いかなる産品の関税を，どのように互いに撤廃していくのか。域外国に対する貿易政策を，参加国間で調整するのか。資本や人の移動を，いかなるタイミングで，かつどの程度まで自由化するのか。そして，インフラ整備，エネルギーの受給，環境保護（☞第7章・環境），教育・職業訓練など，どこまでを共通課題とするのか。参加を望む諸国は，これら各々について逐一合意しなければならない。

諸国が経済統合を目指すのは，自国の経済が活性化することを期待してのことである。もっとも，それだけではない。統合に向けては，しばしば国家間で定期的に協議しなければならない。定期的に協議する過程そのものが，互いの信頼を醸成し，武力で脅しあう状況を非現実的なものにするだろう。ひいては，地域としてのアイデンティティーを確認することができ，グローバリゼーションの進む国際社会での発言力が強まる（☞第3章・グローバリズム）。場合によっては，反政府活動やテロリズムに結束して対応することもできる（☞第11章・テロリズム）。地域統合が世界的に目立つのは，さまざまな利点があるからである。

（2）EU の特徴

地域統合の先駆的な試みと見なせるのが，EU である。ヨーロッパ6か国がヨーロッパ共同体（ECs）を設立したのは，1950年代のことであった。その後，近隣国が徐々に加わり，12か国となった90年代初頭に EU へと発展した。現在では，かつてソビエトの勢力下にあった東ヨーロッパ諸国やユーゴスラビアを構成していた諸国も EU に入っている（**資料10**）。地図で確認してほしい。

EU が先駆的と見なされるのは，加盟国を増やしつつ，半世紀を超える歴史を歩んできたからである。それに加えて，文字通り統合と呼ぶにふさわしい，いくつかの特徴を備えているからでもある。ここでは，特に重要な2つの特徴を紹介しよう。1つは，活動する分野がきわめて広範にわたることである。従来であれば国家が個別に活動するはずの，かなりの分野をカバーしている。

EU が活動できる分野は，各国が締約する EU の基本条約で定められている。基本条約は，活動の形態を3つに分類する。① EU のみが活動する分野，②

キーワード 23　**安全保障**

自国の安全に全力を尽くすことは，国家にとって最も核心的な利益であると考えられてきた。しかしながら，そのために軍備を増強するほど，諸国は互いに疑心暗鬼となり，すべての国の安全を保障できない状況となっていく。このような「安全保障のジレンマ」をいかに克服するかが，国際政治の主要課題のひとつとなっている。地域統合の分野では，国民間のコミュニケーション次第で安全保障のジレンマを克服できるという視座（「安全保障共同体」）などがある。他方，「人間の安全保障」の観点から，経済的および社会的な弱者を含む人々の尊厳を保つことが安全に資する，という考えも広まっている。

資料10　ヨーロッパ諸国のECs/EU加盟（2014年現在）

原加盟国		総　数
1952年	フランス，西ドイツ，イタリア，オランダ，ベルギー，ルクセンブルク	6
新規加盟国		
1973年	イギリス，デンマーク，アイルランド	9
1981年	ギリシャ	10
1986年	スペイン，ポルトガル	12
1990年	（東西ドイツ統一）	−
1995年	スウェーデン，オーストリア，フィンランド	15
2004年	ポーランド，ハンガリー，チェコ，スロバキア，エストニア，ラトビア，リトアニア，スロベニア，マルタ，キプロス	25
2007年	ルーマニア，ブルガリア	27
2013年	クロアチア	28
加盟候補国		
	トルコ，マケドニア，セルビア，モンテネグロ，アルバニア	

（注）下線＿＿は旧ソビエト圏，下線＿＿は旧ユーゴスラビアの国。
（出所）筆者作成

EUと加盟国が協働する分野，および③加盟国の活動をEUが支援したり，補足したりする分野である。③から②に，そして②から①の分野になるにつれて，EUの権限は強まることがわかる。条約によると，たとえば貿易や公正取引（競争政策）の分野は①に属する。ユーロを導入している加盟国の通貨政策も①に位置づけられる。②に該当するのは，域内市場，農業，漁業，移民，域内開発（結束政策），環境保護，消費者保護などである。③には，人間の健康，産業のほか，文化，観光，教育などが含まれることになる。

①から③のいずれにも当たらない分野もある。雇用，治安維持，社会保障などは，これまで通り，基本的には加盟国が独自に政策を行うことになる。また，外交と防衛については，より柔軟に対応できるように取り決められている。いずれにせよ，①や②といった分野があることには特に留意したい。自らが個別に活動できる分野が挟まっている事実を，すべての加盟国が受け入れてきたことを示しているからである。自国の政策を自ら決定するのが国家主権の発想であるとすれば，EUに加盟する諸国は，そのような発想を自ら後退させていることになる。

もう１つの特徴は，国家間の決定が迅速に下せるように工夫していることである。たとえば，EUには理事会という機関がある。理事会は，各加盟国の閣僚級の代表者からなっており，EUが活動する上で基幹的な役割を担う。このような重要な機関では，通常，メンバーである各国代表の全会一致で決定が下される。そうでなければ，決定に反対する国の意見が無視され，その国のメンツさえ失われうるからである。しかしながら，EUの理事会では，多くの議題において，全会一致を用いないルールとなっている。つまり，国家代表者間の多数決をもって決定しているのである。それは，一国が一票をもつ国連総会のような制度ではない。各国の人口や国家数が考慮される，より厳しい条件の制度である。もっとも，厳しい条件ではあるが，多数決であることに変わりはない。理事会が効果的に決定を下せるように，各国がその「拒否権」を互いに放棄しあっているのである。

EUの司法裁判所にも工夫がみられる。国家間で設立される裁判所は，通常，国家のみが当事国である。しかも，関係するすべての当事国の同意がなければ裁判することができない。国連の主要機関である国際司法裁判所（ICJ）が，その典型である。それに対してEUの裁判所は，加盟国のみならず，企業や個人，およびEU機関も裁判の当事者となりうる。当事者らの同意も必要なく，かつ判決には従わなければならない。

EUにおけるこのような裁判のルールは，加盟する諸国にとっては「痛しかゆし」である。というのも，そのルールに基づけば，自国の政府や国民の思惑に反する判決が往々にして下されるからである。諸国は，域内で起こる争いごとを円滑に処理させるために，そのような状況を許容してきた。

（3）統合の原動力

以上の特徴は，他の統合組織にはあまりみられないものである。それでは，EUになぜ，こうした特徴が備わっているのか。この点は，専門家の間でも議論がある。

たとえば，アメリカの国際政治学者ハースは，EUの行政機関である欧州委員会や，先に触れたEU司法裁判所の活動に分析の重きをおいた。これらの機関が加盟国から自立して活動できる分野は，当初は限られていた。しかしながら，それらの機関は，多国籍企業やヨーロッパ次元の政党の支持を得つつ，徐々にヨーロッパ共通の政策を進めるようになる。ひいては，そのような動きがEUを「超国家的」な組織に変えたとみる。このような視座は，新機能主義と呼ばれる。

新機能主義とは異なる説明を試みるものに，政府間主義がある。その代表的な論者であるモラブチックによると，以上にみたEUの特徴は，加盟国政府による交渉と取引の結果として備わったものである。ここでは，EU機関は脇役であり，各国政府に委任された範囲で活動するにとどまる。主役は国家政府であり，それこそが，EUの活動を能動的に統制してきた，と論じる［ヴィーナー／ディーズ，2010］。

新機能主義と政府間主義の違いは，統合の原動力を，EUと加盟国のいずれの次元におくかという点にある。もっとも，いずれの視座も，ヨーロッパの統合を，紆余曲折を経ながらも徐々に深まっていく過程であると捉える。統合を過程として捉える見方は，ヨーロッパが抱えるさまざまな課題をいかに解決していくのか，という長期的な関心から生じたものである。1950年代には，ヨーロッパの多くの国が，二度にわたる世界大戦の疲弊や植民地の喪失から再興しなければならなかった。東西冷戦構造の下，ソビエト連邦の脅威をアメリカとともに防ぐ必要もあった。あるいは，ナチスに象徴されるドイツの「暴走」を抑止する枠組みを設けなければならなかったのである。諸国が共通の目標を掲げるのみでは，これらの課題を解決することが難しい。そのような判断があって，上記の特徴を備える統合組織が少しずつ形づくられてきた。少しずつ形づくられるというEUの方法こそが，新機能主義と政府間主義とにかかわらず，注目されるポイントとなっている。

3　贈与の共同体としてのEU

それでは，このように概観できるEUを，加盟諸国はいかに維持してきたのだろうか。維持することが，総じて国家の利益にかなう。だから維持しようと努めてきた，というのが基本的な答えであろう。しかしながら，統合組織は，その性格上，各国が維持したいと願えば維持できるような単純なものではない。維持するためには，各国が身を削って折りあうことが求められる。身を削る行いは，政治学や社会学では贈与と呼ばれる。

（1）国家間の多数決

EUの加盟国は，いかにして身を削っているのか。すでにみたように，EUにおいては，各国の閣僚級の人物からなる理事会が多数決制を用いていた。これは，決定を迅速に行うためであったが，それは裏を返せば，多数決で敗れる可能性が常にあることを意味する。多数決で敗れた国は，自国の要望と理事会の決定が食い違うことになる。理事会の多数決は，このようなリスクを加盟国が認めあうことによって初めて実施できる。

賛成できなくても決定を受け入れることを，互いに認める。これは，EUの加盟国が身を削っている一例である。**資料11**をご覧いただきたい。この図は，15か国当時の加盟各国が，反対票と棄権票を何回投じたのかを合計したものである。図によると，投じた回数は，国家によって開きがある。しかしながら，多かれ少なかれ，これらの票をすべての国家が投じていることが読み取れる。

ここではさらに，人口で勝る大国が，自国に不利な票配分を受け入れていることに注目したい。

キーワード 24　**東西冷戦**

第二次世界大戦後に西側諸国と東側諸国の間で生まれた，軍事面をはじめさまざまな面における緊張状態を指す。アメリカを盟主とする西側諸国には，資本主義・自由主義を信奉する西ヨーロッパや日本，韓国が加わった。共産主義を追求したソビエト連邦（ソ連）の勢力圏には，中国のほか，東ヨーロッパ諸国などがおかれた。「冷たい戦争」と呼ばれるのは，両陣営による全面衝突がなかったためである。もっとも，朝鮮半島，ベトナムおよびアフガニスタンなどで凄惨な代理戦争があった。1990年代初頭にひとまず終結したものの，ソ連を後継したロシアとアメリカの関係は，依然として良好なものではない。

資料11　EU加盟国による反対票と棄権票（1998-2004年）

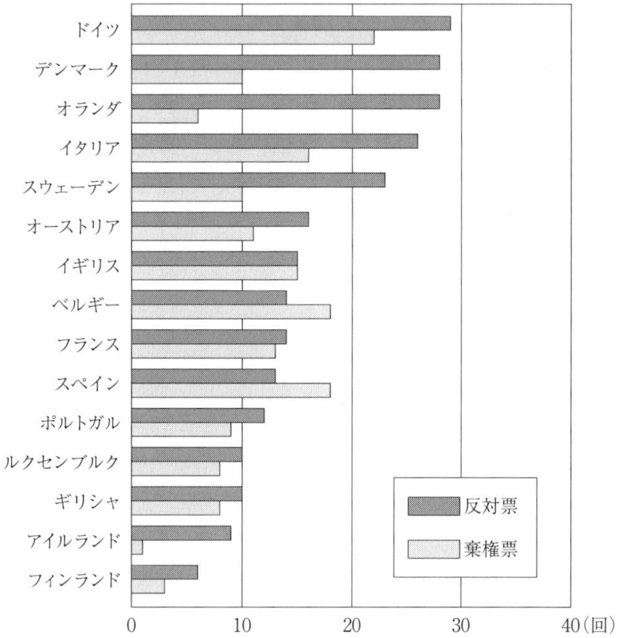

（出所）Fiona Hayes = Renshaw and Helen Wallace, *The Council of Ministers*, Second edition, Palgrave, 2006, p.284, Table 10.4に基づく。山本直「EU多数決制の起源と成立」『北九州市立大学国際論集』第12号（2014年）40頁も参照されたい。

多数決の票配分には，各国の人口の違いが考慮されている。人口の多い諸国には，多くの票が割り当てられる。そして，人口が少なくなるにつれて，票数も少なくなる。しかしながら，各国の票数が，その人口に単純に比例するわけではない。人口の多い国の票数は，たしかに多い。けれども，その配分は，人口の差ほど充分なものではない。

資料12は，各国に配分される票数を，人口10万人当たりで比べたものである。ドイツ，フランス，イギリスおよびイタリアの４か国は，それぞれ６千万から８千万人の人口大国であり，それだけ多くの票数が配分されている。しかしながら，これを10万人当たりで計算すると，４か国各々の票数は，人口がきわめ

資料12　各加盟国の持ち票数（2014年）

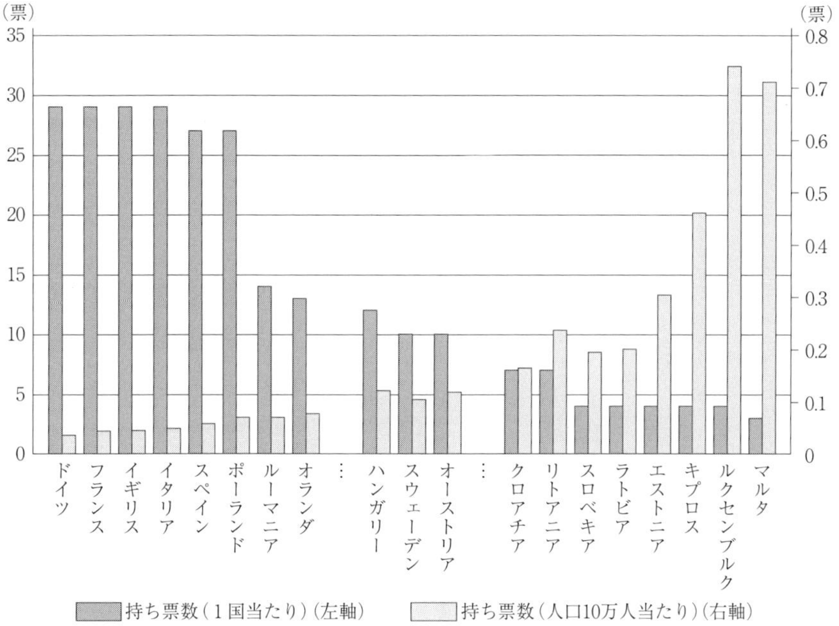

（注）一部の加盟国は省略した。
（出所）筆者作成

て少ないキプロス（87万人），ルクセンブルク（54万人）あるいはマルタ（42万人）がもつ票数の10分の１か，それ以下になってしまう。

各国への票配分のみで，多数決の成立が決するわけではない。賛成国の数なども条件となる。とはいえ，EU に加盟する人口小国には，EU が大国に牛耳られることへの警戒心が根強い。このような事情を汲んで，人口の多い国は，自らが不利になる票配分となることを容認しているのである。

多数決制を用いることに異議を唱えた国もあった。1960年代のフランスがそれである。当時の大統領であったシャルル・ドゴールは，「国家にとってきわめて重要な利益が危険にさらされる場合」には，多数決をやめて全会一致で決めるべきである，と主張した。その主張を他国に認めさせた「ルクセンブルクの妥協」は，EU の入門書にも登場する事件である［辰巳，2012ほか］。ドゴールほど強硬ではなかったものの，イギリスのマーガレット・サッチャー首相も多数決に憤慨したことがある。「ルクセンブルクの妥協」を有効視していたサッチャーは，EU 域内の農産物価格が多数決で決められるという虚を突かれ，「わが政府は検討しなければならない重大問題をかかえた」と怒りを露わにしたのである［金丸，1984］。

しかしながら，こうした主張や憤慨は，長いヨーロッパ統合の歴史においては一時的なものであった。多数意見に従うべきである――もしくは，従うのもやむをえない――とする考えが，おおかた支持されてきた。

（2）財政の負担

EU の運営資金に域内の富裕国が貢献していることは，加盟国が身を削る，さらなる例として挙げることができる。

EU が運営されるために，毎年18兆円ほどの予算が計上されている。この予算は，EU として執行するものであり，加盟28か国の予算とは別個のものである。120兆円から150兆円の規模であるドイツやイギリスと比べると，それは大きな規模ではない。もっとも，たとえばベルギーは27兆円であり，ポルトガルで10兆円である。これらの国と比肩する規模の予算を，地域統合の組織が計上していることになる。

28か国は，この18兆円を等分に負担しているわけではない。各国の人口に応じて割り当てているわけでもない。経済的に余裕のある加盟国が，より多くを負担しているのである。

EU の行政機関であるヨーロッパ委員会の報告書から算出すると，１人当たりで最も多く負担している国民は，オランダである。同国は，EU に８千億円強を貢献する一方，EU から受け取る補助金などは３千億円に満たない（金額は2011年度と2012年度の平均値。以下同じ）。この差額を同国の1600万人の人口で割れば，１人当たり約３万２千円の支出ということになる。一年間で３万２千円というのは，軽い負担ではない。

オランダに次いで，デンマークとスウェーデンの２万８千円，ドイツの２万１千円となる。これら諸国の負担は，たとえば国際連合（国連）への日本の拠出に比べても重い。日本が国連の一般予算に供する額は，年間約280億円である。国民１人当たりでは，220円程度となる。国連には他に専門機関や平和維持活動（PKO）への拠出があるために，数万円と220円を比べるのはフェアではないかもしれない。しかしながら，EU 加盟国による EU 財政への貢献を想像する上で参考にはなる。

より留意するべきは，負担する金額の多い少ないではない。自国の出費がいかなる効果をもたらすかを，加盟国が予測することは難しい。そのような中で負担し続けている事実が見逃せないのである。EU が資金を投じる分野は，農業からインフラ開発まで幅広い。しかも，EU 機関は，国家の枠組みをそれほど考慮せずに予算を執行する。加盟国としては，自国の拠出による効果をうまく計れないにもかかわらず，とにかく拠出し続けることになる。

理事会の多数決制や財政負担を受け入れる加盟国の姿勢は，フランスの社会学者マルセル・モースのいう**贈与**に近いものである。モースによると，ある社会が発展するには，互いに与えあう必要がある。社会は「その内部の集団やメンバーが，どれだけ互いに与え，受け取り，お返しできるかに応じて発展する」のである。モースのいう社会を，諸国家からなる EU に置きかえてみよう。そこでは，多数決の際に人口大国が小国に譲る姿勢をみせている。あるいは，拠出する効果が不確実でありながら，経済的に豊かな国がかなりの財政負担を受け入れている。単に贈与すればよいのではなく，いつ，いかに，どの程度贈与するかは重要な問いであるに違いない。しかしながら，国家，とりわけ大国といえる地位にある国の贈与があってこそ，ヨーロッパ地域における統合は保持できているようにみえる。

（3）“損か得か”を超えて

EU による統合が，良いことばかりをもたらすわけではない。たとえばそれは，国家を超える次元においてはデモクラシーが実現しにくいことを明らかにしてきた（☞第１章・デモクラシー）。統合が始まった初期の頃は，各国の市民は，統合の成果をある程度実感できれば十分であった。しかしながら，EU の活動分野が広まり，その諸機関の権限も強まるにつれて，そうはいかなくなっている。加盟国は，EU の機関としては唯一の議会的性格をもつ欧州議会の地位を高めることに合意した。各加盟国の議会（国会）が，EU の決定に公的にかかわれるようにもした。理事会や欧州委員会も，いかなる議題をどのように決定したかを公開するように努めはじめた。とはいえ，加盟国の多くの市民にとって，EU はいまだ心理的に遠い存在である。EU の民主的な正当性を保つことは容易ではない。むしろ，EU からの脱退を唱える政党が，有権者から安定した支持を集めるようにさえなっている。

このような状況を深刻にしたのは，EU による一元的な経済運営が貧富差を拡大し，各国内の伝統的な商慣行を破壊したと見なされたことである。統合で豊かになるのは，大企業のみではないか。中小企業や労働者の多くには恩恵が感じられない。そうした不満が鬱屈する中で，移民や異教徒を排斥する声が強まっていく。

ヨーロッパ債務危機と呼ばれる一連の危機も，EU への信用を揺るがせている。危機の原因は，複合的なものであった。通貨政策を共通化しながらも，財政政策はそうしなかったこと。ユーロ導入国間にみられる競争力の違いを軽んじたこと。あるいは，アメリカを発端とするサブプライム危機とリーマン・ショックが，不幸なタイミングでヨーロッパに飛び火したこと。債務の不履行によって破たんする国が出る状況は，全力で回避されるであろう。しかしながら，危機をいかに収束させるかについて，加盟国間での意見対立がなかなか弱まらない。ドイツをはじめとする支援国は，金を出すが，口も出す。支援対象国に緊縮財政を求めるのがそれである。ギリシャ等，支援を受ける国は，内政不安をもたらすという理由から，緊縮を緩和するように要求する。両者間の亀裂は，統合の理念が迷走している印象を人々に抱かせている。

EU に加盟する諸国は，産業のありようが多様なだけではない。言語や文化，防衛方針のほか，自国の建設をめぐる歴史認識なども異なる。そのような諸国からなる EU は，細心の注意を払いながら活動してきた。加盟国が互いに身を削ること，すなわち贈与することも，各国の歴史的な経験から生み出されたものである。しかしながら，そのような細心さと贈与があっても難しいのが，地域統合である。「自国の利益になるか」「ウイン-ウイン関係を築けるか」という関心は，たしかに重要ではある。もっとも，そうした関心の裏面にある身を削る論理は軽んじられやすい。おトクだから，という理由で成功するほど，地域統合は甘くない。

4　アジア太平洋の地域統合

ヨーロッパ以外の地域においても，統合に苦労している組織がある。南米のMERCOSUR 加盟国からは，その地域の大国であるブラジルとアルゼンチンが，他国の声に耳を傾けてくれないという不満が出ている。ASEAN 諸国がASEAN 共同体を強固にするには，豊かな国が域内の低開発地域に積極的な資金援助を行う必要があるように思える（☞第10章・格差／貧困）。各地の統合の試みは，背景や動機，あるいは目的がしばしば異なる。それらに参加する諸国の意図や役割もさまざまであろう。しかしそれでも，先述した意味での贈与をいかに行うかは，統合の持続性を決定づける要因の１つになるものである。日本が位置するアジア太平洋地域の統合も，その例外ではない。

（1）統合の源流

この地域における統合の試みには，いくつかの源流がある。１つは，ASEAN である。ASEAN は，共産主義勢力の拡大を恐れた東南アジア諸国が，1960年代に結成した組織であった。現在では加盟10か国が，経済分野での統合を軸に，さまざまな分野で共同体を築く試みをみせている。こうした経緯をもつASEAN が，諸外国，とりわけ近接する諸国の協力を引き出す求心力にもなったのである。日本，韓国および中国も加わる「ASEAN プラス・スリー」や「ASEAN 地域フォーラム（ARF）」は，そのような求心力が生んだ成果だった。

もう１つの源流は，アジア太平洋経済協力会議（APEC）である。1980年代末から開催されるようになったこの会議には，アメリカ，オーストラリアおよびロシアを含む，アジア太平洋沿岸の広範な諸国が出席する。国連に加盟する面々のみならず，中国の特別行政区である香港，ならびに台湾（チャイニーズ・タイペイ）も，正式メンバーとして参加している。

当該地域における統合の多くは，これらの源流の延長線上にある。もっとも，これらのいずれもが，大胆な統合に連なってきたわけではない。たしかに経済協力や金融協力は，それなりに進んでいる。しかしEUのように，統合組織が自立的に活動できるような分野はいまだない。国家間の決定を迅速に下すための工夫も，特段なされていないのである。統合を阻む要因はいくつかあるものの，各国の国民が互いに抱く猜疑心が最大の要因であろう。近隣に位置するとある国は，地域の秩序を強引に変更しようとしている。過去の侵略行為を謝罪する誠意がみられない。われわれの領土を虎視眈々と狙っている（☞第6章・領土）。あるいはそもそも，政治や社会をめぐる価値観が違いすぎている。国民の猜疑心を，政府や政治指導者が和らげようとする気配もほとんどみられない。このような状況が，統合という選択肢を諸国から奪っている。

（2）TPP参加の損得

そのような中で例外的に活発であるのが，**環太平洋経済連携協定**（TPP）と呼ばれる経済協定を結ぶ動きである。TPPは，本来，シンガポール，ブルネイ，ニュージーランドおよびチリの4か国が連携を目指すものであった。2008年以降アメリカがこの協定を拡充しようとし，日本を含む12か国が交渉に臨んでいる（以上の国のほか，オーストラリア，カナダ，ベトナム，ペルー，マレーシアおよびメキシコが交渉中である。2015年6月現在）。

TPPを結ぶ利点は，さまざまな観点から挙げられている。貿易と投資の自由化は国内経済を活性化するという観点は，その主なものである。自国にとって不利なルールを後年強いられないためにも結んでおく方がよい，という見方もある。その一方で，参加することで受ける不利益も指摘されている。いわく，国内農業が衰退する。広範な産業において，労働条件が悪化する。交渉過程が不透明である。あるいは，個人の健康やプライバシーにも負の効果を与える，といった不利益である。さらには，競争相手としての中国をけん制する効果もみられないという指摘もある。これらの観点を，ここであらためて検討することはしない。しかしながら，TPPをめぐる議論が，自国の損得勘定に集約される傾向にあることは確認しておきたい。

たしかに日本政府は，TPP が，日本のみならず，アジア太平洋の全域に繁栄をもたらすと説いている。安倍晋三首相によると，同盟国であるアメリカや普遍的価値を共有する諸国とともに定めたルールが,「共通の経済秩序」を生む。そうなることによって，これらの国々との経済的な相互依存が「我が国の安全保障にとっても，また，アジア太平洋地域の安定にも大きく寄与する」と述べる（2013年３月15日記者会見)。もっとも，そのような相互依存が，どのように安全保障と安定に寄与するかまでは述べていない。「共通の経済秩序」がいかなるものかにも触れていない。

他方で強調されるのが，TPP への参加がもたらすであろう損得である。たとえば，参加および非参加の各々の場合に国内産業に与える影響を，経済産業省と農林水産省が試算している。メディアは，締約交渉が妥結する鍵は，関税率を削減する期間とセーフガード設定の成否にあると報道する。あるいは専門家は，当事者の紛争を仲裁する国際機関は，必ずしもアメリカの政府と企業に有利には作用しないと予想する。このような姿勢から，損得勘定を超える関心を読みとることはできない。

状況は，協定を拡充することを提唱したアメリカも同様である。バラク・オバマ大統領は，国内の演説で次のように述べた。TPP を締約するのは，「アメリカの輸出を拡大し，アメリカの雇用を支え，かつ，成長するアジア市場での活動を容易にするため」である（2013年一般教書演説)。あるいは，以下のようにもいう。わが国アメリカの輸出を支える中小企業は，「ヨーロッパおよびアジア太平洋との新しい貿易連携によって雇用を生みやすくなるだろう」(2014年同演説),「世界で最も成長著しい地域のルールを，中国が定めたがっている。それによって，わが国の労働者と企業は不利益を被る。……。ルールを定めるべきは，われわれである。……アメリカ人労働者を守るために，与野党は，貿易を促進するための権限をわたしに預けていただきたい」(2015年同演説)。アジア太平洋地域や他の参加国のためにアメリカが自ら身を削る姿勢は，大統領からは感じとれない。

アジア太平洋地域では，TPP に刺激を受けた別の経済連携が生まれる可能性もある。東アジア地域包括的経済連携（RCEP）の計画が，たとえばそうである。RCEPは，統合の程度についてはTPPよりも緩やかになると思われる。しかしこれに，日中韓のほか，インドや東南アジア諸国が参加すれば，TPPを超える存在感を示せることになる。いずれにせよ，TPPであれ，RCEPであれ，自国の損得ばかりが強調される統合が，期待通りの成果を長期にわたり上げ続けることは難しいだろう。

(3) ヨーロッパとアジア太平洋

ヨーロッパ諸国間では，地域統合に向けた動機が極めて強い時期があった。その根底にあったのは，統合なしには国家自体が存続しえないという危機感である。ドイツとフランスが武力で争う限り，国家の安全保障を展望することはできない。共同市場を築けなければ，今後の繁栄を構想することができない。あるいは，自由，人権および民主主義という「ヨーロッパ的な」価値観の下に団結しなければ，共産主義や独裁体制に侵食されてしまう。このような危機感が，諸国を地域統合に向かわせたのである。他方，往時のヨーロッパ諸国に比べると，現在のアジア太平洋諸国の動機は弱く映る。国際経済学者のミレヤ・ソリースらも，次のように問いかける。アジア太平洋地域の統合は，各国に十分な利益をもたらすプロジェクトでは必ずしもない。しかし**それにもかかわらず**，当該諸国はなぜ統合を目指すのだろうか，と［ソリースほか，2010］。

ソリースらの問いかけは，TPPに参加しようとする日本にとっても示唆的である。TPPに基づいて導入されるルールは，世界貿易機関（WTO）や一般的な経済連携協定（EPA）以上に複雑になるだろう。そうなれば，どの国民，産業あるいは階層が利益を得て，もしくは失うのか，これまで以上に評価しづらくなる。加えて，TPPのルールが各国を拘束する中で，当初は予期しなかった問題も生じてこよう。しかしながら，こうした状況に対応することが面倒になったとしても，TPPから容易に離脱することはできない。TPPのルールには，日本内外の企業のほか，関係省庁やエコノミストが順応し，それが既存のものとなっていく。そのような変化に従い，離脱するという選択肢はリスキーなものとみなされていく。離脱する決意を示せないのであれば，不承ながらも他の参加国と折りあうしかなくなる。

経済学者の森嶋通夫は，2001年の著書の中で，東アジア諸国は「東アジア共同体」を設立するべきであると提唱した。森嶋は，この類の共同体の唯一の提唱者というわけではない。にもかかわらず彼に言及するのは，設立に向けて，彼が「日本に何ができるか」を強く意識していたことである。近隣国との統合を保っていく上では，その何かを，まずは自国が贈らねばならない。このことは，統合の性格や，あるいは地理的な範囲に左右されるものではない。TPPをはじめ，近隣諸国との統合を進めようとする日本に，その気概はあるだろうか。

コラム◆12　ヨーロッパ債務危機

2009年に成立したギリシャ政府は，自国が過大な粉飾決算を行なっていたと発表した。それ以降，アイルランド，ポルトガル，スペインおよびキプロスなども，過度の債務を負っていることが明らかとなった。これらの問題がヨーロッパ次元の問題となったのは，諸国が単一通貨ユーロを導入しているからである。ユーロはEU機関であるヨーロッパ中央銀行が運営しており，導入国が個別に対応することができない。そのため，対応次第では，当該国のみならず，ヨーロッパ経済全体に悪影響を与えることも予想された。アメリカを震源とするサブプライム住宅ローン危機やリーマン・ショックに，ヨーロッパとして向き合う必要もあった。

EUは，国際通貨基金（IMF）と協力しながら財政支援を行なってきた。ヨーロッパ安定メカニズム（ESM）と呼ばれる枠組みを通じて，最大5千億ユーロ（約73兆円）となる支援を始めた。もっとも，これらの支援の大半は，ドイツやフランス等，債務危機とは縁遠い諸国から拠出される。拠出国の国民は，自らの「血税」が他国のツケ払いに費やされることを快く思っていない。他方，支援を受ける側の国民には，我慢の限界を超える緊縮財政を強いられたという意識がある。両者間に芽生えたしこりは，しばらく尾を引きそうである。

参考文献

アンツェ・ヴィーナー／トマス・ディーズ編（東野篤子訳）『ヨーロッパ統合の理論』（勁草書房，2010年）
ヨーロッパ地域で統合が進んだ要因は何か。連邦思想なのか。EU次元における予期しない結果なのか。あるいは，各国政府による交渉と取引によるものか。それぞれの要因をEUの専門家が解説した上で，編者が検証を行っている。

金丸輝男「EEC の政策決定過程における多数決方式と『一括処理』方式」日本国際政治学会編『国際統合の研究』国際政治第77号（1984年）

EU 理事会の多数決をめぐる加盟国の葛藤を，フランスのドゴール政権（1958～69年）とイギリスのサッチャー政権（1979～90年）を題材にして描く。

ミレヤ・ソリース／バーバラ・スターリングス／片田さおり編（片田さおり・浦田秀次郎監訳，岡本次郎訳）『アジア太平洋の FTA 競争――Free Trade Agreement』（勁草書房，2010年）

アジア太平洋の統合がどのような動機づけに支えられているのかを考察の対象にしている。東アジア共同体の設立や環太平洋経済連携協定（TPP）の締約に関する文献は数多い。

辰巳浅嗣編著『EU――欧州統合の現在〔第 3 版〕』（創元社，2012年）

EU の概説書。統合の歴史，諸機関による決定の仕組み，EU としての共通政策の実施状況，対外関係を広くカバーしており，その全貌を把握することができる。

マルセル・モース（森山工訳）『贈与論――他二篇』（岩波書店，2014年）

贈り贈られるという行いが，互いの関係を築く上で鍵となる。人類学者である著者は，前近代的な社会にある人々の生活から，この点を浮き彫りにした。契約や損得勘定のみでは人間関係が成り立たないことに，あらためて気づかせてくれる。

索　引

さ　行

た　行

な　行

は　行

ま　行

や　行

ら　行

A－Z

索　引

執筆者紹介

（執筆順，＊は編者）

	乙部延剛（おとべ・のぶたか）	茨城大学人文学部講師	第１章
＊	竹島博之（たけしま・ひろゆき）	東洋大学法学部教授	第２章
	川村仁子（かわむら・さとこ）	立命館大学国際関係学部准教授	第３章
	施　光恒（せ・てるひさ）	九州大学大学院比較社会文化研究院准教授	第４章
＊	出原政雄（いずはら・まさお）	同志社大学法学部教授	第５章
	萩原　稔（はぎはら・みのる）	大東文化大学法学部准教授	第６章
	馬原潤二（まはら・じゅんじ）	三重大学教育学部准教授	第７章
	上園昌武（うえぞの・まさたけ）	島根大学法文学部教授	第８章
	毎熊浩一（まいぐま・こういち）	島根大学法文学部准教授	第９章
	八木橋慶一（やぎはし・けいいち）	高崎経済大学地域政策学部准教授	第10章
＊	長谷川一年（はせがわ・かずとし）	島根大学法文学部教授	第11章
	山本　直（やまもと・ただし）	北九州市立大学外国語学部准教授	第12章

Horitsu Bunka Sha

原理から考える政治学

2016年2月15日　初版第1刷発行

編　者　出原政雄（いずはらまさお）・長谷川一年（はせがわかずとし）
竹島博之（たけしまひろゆき）

発行者　田　靡　純　子

発行所　株式会社 法律文化社

〒603-8053
京都市北区上賀茂岩ヶ垣内町71
電話 075(791)7131　FAX 075(721)8400
http://www.hou-bun.com/

＊乱丁など不良本がありましたら，ご連絡ください。
お取り替えいたします。

印刷：亜細亜印刷㈱／製本：㈱藤沢製本
装幀：白沢　正

ISBN978-4-589-03726-8